ミネルヴァ日本評伝選

道は無窮なり

道元

船岡誠 著

ミネルヴァ書房

刊行の趣意

「学問は歴史に極まり候ことに候」とは、先哲荻生徂徠のことばである。

歴史のなかにこそ人間の智恵は宿されている。人間の愚かさもそこにはあらわだ。この歴史を探り、歴史に学んでこそ、人間はようやくみずからの正体を知り、いくらかは賢くなることができる。新しい勇気を得て未来に向かうことができる。徂徠はそう言いたかったのだろう。

「ミネルヴァ日本評伝選」は、私たちの直接の先人について、この人間知を学びなおそうという試みである。日本列島の過去に生きた人々の言行を、深く、くわしく探って、そこに現代への批判を聴きとろうとする試みである。日本人ばかりではない。列島の歴史にかかわった多くの異国の人々の声にも耳を傾けよう。

先人たちの書き残した文章をそのひだにまで立ち入って読み、彼らの旅した跡をたどりなおし、彼らのなしとげた事業を広い文脈のなかで注意深く観察しなおす――そのとき、はじめて先人たちはいまの私たちのかたわらによみがえってくる。彼らのなまの声で歴史の智恵を、また人間であることのよろこびと苦しみを、私たちに伝えてくれもするだろう。

この「評伝選」のつらなりのなかから、列島の歴史はおのずからその複雑さと奥ゆきの深さをもって浮かび上がってくるはずだ。これを読むとき、私たちのなかに新たな自信と勇気が湧いてきて、その矜持と勇気をもって「グローバリゼーション」の世紀に立ち向かってゆくことができる――そのような「ミネルヴァ日本評伝選」にしたいと、私たちは願っている。

平成十五年（二〇〇三）九月

上横手雅敬
芳賀　徹

道元禅師観月の像

天童山仏殿

永平寺

はしがき

かつて和辻哲郎《わつじてつろう》は「沙門道元」の序言で、この論文執筆を「道元に対する驚歎を語るに過ぎない」と断り、論文執筆の意図を「或人々の内に我々の祖国が生んだ一人の偉大な宗教家への関心を喚び起し、我々の文化の本質がこの種の宗教家を顧慮せずしては正しく理解せられるものでないことを明かにし得れば、自分は満足する」と語った（和辻 一九二六）。

秋山範二《あきやまはんじ》も『道元の研究』の序で、「道元の教への根本は打坐即仏法の坐の宗教にある。たゞ非思量底の兀坐弁道のみその真に参じ得る。併し道元は一面に深い、おそらく日本哲学史上に於ける一つの最も深い、哲学思想を蔵する。これを知によつて理解せんとすることは必ずしも道元の意にもとるものではあるまい。殊に日本に哲学するものにとつて一応彼の思想の跡を探ねておくことは無用のわざではない」と述べた（秋山 一九三五）。

また田辺元《たなべはじめ》は『正法眼蔵の哲学私観』の序で、本書刊行の意図を「道元の如き人が我々の祖先の中に居るのを注意することに依つて、日本人の思索能力に対する一般的自信を強めると同時に、その一代の述作たる正法眼蔵の内容が、今日我々に負はされた哲学の課題を解くに資する如き現代的意味を有する所以を、一人でも多くの人に知つて貰ひたいと念願する為である」とし、道元を「一箇の偉大なる形而上学的思索者として、日本哲学の先蹤」と位置づけたのである（田辺 一九三九）。このように大正から昭和にかけて、主に哲学者によって道元の思想が注目され、道元が日本の哲学史上に重要な位置を占めると評価されるに至った。

名だたる哲学者たちが絶賛する道元の思想はたしかに魅力的である。われわれがまず道元に惹かれるのもそこだろう。だがこの道元の思想、一朝一夕に出来上がったものでない。それは道元の生涯から紡ぎ出されたもの、〝悪戦苦闘のドキュメント〟なのだ。本書では、道元の思想をあくまで『宝慶《ほうきょう》記《き》』『正法眼蔵随聞記《しょうぼうげんぞうずいもんき》』『正法眼蔵《しょうぼうげんぞう》』『永平広録』などの「史料」に即して、道元のその時々の行動や発言のなかに窺った。

ところでいうまでもなく、道元は日本曹洞宗《そうとうしゅう》の宗祖である。早くから道元門流によって、道元の生涯の究明（伝記の作成）やその著作（『正法眼蔵』など）の検討がなされてきた。とりわけ「江戸《えど》宗《しゅう》学《がく》」といわれるように、江戸期には「宗乗《しゅうじょう》」「宗学」の立場からの道元の研究（宗門では「参究」という言葉がよく使われる）が進められてきた。そして「江戸宗学」＝「伝統宗学」は「近代宗学」へと引き継がれていく。その「近代宗学」に重要な役割を果したといわれ「衛藤宗学」の名さえある衛《え》藤即応《とうそくおう》は、文字通りの『宗祖としての道元禅師』という書名の著書で、「近時わが思想界の諸方面に於ける道元禅師研究は、寧ろ一種の流行ではないかと思はるる程に盛んに行われ、道元禅師を宗門より解放せよといふ声まで聞かるることは、その門流としては誠に光栄であり、一種の誇をさへ感ずる」としながらも、そこに「禅師の黒衣を剝ぎ取つて一箇の大思想家としてしまふ傾向」を危惧し、「道元禅師は哲学者ではなく仏教の歴史の生み出した仏法者であり、宗教としての正伝の仏法であるから、如何に深い思想があるとしても、之を単に哲学思想として見るのでは、禅師の本面目はあらはれないと思ふので、何処までも仏法者として参究すべきが其の流れを汲むものの当然の任務であると信ずる」（衛藤 一九四三）と自己の立場を表明した。

道元自身は自己の仏法を「正伝の仏法」「正法」と揚言する。その道元を宗祖として仰ぎ見る宗門人の立場からは、道元は絶対的な存在でなければならないのではないか。その修学期はともかくとしても、「正法」を「正伝」してからの道元には完璧なイメージが求められる。その完璧なイメージのひとつが宗祖無謬論であろう。無謬なるがゆえに、その思想には変化がない。完成されたものだからである。ところがその反動であろうか、不断の自己否定にこそ道元の真骨頂があるとばかりに、ことさら道元に自己否定する姿を思い描く。これも無謬論の対極に位置するが、道元を絶対視していることになるまいか。本書ではそのいずれの立場もとらない。単なる哲学者ではもちろんなく、さりとて後の世に宗祖として仰ぎ見られる存在としてでもなく、あくまで鎌倉時代に悩みながらその生涯を送った一宗教家として道元をみたかった。

思想史家家永三郎《いえながさぶろう》は、戦後まもなく発表した「道元の宗教の歴史的性格」という論文で、道元の思想を親鸞と対比させ、末法思想と無縁であること、庶民的性格がみられないことなどから、道元の宗教が「日本仏教と何のかゝはりもなく唐突として大陸より輸入せられた舶来の思想であった」とし、

「唯宋朝よりの機械的伝法の上に成立したもの」（家永 一九四七）と位置づけた。とうぜんこの提言は物議を醸し反論も多くなされた。筆者などもこの家永の提言に触発され、家永とはまったく逆に、日本仏教史の古代から中世への流れのなかで禅の伝統を考え、また道元をそこに位置づけようとした（船岡 一九八〇、一九八七）。この基本姿勢は本書でも貫かれている。

　また家永は上記論文でもうひとつ重要な提言をしていた。それは入越の寛元元年（一二四三）をはさんでそれまでの在家主義から出家主義への思想変化があり、在家成仏を容認するかのような言辞を「一時の舌のすべり過ぎ」としたのである（家永 一九四七）。この思想変化の問題もとうぜん論争を呼ぶことになった。近年、道元研究者のあいだで何かと話題になり活発な論争が展開されている十二巻本『正法眼蔵』をめぐる議論も、かつての道元の思想変化の問題がその素地にあるように筆者には思える。一九九一年に刊行された『十二巻本『正法眼蔵』の諸問題』の編者の一人鈴木《すずき》格禅《かくぜん》はその「あとがき」で、この十二巻本『正法眼蔵』をめぐる議論を「宗学論争」と捉え、数年前に「点ぜられた宗学論争の口火が、次第に強く燃え上り燃え拡がって、その飛び火は単《ひと》り学内だけではなしに、有職の地方寺院のあいだにおいても、かなり論議の的になって」いると述べている（鈴木格禅一九九一）。本書でも十二巻本『正法眼蔵』をめぐる議論を検討するが、「宗学論争」には立ち入らない。

道元——道は無窮なり　目次

目　次

目　次

図版一覧

禅宗法系譜

- 釈尊―摩訶迦葉(西天第一祖)―阿難陀(西天第二祖)―菩提達磨(西天第二十八祖・中国禅宗初祖)―神光慧可(二祖)―鑑智僧璨(三祖)―大医道信(四祖)
  - 大満弘忍(五祖)
    - 玉泉神秀(北宗禅)―普寂……行表―最澄
    - 大鑑慧能(六祖)(南宗禅)
      - 青原行思―石頭希遷
        - 天皇道悟(1)
        - 薬山惟岩―雲岩曇晟―洞山良价(曹洞宗)―雲居道膺―同安道丕―同安観志―梁山縁観―大陽警玄―投子義青―芙蓉道楷―丹霞子淳
          - 宏智正覚……東明慧日
          - 真歇清了―大休宗珏―足菴智鑑―長翁如浄(天童)―道元
      - 荷沢神会
      - 南陽慧忠
      - 南嶽懐譲―馬祖道一
        - 南泉普願―趙州従諗
        - 大梅法常
        - 百丈懐海―潙山霊祐(潙仰《いぎょう》宗)―仰山慧寂
        - 黄檗希運―臨済義玄(臨済宗)(2)
  - 牛頭法融(牛頭禅)……最澄

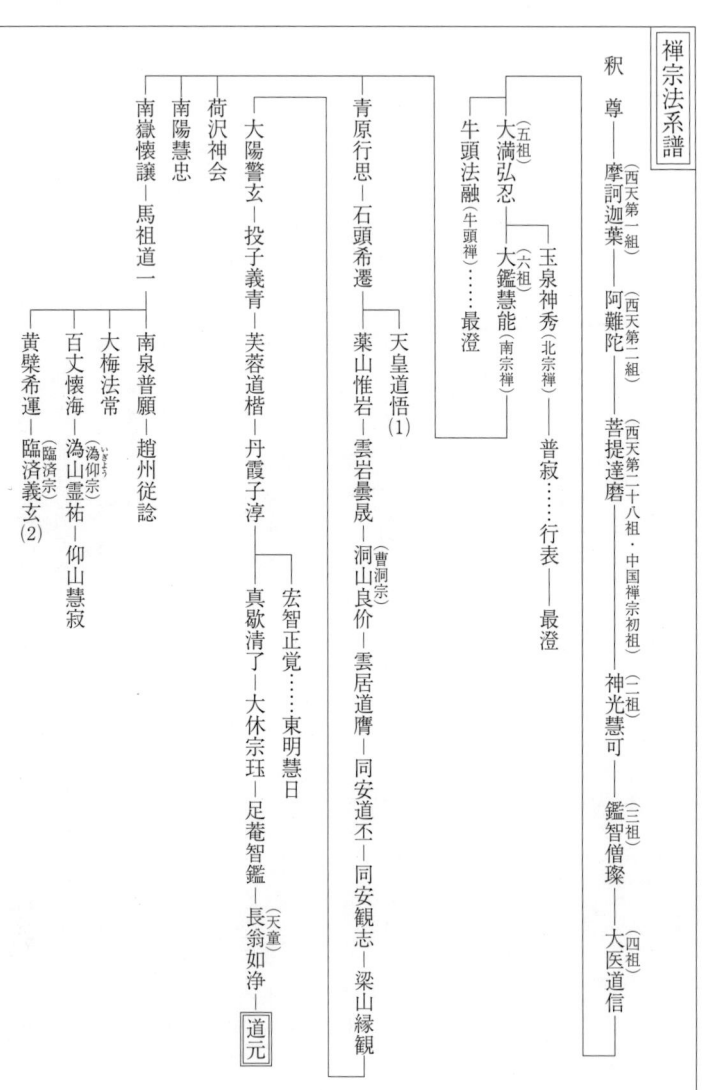

(1)

天皇道悟―龍潭崇信―徳山宣鑑―雪峰義存┬玄沙師備―羅漢桂琛―法眼文益（法眼宗）
　└雲門文偃（雲門宗）

(2)

（臨済宗）臨済義玄―興化存奨―南院慧顒―風穴延沼―首山省念―汾陽善昭―石霜楚円┬（黄龍派）黄龍慧南……明庵栄西┬（明　全）―（道　元）
　　└退耕行勇―大歇了心
　└（楊岐派）楊岐方会―白雲守端―五祖法演┬仏眼清遠
　　└円悟克勤┬（大恵派）大恵宗杲┬無用浄全―盤山思卓
　　　　└拙庵徳光┬浙翁如琰
　　　　　├無際了派
　　　　　└大日（房）能忍
　　　└（虎丘派）虎丘紹隆―応庵曇華―密庵咸傑┬（松源派）松源崇岳…………蘭渓道隆
　　　　├（破庵派）破庵祖先―無準師範┬無学祖元
　　　　│　└円爾
　　　　├（曹源派）曹源道生…………一山一寧
　　　　└笑庵了悟―晦岩大光

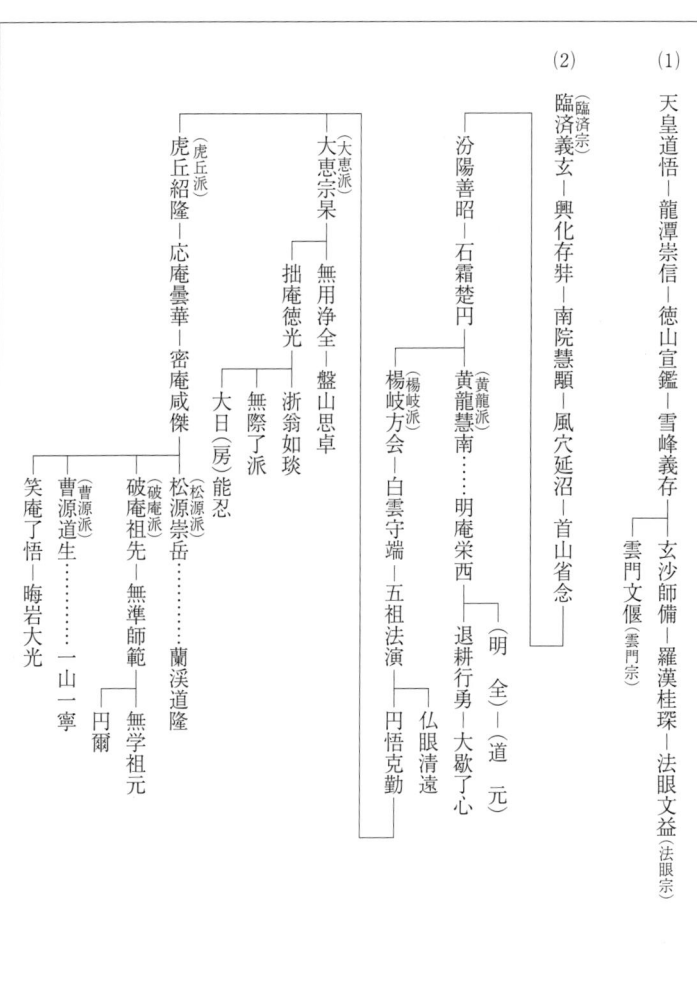

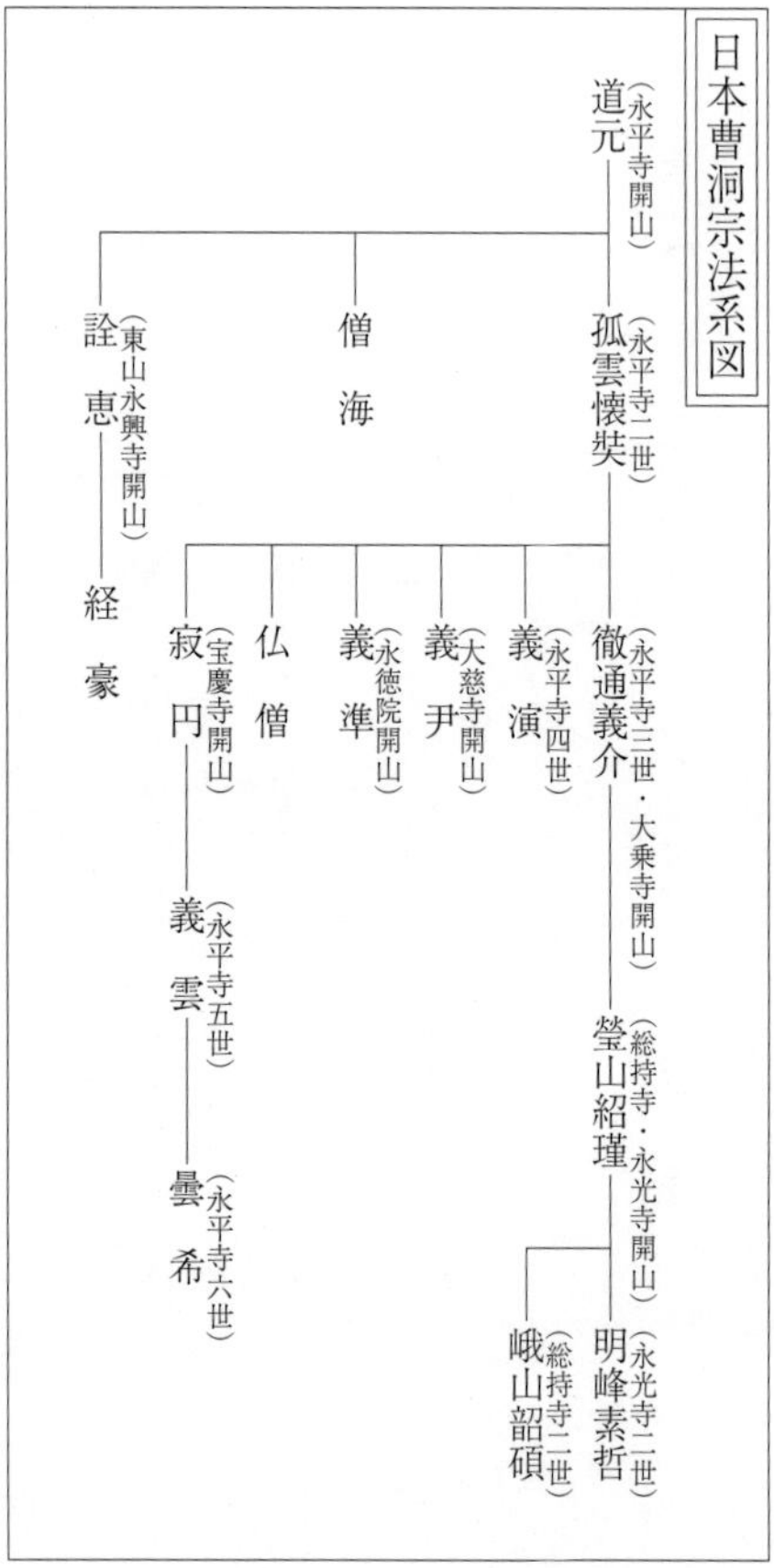
日本曹洞宗法系図
道元（永平寺開山）
孤雲懐奘（永平寺二世）
僧海
詮恵（東山永興寺開山）
経豪
徹通義介（永平寺三世・大乗寺開山）
義演（永平寺四世）
義尹（大慈寺開山）
義準（永徳院開山）
仏僧
寂円（宝慶寺開山）
義雲（永平寺五世）
曇希（永平寺六世）
瑩山紹瑾（総持寺・永光寺開山）
明峰素哲（永光寺二世）
峨山韶碩（総持寺二世）

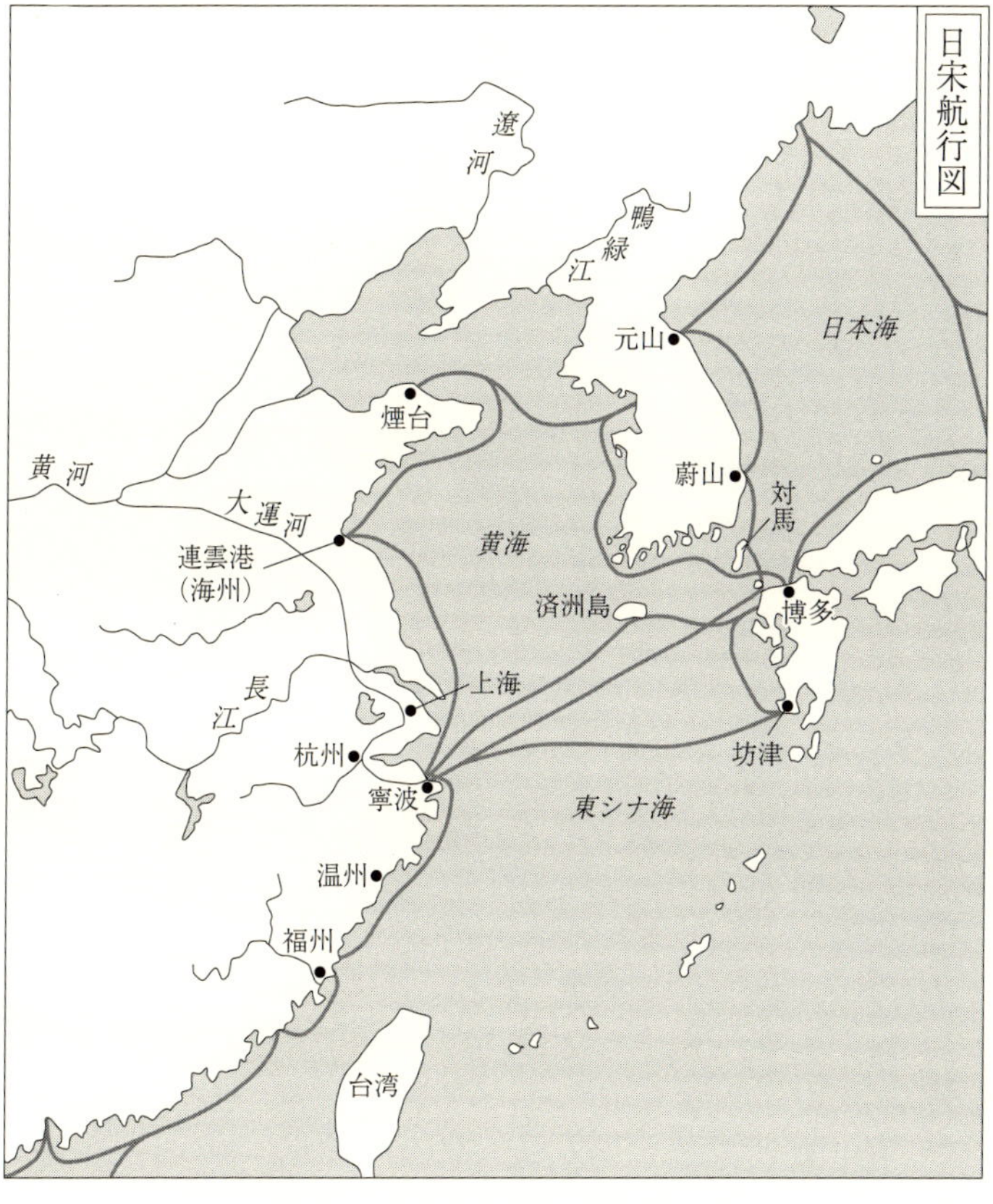
日宋航行図
遼河
鴨緑江
日本海
元山
煙台
黄河
大運河
蔚山
対馬
連雲港
(海州)
黄海
済洲島
博多
上海
長江
杭州
寧波
坊津
東シナ海
温州
福州
台湾

第一章　紳纓《しんえい》の胤《いん》

1　道元の誕生

父をめぐる論争

道元は正治《しょうじ》二年（一二〇〇）京都に生まれた。数ある道元の伝記のなかでも比較的古くて信憑性が高いとされる『永平寺三祖行業記《ぎょうごうき》』（以下『行業記』とする）では、没年から逆算して正治二年の生まれとなる。また永平寺十四世の建撕《けんぜい》（一四一五〜一四七四）のまとめた道元の伝記『建撕記』でも、道元の生まれを正治二年とする。そして『行業記』『建撕記』ともに、道元のことを村上天皇から九代目、具平《ともひら》親王から八代目の子孫にあたるとしている。

『行業記』は永平寺の三代、道元・懐奘《えじょう》・義介《ぎかい》の伝記をまとめたものである。筆者は不明である。しかし『行業記』の異本と思われる『三大尊行状記《さんだいそんぎょうじょうき》』（以下『三大尊』とする）には「門人　集記」となっている。大久保道舟《おおくぼどうしゅう》氏は『行業記』と『三大尊』を同一のものとみなし、その編集素材が義介筆録の『永平室中聞書《えいへいしつちゅうききがき》』・『宝慶記《ほうきょうき》』・『正法眼蔵《しょうぼうげんぞう》』などであることから伝記史料として優れているとし、『続常陸遺文《ぞくひたちいぶん》』第五金龍寺の条下に「永平寺三祖行業記　書本応永廿癸巳年 三百廿六年　希明代什物」とあることからすでに応永年間（一三九四～一四二八）には存在したとする（大久保 一九六六）。これについて瑩山紹瑾《けいざんじょうきん》（一二六八～一三二五）撰述とされる『伝光録《でんこうろく》』『洞谷記《とうこくき》』との親近性から瑩山の撰述と考える人（東 一九六四）や、道元伝だけは瑩山以前の撰述と考える人（伊藤 一九八五）もいる。

一方『建撕記』は、永平寺十四世建撕がまとめた道元の伝記であるが、宝暦四年（一七五四）刊行の面山瑞方《めんざんずいほう》校訂の『永平開山行状建撕記』（『訂補建撕記』、以下『訂補本』）が流布本として世に知られていた。しかしその後、古写本の発見が相次ぎ、それら古写本と比較すると『訂補本』にはかなり面山の手が加えられていることが分かった。そこで河村孝道《かわむらこうどう》氏は、天文七年（一五三八）書写の『明州本』以下『瑞長本』『延宝本』『門子本』『元文本』に『訂補本』を加え、一覧できる『永平開山道元禅師行状建撕記』にまとめられた（河村 一九七五）。本書で使用する『建撕記』は、ことわらないかぎり河村前掲書所収の『明州本』に拠っている。

また道元の語録である『永平広録』巻五によれば、道元は「育父源亜《あ》相《しょう》」のために上堂し供養していることが知られる。亜相とは大納言・権大納言の唐名であるから、当時の源氏出身の大納言・権大納言を調べてゆくと大納言 源《みなもとの》（堀川《ほりかわ》）通具《みちとも》にしぼられる。「育父」が通具であり、道元が村上天皇から数えて九代目の子孫であることから、道元の実父は通具の父でもある内大臣 源《みなもとの》（久我《こが》）通《みち》親《ちか》ということになる。（大久保 一九六六）

久我通親（一一四九〜一二〇二）は、和歌や文章にすぐれ『高倉院《たかくらいん》厳島《いつくしま》御幸記《ごこうき》』『高倉院《たかくらいん》昇霞記《しょうかき》』の著者としても知られるが、摂関家に対抗する村上源氏の有力な政治家でもあった。木曾《きそ》義仲《よしなか》の都落ちとともに権力の座を失墜させられた藤原《ふじわらの》（松殿《まつどの》）基房《もとふさ》（一一四五〜一二三〇）にかわって、その異母弟九条《くじょう》兼実《かねざね》（一一四九〜一二〇七）は源頼朝との連携をはかりながら摂政氏長者となった。これにたいし通親は、後白河法皇の寵妃《ちょうひ》丹後局《たんごのつぼね》高階《たかしな》栄子と結んで勢力を築き、さらに後鳥羽天皇の乳母高倉範子を妻とし、その先夫能円《のうえん》法師の娘在子《ざいし》を養女として後宮《こうきゅう》に入れた。そして建久六年（一一九五）通親は在子＝承明門院《しょうめいもんいん》に皇子が誕生し、通親はここに念願の皇太子の外祖父となることができた。早速、兼実の追い落としにかかり、翌年兼実は関白を免ぜられ、ここに今枝愛真氏のいう「無血クーデター」（今枝 一九七五）は成功した。この皇子がのちの土御門《つちみかど》天皇である。

源（久我）通親

ただこの通親実父説には難点もある。というのは、道元が出家したいと相談にいったとき、外舅《がいきゅう》の良顕《りょうけん》から「親父」「猶父《ゆうふ》」が怒るだろうと反対されたのである。この「親父」は実父のことであろうから、『行業記』『建撕記』のこの記事を信じれば、この時は実父はまだ健在であり、建仁二年（一二〇二）に死んだ通親が実父であるはずがないことになる。

それだけではない。通親実父説に有力な反論が投げかけられた。それは諸伝の伝える「村上天皇九代の苗裔《びょうえい》。後中書王八世之遺胤」の世代の数え方の問題である。『行業記』と『三大尊』の文章はほぼ同じで異本関係にあることは周知に属するが、重要な相違点があったのである。それは道元の祖師位が、『行業記』は「洞山《とうざん》高祖一十四世之祖師。釈迦如来五十二代之古仏」、『三大尊』が「洞山高祖十三世之祖師。釈迦牟尼如来五十一代古仏」となっていて、一代のずれがある。この点、道元が『正法眼蔵・仏祖』（以下、『眼蔵・仏祖』、『仏祖』と表記）で自身を五十一代に数えているので、『三大尊』の方が正しいということになるのであるが。

この『三大尊』の頭初を除いた数え方は『伝光録』『洞谷記』に共通し、両書を瑩山《けいざん》の撰述とみる立場から『三大尊』も瑩山撰述とし、「村上天皇九代の苗裔。後中書王八世之遺胤」の世代の数え方も頭初を除いて数えるのが宗門の伝統的な数え方であるとする立場の人（東 一九六四、山端 一九七四）、『三大尊』の道元伝だけは瑩山以前で義介撰述ではないかと考える人（伊藤 一九八五）もいるが、いずれにしても頭初を除いて数えると、道元の実父は通親ではなく通具になる。これならば出家のさいに実父が健在であることとも矛盾しない。だがしかし、ただこの立場にたつと「育父源亜相」が問題になってしまう。「育父」を「生みの父親」と解釈するむきもあるが（山端 一九七四）、やはりかなり無理な解釈であろう。それならば、『永平広録』（第五）で母親の忌日の上堂を「先妣《せんぴ》忌《き》辰上堂《しんじょうどう》」としているので、父親に対しては「育父」でなく「先考」とすべきだろう。やはり養父だから「育父」としたと考えるのが自然である。

また世代の数え方でいえば、頭初を除いた数え方は仏道的表現で、俗的慣行では頭初も数えると考える人（守屋 一九八九）もいる。ちなみに『禅学大辞典』所収の本山の世代の数え方は、開山を世代に数えないのは大徳寺だけであり、他の主要な禅宗本山は開山も世代に数えている。また『平家物語』巻八「太宰府落」に「それ我君は天孫四十九世の正統、仁王八十一代の御門なり」とあり、この我君は安徳天皇で八十一代の数え方は神武を入れている。また『和名類聚鈔《わみょうるいじゅうしょう》』巻二では来孫を五代之孫とするが、この場合は本人・子・孫・曾孫・玄孫・来孫で、本人を数えていない。今のところ世代の数え方も断言できないと言わざるをえない。

一方、道元の母は誰か。道元の伝記のなかで母を明示するのは、ずっと下って元禄七年（一六九四）刊行の湛元自澄《たんげんじちょう》の『日域洞上諸祖伝《にちいきとうじょうしょそでん》』が最初のようである。その道元伝によれば、父を通親、母を基房の女《むすめ》としている。母が松殿基房の女ではないかとされるのは、『行業記』や『建撕記』が記す松殿師家《もろいえ》が道元を猶子《ゆうし》（養子）にし元服させようとした話によって裏付けられるのではないか。大久保道舟氏はさらに『尊卑分脈《そんぴぶんみゃく》』記載の基房の四人の女のうち婚姻関係の不明な伊子ではないかとし、『源平盛衰記』第三十四・『本朝通鑑《ほんちょうつがん》』第七十三の伝える、木曾義仲がその美貌に惚れ込んで結婚し都落ちのさいには最後まで別れを惜しんだとされる女性がその伊子で、義仲亡きあと通親と再婚したのであろうとされた（大久保 一九六六）。田舎武士義仲との結婚、権力の座を極めた通親との再婚、いずれも父基房の政権復帰のためであった思われる。この薄幸の女性が道元の母とすると、後述する諸伝の伝える道元出家の経緯もすんなり了解できるのであるが、これについてもまだ不確定要素を払拭できていない。

幼年時代

このように道元の両親については、父が源通親か通具のいずれか、母は藤原（松殿）基房の女らしいとの推定ができるだけで、確定できないのが現状である。そこで宗門外の史料で道元の出自に言及するものを探すと、虎関師錬《こかんしれん》が元亨二年（一三二二）にまとめた『元亨釈書』巻六に「釈道元、姓源氏、京兆人、紳纓《しんえい》之胤也」とあり、道元が高位高官の源氏の出身であることを知る。これまでの推定と矛盾しない。

これについて道元自身は語録（『永平広録』）のなかで「育父源亜相」というだけで、それ以上のことは語ってくれない。もっとも『正法眼蔵随聞記』（嘉禎年間〔一二三五～一二三八〕に懐奘が道元の説法を記録したもの）巻四・第七話（以下『随聞記』四の七）に、「我身ニモ、田薗等ヲ持タル時モ有キ、又財宝ヲ領ゼシ時モ有キ」と語っているのが「紳纓之胤」を裏づけることになるかも知れない。

また『行業記』『建撕記』ともに、道元が四歳にして『李嶠百詠《りきょうひゃくえい》』を読み、七歳にして『毛詩』『左伝』、九歳のときは世親の『倶舎論《くしゃろん》』を読んだことを伝えている。ちょっと早熟過ぎる気がするが、大江匡房《おおえのまさふさ》も四歳にして書を読んだというし、菅原為長《すがわらのためなが》も四歳で『李嶠百詠』を手にしたそうであるから、まったく荒唐無稽なこととも いえないようである（中世古 一九七九）。また父親が通親・通具のいずれかであっても、幼少期からの読書の環境には申し分がない。通親は和歌や文章にすぐれ『高倉院厳島御幸記』『高倉院昇霞記』の著者として知られ、通具も『新古今和歌集』撰集のさいの筆頭撰者であった。道元自身も『随聞記』三の六で、我モ本ト幼少ノ時ヨリ好ミ学セシ事ニテ、今モヤ、モスレバ、外典《げでん》等ノ美言《びげん》案ゼラレ、文選《もんぜん》等モ見ラル、ヲ、無レ詮コトト存ズレバ、一向ニ捨ツベキ由ヲ思フ也。

と語り、『随聞記』三の九で、

我幼少ノ昔、記典《きでん》等ヲ好ミ学シテ、其ガ今モ、入宋伝法《にっそうでんぽう》スルマデモ、内外《ないげ》ノ書籍《しょじゃく》ヲヒラキ、方言ヲ通ズルマデモ、大切ノ用事、又世間ノ為ニモ、尋常也。

と述べており、幼少時からの読書環境の良さを物語る。

2　出家受戒

松殿家の期待

『行業記』『建撕記』によれば、道元は八歳のときに母の死にあい、その香火の煙をみて世間の無常を観じ、深く求法の大願を立てたという。父が通親であればすでに五年前に亡くなっており、道元はここで母まで失ったことになる。父親が通親か通具かはともかく、道元は母方の後ろ盾が無くなってしまったのである。この時代の貴族社会では、両親が健在でもその子弟が貴族社会に残れる保証はなかった。そうした貴族社会からはじき出された子弟は、南都北嶺の大寺院に送り込まれたのである。道元の場合も母を亡くした時点で出家の方向性が決まったと考えるのが自然であろう。

事実、母の死の翌年に、道元は世親の『倶舎論』を読んだと両伝記は記す。『倶舎論』は正式には『阿毘達磨倶舎論《あびだつまくしゃろん》』三十巻であるが、ここでいう『倶舎論』は、おそらく『倶舎論』の頌《じゅ》の部分を集めた『倶舎頌』のことを指すであろう。というのも『元亨釈書』栄西伝によれば、栄西は八歳のとき父に従い『倶舎頌』を読んだというし、『聖一国師年譜《しょういちこくしねんぷ》』によれば、円爾《えんに》は五歳で久能山《くのうさん》に登り師の堯弁《ぎようべん》から『倶舎頌』を授けられそれを誦したとあるからである。つまり『倶舎頌』は仏教への入門書的なテキストだったと思われる。したがって道元は九歳のときから出家の準備が始まったことになる。

ところが伝記ではそう簡単にはゆかない。基房の子の前摂政松殿師家《まつどのもろいえ》は、道元を養子として松殿家の将来を道元に託そうと考えていたという。これはまったくありえない話ではないかもしれない。というのも、師家は元服の翌治承三年（一一七九）、後白河院政の中心にいた父関白基房によって従三位《じゅさんみ》権中納言になったが、これが清盛の女婿藤原基通の官位を越えてしまったため、清盛の怒りを買い、基房・師家ともに解官させられた。そのご基房は平家西走後に入京した木曾義仲と結び、十二歳の師家を摂政としたが、義仲の敗死でそれも潰えた。この時期、松殿家は不遇をかこっていたのである。

出家するつもりでいた道元には、そうした松殿家の自分にたいする期待に耐えきれず、建暦二年（一二一二）十三歳のとき、木幡《こばた》にあった松殿家の山荘を飛び出し、叡山の麓に住した外舅《がいきゅう》（おじ）

良顕《りょうけん》法眼《ほうげん》の門をたたいた。驚いた良顕は、「親父猶父定めてその瞋《いか》りあらん、いかん」と道元を思い止まらせようとした。すでにふれたが、親父は実父、猶父は養父であろうから、すでに鬼籍に入っている通親が道元の父である可能性がないことになる。一方で親父を通具、猶父を師家とすると矛盾なく理解できるのであるが、今度は『永平広録』の「育父源亜相」との関係が問題になってしまう。それはさておき、この良顕の言葉にたいして道元は、母から「出家学道し我が後世を弔ってほしい」と遺言されたこと、「祖母姨母《いぼ》らの養育の恩」がもっとも重いことを語り、だから自分は出家学道し母の菩提に資したいのだと懇願した。さすがの良顕も感涙にむせんで入室《にっしつ》を許したという。祖母・姨母（おば）の養育の恩が最も重いと道元が語るところをみると、母をはやく亡くしその後はたぶん母方の祖母とおばの手で育てられたことだけは間違いないようである。

　ところでここでひとつ問題がある。良顕は基房の子と思われるが、『尊卑分脈』には良顕の記載はなく、良観となっている。これにつき面山は『訂補本』で、良顕を良観に改め、「右ノ良観ハ・基房ノ息ニテ・師ノ母ノ兄ナリ・上ニ見ユ・叡山ノ学匠ナリ・観ヲ顕トナス本ハ筆誤ナリ」と断定している。『五《ご》壇法《だんほう》記《き》』によれば、権僧正行意は寺門派の山伏で、松殿と号し本名は良観とある。また『寺《じ》門伝《もんでん》記《き》補録《ほろく》』十四によれば、行意は松殿基房の子で覚尊僧正の弟子にして、修験道に通じ大峰練行八度・那智斎居千日といわれ、建保四年（一二一六）園城寺《おんじょうじ》長吏《ちょうり》となり翌年四十一歳で寂したという。『五壇法記』では良観と行意は同一人物であるが、『尊卑分脈』では別人で、良観には「法務・一身阿闍梨・大僧正」、行意には「三井長吏・大僧正・護持・修験」の注記があり、両者とも寺門派となっている。おそらくは良観と行意は同一人物と思われるが、いずれにしても所属が寺門派であることが引っかかる。

既述のように道元は「叡山の麓下」に良顕をたずね入室を許されたが、そのあとを『行業記』『建撕記』では「即ち横川《よかわ》首楞厳院《しゅりょうごんいん》般若谷千光房に登る」と記してあり、良顕が山門派であるらしい記述になっている。良顕が良観の誤記であり寺門派の僧であれば、「叡山の麓下」とか「即ち」横川に登るというような書き方をしなかったはずである。そこであくまで良顕にこだわり追求すると、『望月仏教年表』付録の系譜の「天台遮那業《しゃなごう》系譜」に良顕の名がみえ、その一世代前の恵尋らが建久・建仁ごろ活躍した人物であり時代的には問題がない。さらに『門葉記』（第九十七）の建仁三年（一二〇三）五月二十七日の法勝寺一院御祈讃衆のなかにも良顕の名がみえ、この良顕こそが道元の「外舅良顕法眼」にあたりそうである（中世古　一九七九）。

さて道元の出家の動機であるが、伝記によれば、母の遺言とその母の香火の煙をみて世間の無常を観じ、深く求法の大願を立てたとある。八歳の道元にとって母の死は衝撃だったであろう。のちの『宝慶記』（如浄のもとでメモした道元の参学ノート）の「道元幼年にして菩提心を発す」という道元の発言、『随聞記』五の七の「我初メテマサニ無常ニヨリテ聊《いささ》カ道心ヲ発《おこ》シ」という道元の発言から、母の死が道元の出家の動機であったように思われる。ここでいう「無常」が人の死を指すと思われるのは、『眼蔵・出家功徳』の「おほよそ無常たちまちにいたるときは、国王・大臣・親昵《しんじつ》・従僕・妻子・珍宝たすくるなし、たゞひとり黄泉におもむくのみなり」の用例からも知られるところである。

比叡山へ

道元は十三歳のとき、当時比叡山の麓に住した良顕を頼り、その斡旋で比叡山横川の首楞厳院般若谷千光房に送られた。そこで一年あまりの準備期間を経たのち、建暦三年(一二一三)四月九日に天台座主《ざす》公円のもとで剃髪、翌日延暦寺戒壇院で受戒し比丘《びく》となった。この十四歳で受戒し比丘となったという『行業記』の記事にたいし、円頓戒壇に登り比丘になるのは満二十歳だから、このときは沙弥戒を受けた出家入門の儀式〈得度式〉だったはずとの見解がある〈大久保一九六六〉。これにたいし、円頓戒允許後の『日本三代実録』〈貞観七年〔八六五〕三月二十五日条〉の授戒制の「濫悪の甚だしき、勝《あげ》て計《かぞ》うべからず」という記事を挙げ「強ち弛緩というわけではないにしても、ある程度の参酌はあった」のではないかとし、法然〈源空〉の十五歳、栄西の十四歳登壇授戒を例を出し、道元の十四歳登壇授戒をありえるとの見解もある〈守屋 一九八六〉。もっとも『日本三代実録』の記事は東大寺の授戒制の弛緩について語っているだけで比叡山のことではないが、道元の登山当時の比叡山の授戒制も相当弛緩していたと思われる。

道元得度霊蹟碑

さて道元の授戒師公円はこの年正月十一日、前天台座主慈円を襲い第七十代の天台座主に就任したばかりであった。公円は左大臣藤原実房の息で、権僧正実円入室の弟子、慈円大僧正灌頂《だいそうじょうかんじょう》の弟子、静厳《じょうごん》法印顕教の弟子でこのとき四十六歳である〈『天台座主記』『華頂要略』巻三十二「門下伝」）。もっとも公円は座主に就任してから一年足らずの同年十一月十九日に辞任、代わって座主に就任したのは前座主の慈円であった。そもそも公円の座主就任時に藤原定家は、慈円の前の座主であった成円《じようえん》から消息を受け取り、成円が俄に比叡山を下山し洛外に居住しようとしていることを知り、成円の鬱憤はもっとも道理というべきだと同情をよせ、「近日天下の政、更に以て言うに足らず、緇素《しそ》の昇進只振子の如し」とその日記に記している（『明月記』建保元年正月十三日条）。

天台仏法魔滅の期

道元が入山したころの比叡山は、大きく揺れ動いていた。そのことは、比叡山の最高責任者である天台座主の補任の状態をみれば一目瞭然といえる。次の「天台座主世代表」は、寿永二年（一一八三）十一月に就任した第五十八代の俊堯《しゆんぎよう》から承久三年（一二二一）八月に就任した第七十三代の円基までを記したものである。長い任期で七年、短いものになるとわずか四日、平均すれば短期である。今この「天台座主世代表」の解説をするなかで、当時、比叡山が抱えていた内憂外患を概観してみよう。

はじめの俊堯の場合、わずか二ヶ月で退任させられた。これは俊堯が木曾義仲の推挙によって就任したためであって、義仲の敗死とともに座主の座を追われたのである。また第六十代の公顕はわずか四日にして辞任に追い込まれた。公顕は智証門徒すなわち寺門派の僧で、山門寺門両派の根深い確執の犠牲者であった。寺門派の天台座主はこの公顕をもって最後となり、以後、慈覚門徒の専有するところとなる。

表1　天台座主世代表（『愚管抄』『天台座主記』により作成）

世代	座主名	就任年・月・日	辞任理由
58	俊　堯	寿永2（1183）・11・23	木曾義仲の失脚
59	全　玄	寿永3（1184）・2・3	
60	公　顕	文治6（1190）・3・4	
61	顕　真	文治6（1190）・3・7	
62	慈　円	建久3（1192）・11・29	
63	承仁親王	建久7（1196）・11・30	
64	弁　雅	建久8（1197）・5・21	
65	慈　円	（18） 建仁1（1201）・2・19	
66	実　全	建仁2（1202）・7・13	学徒堂衆合戦
67	真　性	（3）　（8） 建仁2（1202）・7・28	大講堂焼失
68	承　円	元久2（1205）・12・13	諸堂社焼失
69	慈　円	建暦2（1212）・1・16	
70	公　円	建暦3（1213）・1・11	清水寺との相論
71	慈　円	建暦3（1213）・11・19	三井寺焼失
72	承　円	建保2（1214）・6・12	
73	円　基	承久3（1221）・8・27	

叡山西塔釈迦堂

さらに『愚管抄』の著者として知られる慈円にいたっては、四度も座主に就いている。一度目の辞任は、兄九条兼実の失脚のためであり、その後も山門内の対立、政界の動静によって就任・辞任を繰り返した。また第六十六代実全は比叡山内での学侶と堂衆との合戦、第六十七代真性は大講堂などの焼失、次の承円も惣持院などの焼失、第七十代公円は清水寺をめぐる興福寺との争い、次の慈円は山僧が三井寺を焼失させたこと、のそれぞれの責任をとって辞任に追い込まれたものである。

次に『吾妻鏡』『百錬抄』によって、当時の比叡山をめぐる状況の具体相をうかがってみたい。まずは比叡山内部の確執である。『吾妻鏡』建仁三年（一二〇三）九月十七日条によれば、

掃部頭《かもんのかみ》入道寂忍《じやくにん》註申して云く。叡山の堂衆《どうしゆ》と学生《がくしよう》確執し合戦に及ぶ。其の起こりと謂うは、去《さんぬ》る五月の比《ころ》、西塔《さいとう》釈迦堂と学生と合和せず、惣堂衆興を始めおのおの温室に列す。八月一日、学生城郭を大納言岡ならびに南谷走井坊に構え堂衆を追却す。同六日、堂衆三ケ庄官ら勇士を引率し、山に登り上件の城郭を抗戦す。両方の傷死の者勝《あげ》て計《かぞ》うべからず。しかるに院宣を下さるるにより、堂衆は同七日城を棄て退散す。学生は同十九日城を出て下洛し訖《おわん》ぬ。今においては静謐《せいひつ》の由に存

ずるの処、同廿八日また蜂起す。本院学生同心し、霊山《りようぜん》長楽寺・祇園等に群居し重ねて濫行に及ばんと欲すと云々。

とある。はじめは西塔の釈迦堂の堂衆と学生との確執に端を発するものであったが、やがて一山の堂衆と学生との対立へと拡大してゆく様子が右の一文からよくわかる。

もともと学生（学匠・学侶・学徒）は比較的生まれの良い上級僧侶であるのに対し、堂衆（禅侶・堂僧）は学生に奉仕する下位の存在であったが、荘園の管理や僧兵としてしだいに力を蓄え、学生と対立するまでに成長していたのである。

ついで元久二年（一二〇五）十月二日にも学生・堂衆の確執とおぼしき事件があった。比叡山の法花堂渡廊から出火し諸堂が灰燼に帰したが、これも堂衆の放火によるものとの疑いがもたれた（『吾妻鏡』）。もっとも『明月記』では、比叡山の諸堂焼失は堂衆を安堵する宣下に対し学徒が反発したものという巷説を記し、のちに聞いたところでは堂衆・学生いずれの放火かわからないらしいと記している。さらに道元が比叡山に登った年、建暦二年（一二一二）八月二十日には、比叡山での学生と堂衆との相論をめぐり院で議論がなされている（『百錬抄』）。

このように学生と堂衆との確執には根深いものがあったが、いっぽうで三井寺（園城寺）との対立も深刻であった。比叡山と三井寺との争いは、元来、最澄の直系と義真系との争いに端を発し、円仁系（慈覚門徒）と円珍系（智証門徒）との確執として展開した。源平の争乱にさいしては両門徒あい別れて属するというぐあいに、両派の争いはただ一宗内の問題にとどまらず、大きく政治にも関係することになっていった（辻 一九四四）。

道元が比叡山に登る前年、建暦元年（一二一一）二月二十二日より山門（比叡山）が騒がしく三井寺を焼くとの風聞がたっていた。そこで三月二十三日になって、幕府は京畿の御家人に命じて三井寺を警護させた（『吾妻鏡』）。しかし建保二年（一二一四）四月には山門衆徒が三井寺を攻め、金堂以下一宇残らず放火焼失させる事件が起きてしまった。『吾妻鏡』の筆者はこの事件を記したあと、近頃叡山はことに数をたのむ行動が多い、とため息まじりに書きつけている。

ところで、先の『吾妻鏡』の建暦元年の山門寺門相論の記事の前に、「近日南都北嶺静かならず」と記されている。混乱は天台宗だけにとどまらなかった。とくに当時、清水寺をめぐる南都興福寺と北嶺比叡山との相論は、人びとを驚かせ、またあきれもさせた。

この相論とは、建保元年七月に清水寺法師が迎講を行うための堂を建立したことに端を発する。この土地が清閑寺領であったため、清閑寺と清水寺との相論となり、さらに清閑寺の本寺比叡山がくちばしを入れたために、清水寺の本寺興福寺の怒りをまねき、ついに両本寺の相論へと拡大してしまった。やがて清水寺では城を構え、山僧も長楽寺に集結するにおよんで、朝廷でも黙視できず、両陣営に使者をたて調停を試みた。その結果、清水寺では城を破却し法衣に改める旨を承諾したが、長楽寺に集結していた山僧は、使者の言葉に耳をかそうともせず、あまつさえ暴言をはき追い返してしまった。そこで院の兵である北面の武士や在京の武士を派遣して奇略をもちいてこれを鎮めたが、のち比叡山ではこれを不満として、衆徒ことごとく山を離れ、常灯を消し、七社以下の御簾を切り落とし祠官を追放してしまった（『吾妻鏡』建保元年八月十四日条）。

この事件は、道元が座主公円について剃髪受戒したわずか三ヶ月後のことである。若き道元はこの事件をどう見ていたのであろうか。残念ながら道元は何も語ってはくれない。ただ『吾妻鏡』の筆者は、この事件の顚末を記したあと、「天台仏法魔滅の期に及ぶるか」と吐き捨てるかのように書きつけている。

比叡山での修学

道元の剃髪受戒の師であった公円は、道元受戒のその年（建暦三〔建保元〕年）の清水寺をめぐる相論の責任をとって天台座主をやめ、かわって座主になったのは公円の灌頂《かんじょう》の師でもある慈円である。四度目の座主就任であった。慈円は道元の外祖父とされる松《まつ》殿基房《どのもとふさ》の異母弟である。ところがその慈円も、翌年には三井寺焼失事件で引責辞職し、承円が第七十二代天台座主に就任した。二度目の座主就任である。一度目の座主就任は元久二年（一二〇五）、承円このとき二十六歳、若い座主であった。このとき法藹《ほうろう》は十六年とあるから承円は十歳で剃髪受戒したことになる（『諸門跡伝』）。もっとも承円のばあいは特例のようで、「貴種人出家受戒の時、先例無度縁宣旨を下さると云々」（「建久年中雑々文書」『壬生文書』）とある。承円は松殿基房の息であるから、道元からみれば母方のおじにあたる人物であるが、この承円にしても慈円・公円についても道元はまったく寡黙である。

道元が叡山でいかなる修学をしたかはほとんどわからない。伝記では、「天台の宗風、兼ねて南天の秘教、大小の義理、顕密の奥旨、修学せざるはなし」と、天台のみならず密教や大乗小乗の仏教のすべてを学んだといい、「一切経を看閲すること二遍」（『行業記』『建撕記』）と伝える。伝記一流の誇張はあろうが、道元が叡山でかなり幅広い勉学をしていたであろうと想像はできるが、これについても道元はまた寡黙である。ただ『随聞記』（長円寺本、五の七）のなかで道元は自らの修学期のことについて次のように語っている。

一日示云、学人初心ノ時、道心有《あっ》テモ無《なく》テモ、経論《きやうろん》・聖教《しやうげう》等ヨク〳〵見ルベク学ブベシ。我《われ》初メテマサニ無常ニヨリテ聊《いささ》カ道心ヲ発《おこ》シ、アマネク諸方ヲトブラヒ、終《つひ》ニ山門ヲ辞シテ学道ヲ修《しゆ》セシニ、建仁寺ニ寓《ぐう》セシニ、中間《ちゆうげん》ニ正師《しやうし》ニアハズ、善友《ぜんう》ナキニヨリテ、迷《まよつ》テ邪念ヲヲ《(お)》コシキ。教道ノ師モ、先ヅ学問先達《せんだつ》ニヒトシク、ヨキ人也、国家ニ知《しら》レ、天下ニ名誉セン事ヲ教訓ス。ヨ（ツ）テ教法等ヲ学スルニモ、先此国《まづこの》ノ上古ノ賢者ニヒトシカランコトヲ思ヒ、大師《だいし》等ニモ同《おなじ》カラント思《おもう》テ、因《ちなみに》高僧伝・続高僧伝等ヲ披見《ひけん》セシニ、大国《だいこく》ノ高僧・仏法者ノ様《やう》ヲ見シニ、今ノ師ノ教ヘノ如《ごとく》ニハ非ズ。又我ガヲコセル心ハ、皆《みな》経論・伝記等ニハ厭悪《イトイニク》ミキラヘル心ニテ有リケリト思《おもふ》ヨリ、漸《やうや》ク心ツキテ思《おもふ》ニ、道理ヲカンガフレバ、名聞《みやうもん》ヲ思《おもふ》トモ、当代下劣ノ人ニヨシト思ハレンヨリモ、上古ノ賢者、向後《きやうこう》ノ善人ヲ可《べし》レ恥《はづ》。ヒトシカランコトヲ思《おもふ》トモ、此国《このくに》ノ人ヨリモ、唐土・天竺ノ先達・高僧ヲ可《べし》レ恥《はづ》、カレニヒトシカラント思《おもふ》べシ。乃至《ないし》諸天冥衆《しよてんみやうしゆ》・諸仏菩薩等ヲ恥《はぢ》、カレニヒトシカラントコソ思《おもふ》ベキニ、道理ヲ得テ後ニハ、此国《このくに》ノ大師等ハ、土カワ《(は)》ラノ如ク覚《おぼえ》テ、従来ノ身心皆改《あらため》ヌ。

これによれば、道元ははじめ無常によっていささか道心を発したという。この無常が母の死ではないかということについてはすでにふれた。いささか道心を発したというのは出家を意味するのだろう。問題はそのあとだ。あまねく諸方を訪ね終に山門を辞したとあり、諸師参究が叡山内のことになっている。ところが明和本ではここのところが「終に山門を辞して遍く諸方を訪ひ」(四の八)とあり、諸師参究は叡山を離れてからのこととする。叡山を離れ諸師参究したのちに建仁寺に身を投じたのでは、叡山を離れるときにまだ建仁寺に行くことが決まってなかったことになる。したがってここでは長円寺本の立場を採りたいと思う。つぎに問題となるのが、建仁寺に寓するまでの中間が、どこからの中間かということである。『随聞記』の文章に沿って素直に読めば、山門を辞してから建仁寺に行くまでの間ととれなくもないが、それは無理だろう。そうであれば、正師に会えず善友がいなかったのが叡山を離れてから建仁寺に行くまでの間ということになり、この話の趣旨がおかしくなってしまう。

道元は出家してからしばらくは、教導の師から言われるまま、国家に知られ天下の名誉となることが目標となっていたようだ。のちに高僧伝・続高僧伝を読むうちに、そうした修学姿勢が恥ずべきことわかり、以来この国の大師などは土瓦のように思うようになったというのである。道元みずから無常(母の死)によって道心を発したといい、また伝記では一族の期待を裏切ってまで出家を敢行したことになっていて、道元の出家が主体的になされたかのように考えられてきた。主観的には道元もそう思っていたかも知れないし、伝記の伝える道元に将来を託したい松殿家のお家事情も考えられるのであるが、『尊卑分脈』に載らない庶子の立場、八歳で母に死なれたことなどから、道元の出家は既定方針になっていたはずである。

奈良時代から平安時代の初期にかけて、貴族社会は発展期であり、多くの貴族の子弟たちをポストにつけることができたし、また地方でも温かく迎えられた。しかし平安も末期になると、貴族社会は従来の定員さえ維持できず、多くの子弟をかかえた貴族たちはほとほと困り、新しい就職口を見つけなければならなかった。こうして仏門が貴族社会にとって新たな意義をもってきたのである（圭室 一九七二）。おそらく道元もそうした貴族の子弟のひとりであった。仏門への道は幼児のときにすでに決定している。そしてある年齢に達すると寺に預けられる。道元の場合は母の死の翌年、九歳のときに世親の『倶舎論』（たぶん『倶舎頌』だろう）を読んだというから、おそらくこのときから出家にむけて準備がはじまったのであろう。

このように道元の出家が他律的に進められたとするならば、建仁寺に行くまでの道元は、正師・善友にめぐまれずに指導されるままに、学問をして国家に知られ天下の名誉となることが修学の目標になっていたのもうなずける。ここでいう教導の師が誰であるかまでは道元は語ってくれないが、いずれにしても道元は経論・聖教を学び、高僧伝などを読むなかで、本来の道心が芽生え、僧侶としてのあるべき姿がほのみえてきたのである。どのような経論・聖教を学んだかまではわからないが、『行業記』の伝える一切経（大蔵経）を二度までみたという、たぶんに誇張はあるにしても、かなり幅広い勉学はしたのであろう。こうした勉学の過程で、道元はひとつの疑問につき当たったという。『行業記』によれば、その疑問とはつぎのようなものであった。

十八歳の内、一切経を看閲すること二遍。宗家の大事法門の大綱は、本来本法性《ほんらいほんほっしょう》、天然自然身《てんねんじねんしん》なり。顕密の両宗は、此理を出ず。大いに疑滞あり。本より法身法性《ほっしんほっしょう》のごとくんば、諸仏は甚麼《なに》のために、更に発心修行せん。三井の公胤僧正は、顕密の名匠、法海の龍象なり。即ち此の問を致す。胤教示して曰く、此の問、輙《たや》すく答うべからず。家訓の訣有ると雖も、未だ美を尽くさず。伝え聞く、大宋に仏心印を伝える正宗有ることを。宜しく入宋し求覓《もと》むべし。此の誨励《かいれい》を聞き、建保五年丁丑、十八歳の秋、始めて本山を離れ、洛陽建仁寺に投ず。

十八歳までに一切経を二度読んだが、そこに説かれている教えは、現実のわれわれの存在が法性を体現する仏である、ということであった。顕密両宗も結局のところここから一歩も出るものではない。とすれば大いに疑問が出てくるのであって、諸仏は何ゆえにあえて発心し修行しなければならなかったのであろうか。このように道元は考えたという。そしてこの問を三井寺の公胤僧正にぶつけたところ、公胤はその疑問には直接答えず、入宋し禅宗を学ぶことを勧めたという。

栄西相見説

ところがここのところが『建撕記』（宝暦四年〔一七五四〕刊本）では、公胤が勧めたのは入宋ではなく、建仁寺栄西に参ぜよということのようで、時にこれを耆宿《きしゅく》に質し、答釈する者なし。因みに三井寺公胤僧正の観心に粋しいのを聞き往き問う。胤答えて曰く。此問輒《たや》すく答うべからず。宗義あるといえども、恐らく理を尽さず。すべからく建仁寺栄西に参ずべしと指揮せらる。同年（建保二年）に、建仁開山千光禅師の室に入り、初めて臨済の宗風を聞く。

とある。『行業記』では公胤への参問・叡山離山は道元十八歳のときのことであるが、『建撕記』では十五歳のときのこととし、公胤は建仁寺栄西をたずねよと指示したことになっている。さらに面山瑞方《めんざんずいほう》（一六八三～一七六九）が『建撕記』に考証・説明を加えた『訂補建撕記』では、修学中の疑問を栄西に質したところ、栄西は「三世の諸仏有ることを知らず、狸汝白牯却《りぬびゃくこかえ》って有ることを知る」と答え、道元はこの栄西の教示をしっかりと心にとめて忘れなかったという。ちなみにこの道元と栄西の問答を、鈴木正三《しょうさん》（一五七九～一六五五）は「道元和尚、昔日明全和尚に問う、如何ならんか是れ法身法性の迷。全答えて云く、三世の諸仏有ることを知らず、狸汝白狐却って有ることを知る」（『驢鞍橋《ろあんきょう》』中・一七）と、道元と明全の問答としている。

栄西との相見が事実であったと仮定した場合、その時期はいつか。『吾妻鏡』によれば建保三年（一二一五）六月五日、『沙石集』によれば同年七月五日が栄西示寂の年であって、相見は道元十六歳以前のこととなる。これを認めれば、『行業記』の十八歳叡山下山説はあやしくなる。

ともあれ、宗門では伝統的に栄西との相見を事実として認める傾向にあった。しかし否定論も執拗にくりかえされてきた。いま大久保道舟氏の整理にしたがい、それらの否定論の要点を示す。第一に、『弁道話』の自伝で栄西にまったくふれていないこと、また『永平広録』では栄西を師翁と呼んでいること（村上 一九〇一、孤峯 一九〇三）。第二に、『伝光録』所収道元伝など道元門流の記録にその所見がないこと（峯 一九〇四）。第三に、栄西は当時ほとんど鎌倉にいて京都で道元と相見する可能性がなかったこと（峯 一九〇四）、あるいは京都にいたとしてもこのときは病気で道元の質問に応ずることはなかったであろうこと（村上 一九〇二）。以上が相見否定論の主なものである。

これらの否定論に対し大久保氏はつぎのような批判を加えられた。第一の点については、『弁道話』に参見の記事がないからといって、いささかも否定論の根拠にならない。また師翁という呼び名についても、栄西と一面識もなければそう呼ぶこともなかったし、栄西のための忌辰上堂《きしんじょうどう》もなかったはずである。第二の点についても根拠薄弱である。第三の点については、栄西が必ずしも鎌倉のみにいたわけではないし、その死因も流行性の病気でながく床についていたのでない、と逐一批判された。そして大久保氏はさらにいくつかの理由をあげて、相見説を積極的に主張された。その理由のうち、とくに重要と思われる二点についてふれたい。

大久保氏の説く理由の第一は、『宝慶記』の「後に千光禅師（栄西）の室に入り、初めて臨済の宗風を聞く」という一文にある。それまで『宝慶記』は史料的に多少の疑問視するむきもあったが、豊橋市全久院所蔵の懐奘《えじょう》の謄写本が発見され、その史料的信憑性も高まり、右の一文が相見説の決め手となり、相見論争にほぼ終止符が打たれた。理由の第二は、『随聞記』のなかに栄西を話題にする箇所が九ヶ所もあり、相見を否定してはそのことはまず考えられない、とされたのである（大久保 一九六六）。この大久保説が出るにおよんで、相見説がほぼ定説となった（竹内 一九六二、今枝 一九七五）。ところがそのご古写本『建撕記』の発見が相次ぎ（永久 一九五五、小川 一九六二）、『訂補建撕記』は面山瑞方が『建撕記』本文に自由な取捨増減を加え、変更をほどこしたものであることが判明した。それまでの相見説の立場に立つ研究がいずれも『訂補建撕記』にもとづいて立論されていたから、古写本『建撕記』の新出によって相見問題は再検討を迫られた。

では古写本『建撕記』の出現によって何がどう変わったのか。まず道元の叡山修学が建保二年ではなく五年（一二一七）までの六年間であったこと、公胤訪問・明全への追従も建保五年のことで、公胤の指示が栄西への参投ではなく禅宗を学ぶための入宋の勧めであったこと、などである。ただ栄西相見は建保二年の項に「千光禅師の室に入って、初めて臨済の宗風を聞く」と記されているので、古写本『建撕記』もただちに栄西との相見を否定することにはならないのであるが。

このことにつき鏡島元隆氏は、古写本『建撕記』の「千光禅師の室に入って……」の一文の前に「行状記云」の但し書きがあり、この行状記は『行業記』（『三大尊』）のことで、『行業記』は前段で栄西との相見にふれないにもかかわらず後段の如浄の記事中に「千光禅師の室に入って……」の一文が記され、『建撕記』の著者建撕はそこに不整合を感じ建保二年の項に右の一文を挿入したのであろうとした。また『行業記』がこの記事を『宝慶記』から直接引用したものか、単独に流行したものを用いたものか明らかではないが、『宝慶記』のもっとも古い写本である全久院本にはないとした。

鏡島氏はさらに、流布本『随聞記』の「我れ始めてまさに無常によりて聊か道心を発し、終に山門を辞して、遍く諸方を訪ひ、道を修せしに、建仁寺に寓せし中間、正師にあはず、善友なき故に、迷て邪念を起しき」という記事に注目する。この記事は道元が「叡山を出てから諸方に知識を訪ねたことになり、建仁寺掛錫中においてもある期間は正師に逢わなかった意味に」なる。ところが同じ箇所が長円寺本では「我れ初めてまさに無常によって聊か道心を発し、あまねく諸方をとぶらひ、終に山門を辞して学道を修せしに、建仁寺に寓せしに、中間に正師にあはず、善友なきによりて、迷って邪念をおこしき」とあって、「禅師が諸方に知識を訪ねたのは叡山修学中のことであり、誤って邪念を起こしたのは建仁寺に掛錫《かしやく》し、正師に逢うまでの期間」ということになる。そして氏は、面山の修訂を受けた流布本ではなく長円寺本にしたがうべきで、弁道話の「予発心求法よりこのかた、わが朝の遍方に知識をとぶらひき、ちなみに建仁の全公をみる」の文章にも相応することになるとし、相見否定説の立場に立たれた。そしてこのことは、道元と天台本覚法門との関係、滅後宗団と栄西との関係、道元と明全の関係の問題考究の端緒にしたいためなのだとの問題提起をされたのである（鏡島 一九六三）。

筆者はかつて前書（『道元と正法眼蔵随聞記』）執筆のころ、まったく不明の極みであるが、古写本『建撕記』の新出も上記の鏡島論文の存在も知らなかった（船岡 一九八〇）。恥じ入るばかりである。言わずもがなのことではあるが、学問は日進月歩するものであるから、つねに最新の研究成果を吸収しなければならないということをあらためて肝に銘じたのである。しかし当時の筆者がこの相見問題いと思う。

をどう捉え、どう解決しようとしたのか、ということを振り返るのもあながち意味のないことでもな

当時の筆者には、相見問題は道元伝の基本史料として『行業記』『建撕記』(実は『訂補建撕記』)のいずれに依拠すべきかの問題であった。『行業記』は十八歳叡山下山の立場で、当然、栄西との相見にはふれない。いっぽう『建撕記』(実は『訂補建撕記』)は栄西との相見を認めるから、十五歳叡山下山の立場をとる。当時、道元が二年足らずで叡山仏法に見切りをつけ下山したと考えるのはいかにも不自然で、はじめに相見ありきの立場から『建撕記』(実は『訂補建撕記』)は無理して十五歳で叡山を下山させたと考えた。しかし筆者の前には、なかば定説化していた大久保説が立ちはだかっていた。そこで大久保説のなかで相見を認める理由の主な二点を批判することになった。

理由の第一は、『宝慶記』の「後に千光禅師(栄西)の室に入り、初めて臨済の宗風を聞く」の一文であった。『宝慶記』は道元の在宋時代の修学ノートであり、その史料的価値を認めることに異存はないが、ただ当該箇所の文章の性格について考える必要がある。というのは、この一文が道元が如浄に提出した入門請願書であり、このとき如浄が住持していた景徳寺は栄西ゆかりの寺であった。栄西が在宋中、その師懐敞《えしょう》にしたがい万年寺から景徳寺へと移り、そこで千仏閣の復旧のときに良材を寄せることを約束し帰国後それを実行した。この栄西の功績をたたえたものに、宋の楼鑰《ろうやく》の『千仏閣記』、虞樗《ぐちょ》の『日本国千光法師祠堂記』があり、栄西はつとに知られる存在であった(多賀 一九六五)。

入宋直後、景徳寺に入ってそこでの栄西の名声を知っていた道元は、新住持如浄にたいして、栄西門下（法孫という意味）という自負の念をこめて請願書に記したものと考えられる。そうであれば、『弁道話』の自伝で栄西にふれずに、この請願書にあえて「千光禅師の室に入る」と記したことが理解できる。したがって『宝慶記』に栄西の名があるからといって、それが必ずしも相見を裏づける根拠にはならないのである。

大久保氏の相見説主張の第二の理由は、『随聞記』のなかに栄西を話題にする箇所が九ヶ所もあり、相見を否定してはそのことはまず考えられないというものである。しかし『随聞記』の栄西に関する記事も「請願書」と同様あてにならない。それらの記事は、おおむね現在（『随聞記』が筆録された嘉禎年間（一二三五～一二三八））の建仁寺の堕落ぶりを伝えることに主眼がおかれている。ところが発言の場である深草興聖寺には、おそらく栄西や建仁寺および叡山の関係者がかなりいたはずである。道元は、栄西をことさら理想化することによって、建仁寺や叡山からの圧力を避けながらその堕落ぶりを批判したのである。もっとも栄西の理想化は、道元の意図的なものではなかったかもしれない。それは道元が栄西に直接会ったことがなかったためであり、栄西に関する情報はもっぱら明全らを通じて得たためであった。

従来、この『随聞記』の伝える清貧で厳格なイメージと、そのほかの文献の伝える栄西のイメージとのずれがしばしば問題にされてきた。たとえば、栄西が大師号を望み、いちおう朝議にのぼったが先例なしとのことで沙汰やみになり、僧正号が与えられたこともあった。藤原定家はそれを聞き、日記に「凡そ筆端の及ぶ所に非ず」(『明月記』建保元年五月三日条)と記している。定家はそれ以前、栄西がそのために賄賂を使っているとの噂も聞いており、同じく日記に「当世の儀、ただ貢献をもって善となす」(同年四月二十九日条)と書き付けた。栄西の法孫無住も、栄西の悪評をなげき、遁世の身で僧正になったのは、遁世の人を非人のように思う人びとがいたためであり、あくまで仏法のためによかれとしたことであって決して名聞のためではなかったと弁明につとめている(『沙石集』)。

しかし無住の弁明にもかかわらず、栄西の生涯をいちべつすると、その中央志向型・出世主義的性格は否定できそうにない。二度の入宋、景徳寺千仏閣の用材寄進、などは有力なスポンサーを獲得していたから可能であった。また帰国後の栄西は、京都での活動が不可能とみるや、鎌倉幕府に接近し、そこで力を蓄えて京都に進出、東大寺勧進職・僧正号まで掌中に入れたのである。

このような栄西のイメージは『随聞記』で道元が語る栄西のそれとはあまりにもかけ離れている。建仁寺住持として、栄西は清貧かつ厳格であったかもしれない。しかしそれは栄西の一面である。しかも栄西の弟子明全らを通じてかなり理想化された一面ではなかったか。明全にも、栄西亡きあとの建仁寺にたいして不満があったのかもしれない。建仁寺の新しい体制への不満が、もちまえの求道心とあいまって、明全をして入宋を敢行させたといえまいか。その明全から教えられた栄西の姿は、実際以上に清貧かつ厳格な人になっていたと思われる。

第二章　興禅の秋

1　公胤の示唆

ところで、道元に禅を学ぶために入宋を勧めたという三井寺の公胤とはいかなる人物なのであろうか。『行業記』『建撕記』はともに「顕密の名匠、法海の龍象」とあるのみである。

三井寺公胤

そこで『本朝高僧伝』（卍元《まんげん》師蛮《しばん》撰、元禄十五年〔一七〇二〕完成）巻十三の「江州《ごうしゅう》園城寺《おんじょうじ》沙門《しゃもん》公胤《こういん》伝《でん》」を手がかりに公胤の伝記の検討をしてみよう。

『高僧伝』ではのっけから「未だ其の姓里を詳らかにせず」とある。しかし寺門系の記録、たとえば『園城寺長吏次第』では「大納言源雅俊の孫、阿サリ（闍梨）行顕の弟子、大弐憲俊の子」とする。すなわち村上源氏の出身である。ここで公胤は行顕の弟子とあるが、『尊卑分脈』では行顕は公胤の実弟である。そして何年の生まれかというと、『高僧伝』では「建保四年閏六月二十日、齢八十余にして奄《えん》然《ねん》として寂す」とあるから、逆算すれば保延元年（一一三五）ごろの誕生ということになる。しかしこれは問題で、『園城寺長吏次第』では「建保三年閏六月廿四日滅、七十二、私に云く、黒谷伝記に云く、建保四年閏六月二十日、禅林寺辺に於いて寂す、七十二歳云々」とあり、『吾妻鏡』建保四年閏六月二十九日条でも「去る二十日未刻前大僧正法務公胤入滅、年七十二、往生の瑞有るの由今日風聞す、是れ将軍家御帰依僧なり」とあり、さらに『華頂要略《かちょうようりゃく》』（一四五、「諸門跡伝」六）に「園城寺如意寺、在愛宕郡粟田郷、明王院公胤僧正、三井長吏、……建保四年閏六月廿六日寂、八十余歳、」とあり、諸説あることがわかる。

これを整理すると、建保四年閏六月に没したらしいこと、享年が七十二歳と八十余歳の二説あることが知られる。ただ没年が建保四年ならば享年は七十二歳になることは、『東寺文書』（甲号外二十八「三井寺長吏次第」）に「公胤、建永元三廿八任、六十二、治一」とあり、長吏就任の建永元年（一二〇六）に六十二歳だったことを裏づけられるのではないか。しかし一方で、享年が八十余歳という説も諸史料に散見され、事実、『高僧伝』もこの立場をとる。

『高僧伝』は続けて「初学の時より稟賦《りんぷ》敏点なり。夙に三井に投じて経論を習貫す」とある。習貫は習慣で「なれ親しむこと」を意味しよう。そしてそれに続く次の話が享年八十余歳の出所かも知れない。その話とはこうである。

偶々相者に会ふに曰く、公の才は出群なるも惜むらくは冠歳ならざらんと。其の師、之を聴きて胤をして尊勝陀羅尼を誦せしむること毎日二十遍にして以て延齢を祈る。胤日に精誦して増すに数遍を以てせり。三年の後、相者見て曰く、公は何の方を積んでか寿八十を逾《こゆ》るに至るや、釈子の相は実に測る可からざるなりと。

『高僧伝』のこの話の出典は『沙石集』（拾遺・六十三）であろう。もっとも『沙石集』では尊勝陀羅尼が二十遍ではなく二十一遍になっていること、三年後の相者の発言が「御イノチ七十ニアマリテ、ノヒテ見エ給」であったが、実際は「八十アマリニテ、地蔵ノ引導ニヨリテ、目出往生セラレケル」であったこと、往生の瑞相があり「京都ノ人々オガミアヘリキ。マノアタリオガミタル尼公、物語侍キ。建保ノ比ト申シヤラン」となっている。目の当たりに見聞した人から自分は聞いたという無住の言は、無住が『沙石集』でよく使う手であり、話の信憑性を読者に印象づける手法である。それはともかく、ここでも公胤の没年が「建保ノ比」となっている。

『高僧伝』はさらに「胤は三蔵を周覧して顕密を粋《もつぱら》にして衆は仏法補処の人と称す。園城の長吏に補せられ僧正に任ぜらる」と続く。仏法補処の人とは、一生補処の人ともいい、次生で成仏が約束されている菩薩の最高位である。これも『沙石集』の「幼少ノ時ヨリ法器ノ人ナリケレバ、補処ノ仁ニ思タテラル」から採ったものであろう。

『高僧伝』は次に法然との関係にふれ、「嘗つて源空の専念の法を唱へるを嫌つて決疑鈔三巻を作る。一日、空と宮中に相逢つて一たび談じ遂に決疑鈔を焼けり。爾来、屢々《しばしば》吉水に往いて往生の法を問ふ」と記している。これについては叡山功徳院舜昌《しゅんしょう》の編になる『法然上人絵伝』（『四十八巻伝』）巻四十に詳しく、公胤が法然の『撰択集』を批判して『浄土決疑抄』三巻を執筆、それを学仏房に託して法然の所に送ったが、法然は上巻のはじめを読んだだけで批判しそれを聞いた公胤が閉口したこと、宜秋門院懐妊のさいの戒師と導師として法然と公胤が相対し浄土の法門などについて談じたこと、そのご公胤は『浄土決疑抄』を焼き捨てたこと、法然の中陰の唱導を望みそこで前非を懺悔したこと、そして「偏に上人の勧化に帰し、念仏の行怠りなくして、建保四年閏六月廿日、春秋七十二、禅林寺のほとりにして往生をとげられしに、洛中洛外、紫雲を見、瑞相をきゝて、群集結縁の僧俗かずをしらず」と記している。

公胤が『浄土決疑抄』を撰述したことは、日蓮の『守護国家論』（この悪義を破らんが為に、また多くの書あり。いはゆる浄土決疑抄・弾選択・摧邪輪《ざいじゃりん》等なり。この書を造る人皆碩徳の名は一天に弥《わた》るといへども、恐らくは未だ撰択集の謗法の根源を顕はさざるか）・『浄土九品之事』（公胤大弐僧上――浄土決疑集三巻を造て法然房の撰択集を破す）・「破良観等御書」（日蓮いかにかしこくとも明円房・公胤僧上・顕真座主等にはすぐるべからず。彼の人人だにもはじめは法然上人をなん（難）ぜしが、後にみな堕て、或は上人の弟子となり、或は門家となる）などで明らかである。

また公胤が法然の四十九日の法要の導師をつとめたことは、親鸞自筆の『西方指南抄』巻中所収の『源空上人私日記』の「園城寺長吏法務僧正公胤。為法事唱道之時。其夜告夢云。源空為教益。公胤能説法。感即不可尽。臨終先迎接。源空本地身。大勢至菩薩。衆生為化故。来此界度度。此故勢至来」という記事で知られ、またそれとほぼ同じ内容であるがより詳しい記事が建長六年（一二五四）成立の橘成季編『古今著聞集』（二・釈教）の「三井寺の公胤僧正。結縁のために四十九日の導師を望みて。両界曼荼羅幷に阿弥陀の像を供養してけり。其後五ケ年を経て。建保四年四月廿六日の夜。僧

法然の法要で読経する公胤

正の夢に見侍りける。上人告云。……源空初孝養　公胤能説法　感喜不可尽　臨終先迎接　源空本地身　大勢至菩薩　衆生為化故　来此界度者　かく示してさり給ひにけり。勢至碧の化身といふ事これより符号する所なり」である。とくに注意したいのは後者で、建保四年四月二十六日の夜の公胤の夢想は公胤の往生を暗示しているようだ。公胤の往生については、既出の『吾妻鏡』建保四年閏六月二十九日条の記事や『沙石集』の記事でふれられており、かなり話題になっていたのかもしれない。

『高僧伝』では法然の話から一転して道元の話になる。「永年の道元は叡山に在りし時往いて法身自性の旨を問うに胤曰く、此の問は酬へ難し、家伝不善、仏心宗有りて能く此の事を明む。若し精究せんと欲せば往いて彼の宗に問へと」。永年は永平の誤記だろうが、内容についてはすでにみた『行業記』『建撕記』などの宗内の伝記を一歩も出ない。ただ師蛮は賛で「道元に酬

へしの言宗に謬らざるも亦君子の公挙なり」と公胤を讃えている。宗門外では『園城寺長吏次第』の「或云、胤者道元和尚師也、建保四ニハ道元当十七也、可尋」が注目される。

『高僧伝』はこのあと「胤は晩に職を解いて禅林寺の側に屏居し、静観欣求して以て炎凉を送れり。建保四年閏六月二十日、齢八十余にして奄然として寂す。臨亡に頂上より大光明を放ち奇香発越し、紫雲院を覆ひ、天楽空に湧く。是れ楽土に帰するの相なり」と、公胤の晩年と往生の様子を伝えている。公胤が「晩に職を解いて禅林寺の側に屏居し」たのがいつのことかが問題になる。佐藤亮雄編『僧伝史料』三によって公胤の事績を確認してみると、治承二年（一一七八）五月二十日の最勝講の聴衆が初出であり、建保元年（一二一三）十一月八日の坊城殿での曼荼羅供に公胤僧正として出ているのが最後である。『僧伝史料』では拾われていないが、『吾妻鏡』建保二年四月条には、山僧の手によって園城寺が焼失してしまったが、園城寺長吏の公胤が、早速、幕府に使者をたて焼失のことを愁い申したという記事があり、さらに『吾妻鏡』建保四年閏六月二十九日条には既出の公胤入滅の記事がある。ここでは公胤の肩書きが「前大僧正法務」となっている。『僧官補任』『寺門伝記補録』によれば、園城寺長吏の再任が承元三年（一二〇九）でこのときは治八年というから建保四年（一二一六）まで勤めたことになる。建保四年というと、公胤が亡くなったとされる年である。公胤は亡くなるまで長吏だったのか。もしそうであれば、「胤は晩に職を解いて禅林寺の側に屏居し、静観欣求して以て炎凉を送れり」ということにならない。

ここで公胤の享年に七十二歳と八十余歳の二説があったことが重い意味をもってくる。というのは建保四年以降も公胤は生存していたらしいからである。『吾妻鏡』建保五年六月二十日条に「阿闍梨公暁頼家卿息園城寺より下着せしめ給う。尼御台所の仰せに依り鶴丘別当の闕《けつ》を補さるべきと云々。此一両年、明王院僧正公胤門弟として学道のため住寺せらるる所なり」とあり、公胤はまだ健在のように思われる。また延徳四年（一四九二）尊通撰の『三井続灯記』巻九・当寺年表上・建保六年条に「十月会。題者長吏公胤」とある（青龍　一九六四）。ただこちらの方は公胤の肩書きが長吏とあるから先の『僧官補任』『寺門伝記補録』と矛盾することになる。したがって『三井続灯記』の記事はそれ以前の長吏時代のことが誤記された可能性がある。仮にそうだとしても、園城寺では公胤が建保四年に七十二歳で死んだということがかならずしも自明のことではなかったわけである。『吾妻鏡』の場合は没年の翌年の記事で「此一両年」だからありえるかも知れないが、やはりそうであれば「胤は晩に職を解いて禅林寺の側に屏居し、静観欣求して以て炎涼を送れり」ということにならない。

　そんなところから、『吾妻鏡』の公胤示寂の記事が法然伝の公胤示寂記事を基にして作られた可能性、法然伝における公胤示寂地である禅林寺辺とは園城寺の子院の如意寺である可能性、公胤示寂の年時記述は鎌倉側からの嫌疑をかわすために園城寺で改竄した可能性が指摘されている（舘　二〇〇八）。これらの可能性は十分ありえることである。

　そもそも『高僧伝』の「胤は晩に職を解いて禅林寺の側に屏居し、静観欣求して以て炎涼を送れり」という記事は何によっているのか。すでにみた『園城寺長吏次第』の「黒谷伝記」であろうが、これが数ある法然伝の何を指すか、題名の類似性から『黒谷源空上人伝』がすぐ思いつくが、これには公胤のことはまったく出てこない。おそらくは既出の『法然上人絵伝』であろう。いずれにしても公胤が法然の『選択集』を批判した『浄土決疑抄』を執筆しのちそれを焼き捨てたこと、法然の七七日（四十九日）の法要の導師をつとめそこで前非を懺悔したことは事実として認めることができるのではないか。そしてこのことは単に法然門下の人びとに強い印象を残しただけではなく、公胤という人物を当面検討課題としているわれわれにも重要な示唆を与えてくれる。

山門派に属する道元がなぜ寺門派の長老公胤に参問したのか。しかも三井寺の碩学公胤がなぜ、少年僧道元の質問に直接答えることなく、禅宗を学ぶべく入宋を勧めたのか。これらの疑問に答えるためには、今まで検討してきた公胤という人物の理解が不可欠なのである。そもそも道元の公胤への参問自体疑えば疑えないこともないが、『随聞記』（三の五）に、

又云、故胤僧正云、「道心ト云ハ、一念三千ノ法門ナンドヲ、胸中ニ学シ入テ持タルヲ、道心ト云也。ナニトナク笠ヲ頸ニ懸テ迷アリクヲバ、天狗魔縁ノ行ト云也」。

とあり、今のところ道元の公胤への参問を疑問視する人はいないようである。ではなぜ、山門派の道元が寺門派の公胤に参問したのかという疑問にたいしては、村上源氏という同門意識がそうさせたと考えられる。またなぜ、寺門派の碩学公胤が少年僧道元の質問に答えず、入宋し禅宗を学ぶことを勧めたのか。この疑問にたいしては公胤が、山門・寺門をふくむ天台仏教の抱える矛盾を的確に認識し

ていたこと、道元の論理好きの性格を見抜き禅宗に向いているとみたこと、法然批判の『浄土決疑抄』を著しのち自分の非を認めそれを焼くという誠実な面をもっていたこと、などで答えうるのではないか。

ところで従来、公胤がなぜ道元に禅宗学習を指示したのかあまり考えられることがなかった。唐突といえば唐突なのである。しかし唐突と感ずるのは日本天台宗の歴史、ひいては日本仏教史にみられる偏見に由来する。その偏見とは、密教中心史観や浄土教中心史観と呼ぶべきものである。

鎌倉新仏教のうち、法然・親鸞らの念仏門は比叡山の念仏（山の念仏）の伝統と関連づけられながら語られてきた。しかし栄西や道元らの禅門は、中国からの伝法という現象面に眼を奪われて、比叡山における禅（天台では止観という）の伝統と関連づけられることはなかった。それは「唐朝禅と宋朝風の禅宗とは全く異質なもので、截然と区別して考える必要がある」（今枝 一九六六b）とする考えがなかば通説化していた研究状況では仕方のないことであった。このような傾向が極端になると、道元の宗教を「宋朝禅の機械的移入」などとする評価（家永 一九四七）をも生むようになる。

ところが一方で、鎌倉時代の禅僧の伝記を調べてみると、比叡山などでの修学期に禅（止観）との関わりがあるものが意外と多いことがわかってきた。たとえば、のちに道元に参じその後継者となる懐奘（一一九八～一二八〇）の場合、叡山修学中に「山家の止観を学び、文字の学解を捨てた」（『行業記』）という。東福寺四世となった白雲恵暁《はくうんえぎょう》（一二二三～一二九七）も叡山修学中に「止観玄義を習」ったとあり（『仏照禅師塔銘』）、同じく東福寺八世の月船琛海《げっせんしんかい》（一二三一～一三〇八）は天台宗の書写山

最澄

で「偏えに禅観をもつて専門と為」していた（『東福寺八世法照禅師十乗坊行状』）。そもそも東福寺開山の円爾（一二〇二～一二八〇）も若き日に天台止観を学び、園城寺《おんじょうじ》（三井寺）で剃髪したが、やがて禅宗に転ずるのである。

そもそも最澄によって創始された日本天台宗は、円密禅戒の四宗相承として、総合仏教としての性格を強くもっていた。最澄は帰国の翌年延暦二十五年（八〇六）に、『大毘盧遮那経《だいびるしやなきよう》』（密教の経典）を読む僧と『摩訶止観《まかしかん》』（禅＝止観を体系的にのべた書）を専門とする二名の年分度者を申請し勅許された。これがのちの天台教学を支える遮那業《しやなごう》（密教）と止観業（顕教）のふたつの修学コースの出発点であった。また弘仁九年（八一八）には『天台法華宗年分学生式』によって、遮那・止観両業の規定とともに、十二年間の下山を禁止する籠山十二年の制度が定められた。

このように最澄においては止観＝禅はかなり重要な意味をもっていた。またそのごの叡山仏教の密教化の推進者といわれる、止観業出身の円仁、遮那業出身の円珍にとっても禅はまったく無関係ではなかった。円仁は在唐中にも禅に興味をもちつづけ、帰国したら禅院を建立する旨の願をたて、中国の居士蕭慶中《しゆくけいちゆう》より禅の法も伝えた（『慈覚大師伝』）。また円珍が将来した経典類のなかに『六祖《ろくそ》法宝《ほうぼう》檀経《だんきよう》』などの多くの禅籍が含まれていた（今枝 一九六六b）。最澄亡きあとの叡山仏教は、しだいに密教の色彩を強くしていったことは事実であるが、いっぽうで依然として禅＝止観の伝統も保持していたのである。このことはすでにみた、鎌倉期の禅僧の修学期における止観＝禅との関わりからも裏付けられるのではないかと思う。

この点で興味ぶかい話が『三井続灯記《みいぞくとうき》』巻一「幸尊」伝にみえる。幸尊は藤原氏の出身、八歳で定尊《じようそん》の室に入り、十六歳で剃髪受戒。そのご有禅につき天台の玄理を究める。康元元年（一二五六）羽林《うりん》の求めで摩訶止観を講じ、また亀山天皇に法要を説く。弘長二年（一二六二）北条時頼の要請で止観を講じたが、そのさい時頼から仏心宗との異同を問われ、同じであると答えている。文永七年（一二七〇）九月、建仁寺で法華・大日両経を講じ、建仁寺僧たちは栄西の所談と異なることがないとの印象をもった。同年閏九月六日、禅室での独坐中、隣房での激磬《げきけい》の声を聞き豁然《かつねん》と大悟、こののち発する言論が祖意に適ったという。同十一年十月に円爾と会い共に禅教不二の理を談じている。以下は省略するが、嘉元元年（一三〇三）示寂、俗寿七十九、法臘六十四であった。

今時の禅門是非多端

十世紀末から十二世紀にかけて往生伝の編纂が多くなされた。永観二年（九八四）の慶滋保胤《よししげのやすたね》『日本往生極楽記』、長久年間（一〇四〇～一〇四四）の鎮《ちん》源《げん》『本朝法華験記』、十一世紀末の大江匡房《おおえのまさふさ》『続本朝往生伝』『本朝神仙伝』、十二世紀前半の三善為《みよしため》康《やす》『拾遺往生伝』『後拾遺往生伝』、保延五年（一一三九）の蓮禅『三外往生伝』、仁平元年（一一五一）の藤原宗友《ふじわらのむねとも》『本朝新修往生伝』などがそれである。これらの往生伝は、いうまでもなく浄土信仰の隆盛と密接な関係があるが、いっぽうで禅のあり方がうかがえるよき素材でもある。

これらの往生伝をつぶさに検討してみると面白いことがわかってきた。それは浄土に往生するために禅がかなり重要な意味をもっていたらしいことである。もちろん念仏によって往生するわけであるが、この念仏と禅とが分かちがたく結びついていた。この時期の念仏は、のちの法然や親鸞らの専修念仏とはかなり性格を異にする観相念仏である。浄土を観相するところからこの名があるが、観相するにはそれなりの条件が必要であった。雑念をはらい精神を浄土にむけて統一する、つまり正念せねばならない。とくに臨終のさいの正念は往生のためには不可欠であった。

そこで日頃から、読経・写経・念仏・坐禅などの功徳を積むとともに、臨終正念の訓練をしていた。そのような訓練の場は静寂なところがよい。そういう場を静室・観念処・禅室などと呼ぶ。いよいよ臨終まじかになると本人は、浄土を想わせる荘厳に飾った部屋で浄土や阿弥陀仏を観相しながら念仏三昧に入り、また往生を助勢する僧が坐禅し念仏する。この僧を禅僧・禅衆・禅徒などと呼ぶ。これは四種三昧を修する僧をそう呼んだところからきている。やがて臨終ということになり、浄土から仏菩薩や使者が来迎するが、この使者を禅僧と呼ぶこともある。このように、此岸における臨終をむかえる本人の行、それを助勢する禅僧の行、それらの行に呼応して彼岸から来迎する禅僧、こうした臨終往生のイメージが平安貴族社会に浸透していたようである。

もともと天台宗では智顗《ちぎ》いらい天台の行法として四種三昧がある。智顗の『摩訶止観』によれば、四種三昧とは常坐・常行・半行半坐・非行非坐の四つの三昧である。常坐三昧とは、一行三昧ともいい、「一の静室あるいは空閑の地に居て、諸の喧閙《けんどう》を離れ、一の繩牀《じょうしょう》を安んじ、傍らに余座なく、九十日を一期として結跏《けっか》正座す」ただし「経行《きんひん》と食《じき》と便利を除く」とある。半行半坐三昧のうちの法華三昧は、「一には厳浄道場、二には浄身、三には三業供養、四には請仏、五には礼仏、六には六根懺悔、七には遶旋《にょうせん》、八には誦経、九には坐禅、十には証相なり」とあり、ここにも坐禅が出てくる。そして非行非坐三昧は「一向に行・坐を用」いるが、南岳大師が「随自意（三昧）」というように「意起るにすなわち三昧を修するなり」というものである。いずれも坐禅が重視されている。ただ常行三昧だけは「九十日、身に常に行んで休息することなく、九十日、口に常に阿弥陀仏の名を唱えて休息することなく、九十日、心に常に阿弥陀仏を念じて休息することなかれ」とあるように、念仏三昧であり、いわゆる「山の念仏」の源泉になっている。これを叡山における念仏門というならば、坐禅を行法の中心にすえる行者たちは（坐）禅門を形成していたとしてもおかしくはない。

総合仏教としての役割をになってきた叡山仏教も、古代末期には大きく動揺しはじめていた。そのひとつの動きが専修化の現象である。従来の研究史では、法然の専修念仏は叡山仏教の展開という文脈のなかで正当に位置づけられてきた。しかし日本禅宗史では、不当にも、そのような評価はあまりみられなかった。たしかに現象的には、栄西・道元らは入宋して禅を伝えた。しかしそのような現象面に眼を奪われて、日本仏教における禅思想の蓄積を軽視ないしはほとんど無視してきたのである。当時、総合仏教から念仏が専修化されたように、禅も専修化されたのである。その象徴的な例が栄西と同時期に活躍した大日房能忍の存在である。『百錬抄』巻十は鎌倉初期の禅宗興隆について、入唐《にっとう》上人栄西、在京上人能忍ら達磨宗を建立せしむるの由風聞す。これを停止《ちょうじ》せらるべき旨、天台宗僧徒奏聞すと云々。停止に従うべきの趣宣下せらると云々。

と伝えている。叡山仏教にとって禅宗興隆があなどりがたいものであったことがわかる。これは既成の仏教体制を崩壊させるという危機感にかられたためでもあるが、いっぽうで叡山仏教にとって彼らが〝獅子身中の虫〟でもあったからである。天台法華宗の正統をもって任ずる日蓮（一二二二～一二八二）はその『安国論御勘由来《あんこくろんごかんゆらい》』において、

後鳥羽院の御宇、建仁年中に法然・大日とて二人の増上慢の者あり。悪鬼其の身に入りて国中の上下を狂惑し、代を挙げて念仏者と成り、人毎に禅宗に趣く。

とのべている。日蓮にとっては、日本の国運を傾ける禅宗の首謀者として能忍が意識されていた。ところがこの能忍は一度も中国に行ったことがなかった。天台宗の出身で、当時、禅を鼓吹していたが、無師である点を批判され、文治五年（一一八九）に弟子の練中と勝弁を入宋させ、阿育王山の拙庵徳光《せったんとくこう》から印可をえている。この能忍の後継者覚晏《かくあん》のもとには、のちに道元に参じ道元僧団の中核的存在になる孤雲懐奘らがおり、その点からも能忍の存在は意義深いものがある。

この能忍らの存在は、総合仏教と決別し禅への専修化の道を歩みはじめた多くの人びとの存在を予

想させる。もっとも彼らの存在は、宋朝禅の隆盛に触発された面がないとはいえないが、基本的には叡山仏教の展開という文脈のなかで考えられるべきものである。しかもそうした動向はひとり叡山だけの問題ではなかった。

　筆者は鎌倉新仏教運動は行的仏教の自立・分化の過程とみているが（船岡 一九八七）、それぞれの運動にはいまだ未分化というか、残滓というか、そういうものがあったのである。たとえば栄西教団のばあい「故建仁寺ノ本願僧正栄西ノ流ハ、法々の是非揀択《れんじゃく》ナク、戒律ヲモ学シテ威儀ヲ守リ、天台・真言・禅門共ニ翫バル。念仏ヲモススメラレタリ」（『沙石集』巻十第三話）とあるように、天台・真言・禅門の兼修であり、栄西は念仏さえも勧めていたという。もともと栄西の立場は兼修禅が基本であり、その宗教の性格は包容性に富んでいたが、遁世聖の指導者（東大寺大勧進）たらんとすれば「法々の是非揀択ナ」き包容性は当然であったかもしれない。禅を鼓吹していた大日房能忍の門下に阿弥号をもつ弟子がいたことも、やはり同じ現象である。明恵《みょうえ》（一一七三〜一二三二）門下にも戒行《かいぎょう》房《ぼう》をはじめとする何人かの念仏行者がいたらしい。しかも明恵は念仏行に専念せよと彼らに指導している（『却廃忘記』上）。明恵自身は「兜率《とそつ》の行人」（『真聞集』末、『鎌倉旧仏教』補注、四三三頁）であったが、弟子にそれを強要したわけではなかった。また明恵門下には禅師の肩書きをもつ者までいたのである（『夢記《ゆめのき》』）。

　この明恵の『夢記』のなかには禅ないしは坐禅に関する記事が多い。とくに承久二年（一二二〇）に坐禅の記事が集中している。たとえば八月十一日には後夜の坐禅だけではなく随意の坐禅をおこない、十月二十六日の夜には三時坐禅を、翌日にも三時坐禅をおこなっている。さらに十一月十三日の夜には「夢に云はく、此の比、一向に坐禅す。一頭の獼猴《びこう》有りて、予、之に教へて禅観を修せしむ。獼猴、教へに随ひて禅法を学ぶ。定印を結びて結跏《けっか》坐す。然れども、坐法少し直からずと云々」と猿に坐禅の指導すらしているのである。また同年二月十四日の夢は明恵の禅定観をうかがううえで興味ぶかい夢である。

二、三段ばかりの小さい池がある。水は少なかったが、雨が降り水が溢れそうになる。そのかたわらに大きな池がある。もう少し雨が降ると大小の池はひとつになりそうである。そうなると大きな池にいた魚や亀が小さい池に移るだろう。こんな夢をみて明恵は次のように夢判断をする。小さい池は自分の禅観が象徴されたものである。大きな池は諸仏の証している根本三昧である。大きな池にいる魚などは聖者である。禅観を修すれば水は溢れ、もう少しで諸仏菩薩の根本三昧である大きな池に通じそうである。ただ目下、小さい池に魚などがいないのは初心のためである、と明恵は考えた。ここには自己の禅定と諸仏菩薩の禅定とが通い合う世界がある。これはまさに道元の行《ぎょう》持《じ》道環《どうかん》の世界に通じることは後述するとおりである。

このように『夢記』では承久二年（一二二〇）に坐禅に関する記事が集中しており、明恵自身も「此の比、一向に坐禅す」と記していた。そして翌三年六月には、夢のなかで弥勒より禅法の相承を果たすことになる。明恵にとっての坐禅・禅法は、あくまで禅定門を意味した。戒定《かいじょう》慧《え》三学《さんがく》の堅持、これが明恵の基本的立場であった。坐禅も密教の観法も定学の実践である。明恵はそのかぎりでの

「禅定成就の人」（『栂尾明恵上人伝記』にある栄西の「栂尾《とがのお》の上人禅定を修する事、功積り、已に成就し給へり」という発言）であり、その証《あかし》としての弥勒よりの禅法相承であった。この弥勒よりの禅法相承は、師資相承を重視する禅宗を多少は意識していたのかも知れないが、それ以上に明恵の行動様式に由来する。修学期の明恵には行慈をはじめ尊実・景雅・尊印・聖詮などの諸師がいたが、それとは別に釈迦をはじめ弥勒・文殊などの諸仏菩薩に直に学ぼうとする姿勢があったからである。

ところが明恵の弟子証定《しょうじょう》（一一九四～?）になるとその様相はだいぶ変わる。証定は『禅宗綱目』巻末で、今の禅宗は日本僧が入宋して法を伝えたり、あるいは中国僧が来日して法を伝えたのであり、きちんと師資相承されている、それに対し、あなたは教文などを引きながら禅宗について語ってきたが、師資相承がないのだから単なる臆説ではないか、という問を想定している。これに対し証定は、先師明恵から師資相承していると答え、それならば明恵は誰から相承したのかとの問に、明恵の『華厳仏光三昧観冥感伝』を引いて弥勒菩薩から禅法を相承したのだ、と答えるのである。

そもそも証定が『禅宗綱目』を執筆する動機には、「今時の禅門、紛綸《ふんりん》として是非多端なり」という状況認識があった。証定が『禅宗綱目』を書いたのは建長七年（一二五五）、すでに還暦をすぎ、「華厳居士　証定」という還俗《げんぞく》の立場での執筆である。したがって十三世紀前期の時代認識といえる。証定は「釈門に在るの昔」をふりかえり、みずからの修学を「専ら華厳を聞き、傍に禅門を諮《と》ひ」としている。ここでいう禅門は、すでにみたように明恵から学んだ定学であり禅法のことであるが、いっぽうで「今時の禅門、紛綸として是非多端なり」とあるように禅宗の存在をも暗示させる。したがって証定がいう禅門には、定学・禅門・禅法・禅宗などが含まれる。明恵は禅の専修化を目指したわけではなく、あくまで三学堅持の立場からの定学＝禅の強調であったが、その場合でも法の継承（禅法の相承）を無意識のうちに気にしていたといえる。そして弟子の証定の場合は、「今時の禅宗、或いは行いて宋朝に諮ひ、或いは来りてわが国に伝へ、師資の道合す」る状況であったから、禅法の相承を意識せざるをえなかったのである。

このように専修化・宗派化、そこまでいわなくても自己の宗教的立場を確立させたいとき、無師すなわち法の継承がないことは、大日房能忍が批判されたように、致命的欠陥であった。解脱房貞慶《げだつぼうじょうけい》が法然を批判した『興福寺奏状』で、九つの失の第一に「新宗を立つる失」を挙げ、「およそ宗を立つるの法、先づ義道の浅深を分ち、能く教門の権実を弁へ、浅を引いて深に通じ、権を会して実に帰す。大小前後、文理繁しと雖も、その一法に出でず、その一門に超えず。かの至極を探つて、以て自宗とす」といい、「もし古より相承して今に始まらずとならば、誰か聖哲に逢ひて面《まのあた》りに口択を受け、幾《いくばく》の内証を以て教誡示導するや」と批判する。

法然自身も、見浄土・見仏の三昧発得体験と善導との邂逅を夢中ではたしていた（『夢感聖相記』）。法然が数ある浄土教の諸師から善導を選び取った理由は、善導がほかならぬ「三昧発得の人」だったからである（『選択本願念仏集』）。したがって法然にとって、三昧発得は法の成就、夢中における善導との邂逅は法の夢中相承すなわち時空を超えた法の継承を意味したのである。それはちょうど明恵が弥勒菩薩から禅法を夢中相承したことに符号する。

2　渡宋の準備

建仁寺明全

道元は建保五年（一二一七）叡山をはなれ、建仁寺に身を投じたという（『行業記』）。

建仁寺にむかうときの道元の気持ちは、公胤に示唆されたように、いずれは渡宋し本場の禅を学ぶ方向に決まっていたようだ。建仁寺は当時、叡山の末寺（『康永四年山門申状』）あるいは別院（『空華日用工夫略集』三）で台密禅の三宗兼学の寺院（『元亨釈書』栄西伝）であったが、開山の栄西は入宋して禅宗を将来した大先輩であり、入宋の準備をするためには格好な場所であったはずである。

ところで、このときの建仁寺の住持はだれか。ふつう建仁寺明全などというと、明全は建仁寺の住持のようにみられるが、明全は建仁寺の世代にははいっていない。『建仁寺住持位次簿』によれば、建仁寺二世は退耕《たいこう》行勇《ぎょうゆう》（一一六三～一二四一）であるが、行勇は寿福寺の二世もつとめており、建保五年当時は寿福寺にいた。『吾妻鏡』建保五年五月十二日条によれば、「寿福寺長老荘厳房律師行勇、御所に参ず。是所帯相論の輩の事、引き汲み申すの故なり。而るに此儀数度に及ぶの間、将軍家御気色有り。広元朝臣を以て仰せ出だされて云わく、三宝の御帰依甚重と雖も、政道の事頻《しき》りに之を執り申さるを以て、曾て僧徒の行儀に非ず、早く之を停止し修練を専らせらるべしと云々。行勇心中之を恨み、本寺に泣き帰り閉門すと云々（原漢文）」と所帯相論などへの口入を実朝からたしなめられてい

建仁寺法堂

たのである。したがって行勇は建仁寺には常住していなかった。仁治二年（一二四一）示寂時も行勇は寿福寺にいたらしい（『建仁寺住持位次簿』『金剛三昧院紀年誌』）。おそらくは行勇は建仁寺の住持も兼務していたが、実際の寺務は他のだれかがおこなっていたのだろう。それが明全かもしれないが、その可能性は少ないように思う。

いずれにしても道元は、栄西の弟子のなかでも禅の教えをよく伝えていると評判の明全にしたがい、建仁寺での新しい修学生活がはじまったのである。『行業記』によってその修学の内容をさぐると、

明全和尚に従い、猶顕密の奥源を究め、律蔵の威儀を習い、兼ねて臨済の宗風を聞く。即ち黄龍の十世に列す。

とあるように、叡山での修学に引き続き顕密の勉強をし、戒律の威儀を学んだ。しかしもっとも重点をおいたのは禅宗の研究であり、中国語の学習であったと思われる。だがこれ以上のことはわからない。

そこで『随聞記』によりその当時の建仁寺の様子をうかがうと、まだ栄西の宗風が生きており、か

なり厳格に規律が守られていたようだ。栄西には「持律第一葉上房」（『源平盛衰記』巻四十四）の一面がある。栄西の宗教にとって戒律は重要な意味があった。そのために建仁寺の宗風も厳格なものであったと想像される。また明全ら栄西の直弟子たちも、つねに栄西を話題にし門人を叱咤激励していたようである。

道元が師事した明全（一一八四〜一二二五）は、伊勢国（三重県）の出身で俗姓は蘇氏。八歳で親元をはなれ叡山にのぼり、十六歳のとき僧となった。そののち「学海をわたりゆく、あまねく顕密の奥旨をあきらめ、ひろく定慧の深際をきは」めたが、それが「いさこをかぞふるのりをまぬかれざること」と反省し、禅宗を学ぶために（「教のほかのむねをしり、言のしたのみちをあきらめて、迦葉が霊山ににたり、なんぞ懐譲の曹谿《そうけい》にいたりしことならむ」）栄西にしたがった（『舎利相伝記』）。道元が師事したときの明全の年齢は三十四歳。道元は『弁道話』で、「全公は祖師西和尚の上足として、ひとり無上の仏法を正伝せり。あえて余輩《へ》のならぶべきにあらず」と明全のことを語り、『舎利相伝記』でも「正脈ただちに通じ、単伝ひとりあり」とし、『行業記』でも「黄龍の十世に列す」としており、明全が臨済宗黄龍派の法脈を栄西から嗣いでいたかのようである。しかしそうであるならば、明全の求道の志の強さをどう解釈したらよいのであろうか。

明全の入宋・求法への強い意志を語る話が『随聞記』六の十三にある。明全らの入宋が日程にのぼったちょうどそのころ、明全の本師である叡山の明融《みようゆう》阿闍梨《あじやり》が重病になった。明融から入宋の延期を懇願された明全は、八歳からの養育の恩はもちろん、僧として今日あるのもこの師のおかげと述べたあと、「大恩ある明融阿闍梨の最後を看取るべきか、はたまた一切衆生を救わんがために入宋すべきか」と弟子や同輩に問いかけた。かれらは、明融はそう長くはないだろうからひとまず入宋をとりやめ、重恩に報いたのち来年入宋すればよいのではと答え、道元も「仏法の悟り、今はさて有りなんとをぼしめさるゝ義ならば、御とゞまり然るべし」と答えた。ところが明全は、「看病によって師の苦痛がやむわけでもないし、死を弔ったところで生死を離れるわけでもない。むしろ多人得道の縁となる入宋求法こそが師の恩に報いることだ」と語っている。

ここで注目すべきは、明全と道元に共通する入宋の目的が「仏法の悟り」にあったことである。明全からの問に答える道元の言葉、「仏法の悟り、今はさて有りなんとをぼしめさるゝ義ならば、御とゞまり然るべし」は、今日までの修行で仏法の悟りが可能と思われるならばとの条件付きで今年の入宋を見合わせるべきだろうといっているので、明全もいまだ悟りを得ていないことは、明全・道元を含むこの場にいたものの共通認識であったはずである。

俊芿

建仁寺での道元の修学については、以上のことぐらいしかわからなかったのであるが、入宋への準備を物語る事績が納冨常天氏によって報告された（納富 一九七四）。それは北京律の祖といわれる俊芿《しゆんじよう》（一一六六〜一二二七）と道元が師弟関係にあったらしいことを示す史料の発見である。その史料とは、金沢文庫資料『教誡儀抄』の入寺第一の項の合掌についての注釈で、

合掌《ハ》故仏法房《ノ》伝《ハ》ヲトカヒノ下《タニ》 束《ニ》置之云々

私注《ス》故仏法房《ト》者師云法師御弟子也法師常々合掌《ハ》可《シト》如《ナル》仏法房仰セラレタリ

というものである。ここには道元が俊芿の弟子とはっきり書かれている。納冨氏はここから、俊芿と明全が栄西と後高倉院を接点に関係があったこと、道元が禅・教・律を学び宋の儀則にふれるべく俊芿膝下に参じたこと、を論じられた。従来、道元関係の史料には俊芿の名がまったく出てこなかったものだから、ふたりの関係についても論じられることはなかったのである。

俊芿は道元の生まれる前年すなわち正治元年（一一九九）渡宋、宋では禅・律・天台を学び、建暦元年（一二一一）に帰国した。在宋すること十二年の長きにわたった。栄西の強い希望で一時、建仁寺に寄宿したこともあった。建保六年（一二一八）には宇都宮信房により泉涌寺《せんにゅうじ》が寄進され、以後、俊芿は泉涌寺の経営に腐心していたのである（『泉涌寺不可棄法師伝』）。泉涌寺はその『清衆規式』によれば、当初から厳格に規矩が守られていたようで、禅・律・真言・浄土の四宗兼学（『雍州府志』四）あるいは台・密・禅・律の四宗兼学（『山城名勝志』十五）といわれる兼学道場であった。

おそらく道元は入宋する以前、その準備のために泉涌寺で俊芿からいろいろと指導を受けていた可能性は十分にあることは納冨氏の指摘されるとおりであろう。したがって俊芿からすれば道元も弟子のうちにかぞえ、のちのち泉涌寺でも「あの道元」も開山の弟子だったと伝承されたのであろう。しかし道元が俊芿の名をまったく出さないことにも、われわれは配慮する必要があろう。道元にとって、俊芿はあくまで渡宋準備のための師であって、それ以上でもそれ以下でもなかった。

第三章　入宋求法の旅

1　法を求めて

博多から商船で

かくして道元たちの渡宋が実現した。一行は明全・道元・廓然・高照の四人である。一行の名前は、貞応二年（一二二三）二月二十一日付の「後高倉院院宣」「六波羅探題下知状」（写であるが、元禄九年〔一六九六〕の原本焼失以前に透写したものという。『永平寺文書』）で確認される。ただし廓然・高照のふたりはこののち記録に名を留めない。ただ廓然は在宋中に亡くなったものとみえ、「然子終焉語を看る　一首」と題された道元の偈頌がある（『永平広録』巻十。菅原一九九三a）。明全たちは貞応二年（嘉定十六年）二月二十二日、建仁寺を出発し渡宋の途につき（「明全和尚戒牒奥書」）、明州慶元府（寧波）に着いたのは四月であった（『眼蔵・洗面』）。

明全はただちに明州の景福寺に行き住持妙雲を訪ね（「戒牒奥書」）、五月十三日には天童山景徳寺に掛錫《かしゃく》した。天童山は明全の師栄西ゆかりの寺院であった（「舎利相伝記」）。ところが道元はというと、まだこのとき慶元府の船のなか。なぜか三ヶ月ものあいだ船中に逗留させられていたのである。理由はよくわからない。景徳寺に入る手続きに手間取ったからとか（竹内 一九九二）、出港の遅れで安居掛搭に間に合わなかった（明全だけは栄西の弟子で例外）からとか（吉田 一九八六）いろいろ考えられている。

寧波

これが私の修行だ

期待に胸をふくらませて入宋した道元ではあったが、三ヶ月間も船中に逗留させられるなど、かならずしもさい先のよいスタートではなかった。もっとも『眼蔵・洗面』によれば、「嘉定十六年癸未四月のなかに、はじめて大宋に諸山諸寺をみるに」とあることから、ときおり上陸して近辺の諸寺をめぐることはできたようである。そんなおり、中国の僧侶が楊枝の作法を知らないのを見聞し、正法がおこなわれていないのを嘆いたりもしている。「天下の出家在家、ともにその口気はなはだくさし。二三尺をへだてゝものいふとき、口臭きたる。かぐものたへがたし」と道元は『洗面』に書き付けている。大宋国にたいする期待が大きかっただけに失望も大きかったようだ。

しかしそうした反面、大宋国の禅の神髄が名もなき僧によって守られていることを知り感激することもあった。それは逗留中の五月のできごとで、阿育王山の老典座《てんぞ》との出会いであった。このことは道元の思想形成にとって少なからざる意味をもつものであった。

生まれ故郷の西蜀《せいしょく》（四川省）を離れて四十年、今年六十歳になるという典座（禅院の食事係）が、道元逗留中の商船に倭椹《わじん》（椎茸）を買いにきた。麵汁をつくるためだという。聞くと三十四、五里（約二十キロ）もある阿育王山からきて、買い物が済んだのですぐ帰るという。道元はゆっくり話したいと思い泊まっていくよう勧めたが、その老典座はあくまで帰るという。多少むっとした道元は「あなたおひとりいらっしゃらなくても大丈夫でしょう」というと、老典座は「私は老年になってこの役についたのでこれが私の修行なのです。どうして他の人に譲れましょう。それに外泊の許可も取ってきておりませんし……」ときこうともしない。腹にすえかねた道元は、「ずいぶんお年を召していらっしゃるのに、坐禅の修行や古人の古則・公案などをみて励まれずに、どうして煩わしい典座なんかなっているのですか」とまでいってしまう。ところが「あなたは修行や文字ということがよくわかっていないようですね」と老典座に一笑に付されてしまった。

道元にとってこの老典座のひとことは晴天の霹靂であった。それまでの道元は、仏道修行とは坐禅や公案・祖録を学ぶことであり、食事役なんて軽輩がやることぐらいにしか考えていなかった。このような日常の作務（労働）を軽視する道元の姿勢は、日本仏教の伝統のなかで育まれてきたもので、老典座の言葉はまさに頂門の一針であった。

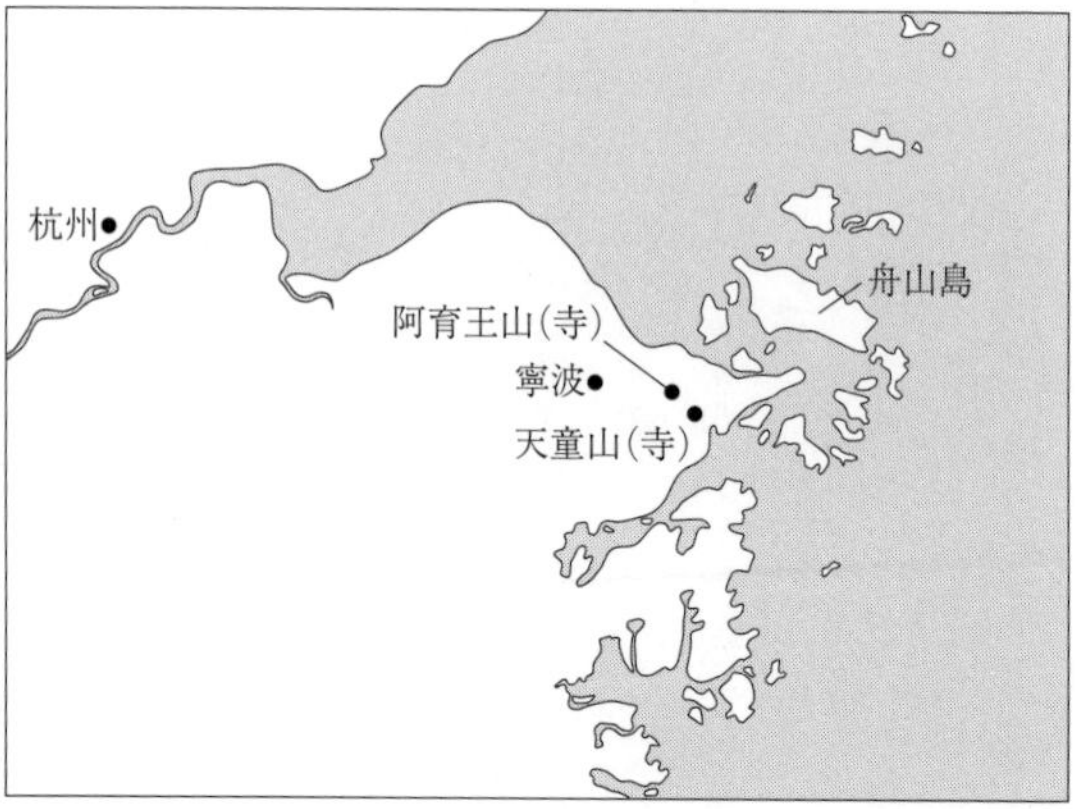

天童山の位置

驚いた道元は、「文字とは、修行とはなんですか」と問いかけた。老典座は「その質問のところをふみはずさなければよいのです」と答えたが、まだ道元にはなんのことだかわからない。そんな道元に老典座は、「もしまだ了解できないなら、他日、阿育王山にいらっしゃい。ひとつ文字の道理について考えてみましょう」といって、急いで帰っていった（『典座教訓』）。

このような貴重な体験をまじえた三ヶ月の足止めののち、道元は師明全のまつ天童山景徳寺にはいった。このときの住持は拙庵徳光《せったんとくこう》の法嗣《はっす》無際了派《むさいりょうは》で、法系的には大日房能忍の法兄《はっぴん》にあたる人物である。

無際は紹興十九年（一一四九）建安（福建省）の生まれ、俗姓は張氏。二十四歳で具足戒を受け、虎丘《くきゅう》派の密庵《みったん》咸傑《かんけつ》に師事。その密庵が天童山で没すると、阿育王山の住持であった楊岐《ようぎ》派の拙庵徳光のもとに身を投じ、拙庵に嗣法した。慶元四年（一一九八）常州（江蘇省）保安寺に出世開堂した。了派が天童山の住持になったのは嘉定十三年（一二二〇）より以降のことと推定されており、道元が天童山にはいった嘉定十六年（一二二三）には七十五歳、すでに老境に達していた（佐藤 二〇〇八）。

道元はこの了派の会下で真摯な修道生活にはいったと思われるが、入寺してからまもない七月のある日、故郷への帰り途だといって例の阿育王山の老典座がわざわざたずねてきてくれた。道元は感激してむかえ、いろいろな話にはなを咲かせた。だか話はいきおい文字・弁道のほうにむかわざるをえなかった。道元が問う「如何ならんか是れ文字」、典座が云う「一二三四五」。また問う「如何ならんか是れ弁道」、典座が云う「徧界曾て蔵《かく》さず」。道元はのちに「私がいささかなりとも文字・弁道を了することができるようになったのは、かの典座の大恩である」とのべている。この老典座との一分始終を明全に報告すると、明全も道元といっしょになって喜んでくれたという（『典座教訓』）。

今がそのとき

また同じ頃のことか、天童山でやはり道元は貴重な体験をする。炎天下に六十八歳になるという老典座が、汗を流しながらかなり苦しそうに苔をさらす仕事をしていた。みかねた道元は、「どうして人にやらせないのですか（如何不使行者人工）」というと、その老典座は「それは私ではありませんから（佗不是吾）」と答える。そこで道元はさらに「おっしゃられるのはごもっともですばらしいことですが、よりによってこの炎天下にやらなくても……（老人家如法。天日恁熱。如何恁地）」というと、「では、いつやるのですか（更待何時）」という厳しい答えであった。そのとき道元は「ひそかにこの職（典座職）の機要たるを覚えた」という（『典座教訓』）。

ふたりの老典座からは、たんに典座職の重要性を知らされたにとどまらず、生活即修行という禅僧の基本的姿勢や厳格な自己規制を、とりわけ天童山の老典座の「更に何時を待たん」のひとことから

天童山

は、ほかならぬこの瞬間こそが修行実践のときとする《而今の立場》を、教えられたのである。

天童山の僧堂でとなりの修行僧が、『阿含経』にある「頂戴袈裟文」の作法を実際におこなっているのをみて、道元は「未曾見のおもひをなし、歓喜みにあまり、感涙ひそかにを《（お）》ちて襟をうるほす」こともあった。その作法とは毎晩の開静《かいじょう》（坐禅をやめて座を離れる）のとき、袈裟をささげて頂上におき、合掌恭敬《くぎょう》して一偈を黙誦していたのである。道元は「あはれむべし、郷土にありしには、をしふる師匠なし、かたる善友にあはず」と、さすが本場中国の禅院はちがうとの思いを新たにしたのであった（『眼蔵・伝衣』）。

かつて道元は叡山での修学期に、「教道の師も、先づ学問先達にひとしくしてよき人と成り国家にしられ天下に名誉せん事を教訓する故に、教法等を学するにも、先づ此の国の上古の賢者にひとしからんことを思ひ、大師等にも同じからんと思ひき」という時期があった。そうした名聞を求める姿勢が唾棄《だき》すべきことを、のちに高僧伝などを読んで知ったのであるが、ここ大宋国の叢林では、まさに高僧伝などにみられる真摯に仏法を求める修行僧の姿をみることができた。

西川《せいせん》（四川省）出身のある僧は、遠方より来ていることもあって、所持金も少なく身なりなどもおそろしく粗末なものであった。まわりのものがみるにみかねて、「郷里に帰り所持物を調えてきたらどうか」と声をかけたが、その僧は「郷里は遠方なので、帰途に時間がかかり学道の時を失ってしまいます」と答えている（『随聞記』一の四）。

天童山の書記で道如上座《じょうざ》という人は、官人・宰相の子であったが、親族との交わりを断ち、世間的な利をむさぼるようなこともなかったので、衣服はぼろぼろでめも当てられないほどであった。しかしその道徳は人に知られ、大寺の書記になったのである。あるとき道元は、「和尚ハ官人ノ子息、富貴ノ孫也。何ゾ身ニ近ヅクルモノ皆下品シテ貧道ナル」と聞いたことがあった。そのときの彼の答えは「僧トナレ、バ也」というものであった（『随聞記』六の二）。

2　嗣書憧憬

伝蔵主所持の嗣書

道元は嗣書にたいする憧憬の念はかなり強いものがあった。嗣書が嗣法の証として師から弟子に授けられた系譜、いわば仏の世界が示されたものだから、道元としては強い関心をもたざるをえなかった。菅原昭英氏は道元の嗣書にめぐりあったときの「異常なばかりの感情のたかまり」に注目し、嗣書閲覧が「仏祖の界隈に接」するある種の他界体験で、それが「他界体験を求める山林抖擻《とそう》のそれと案外等質のもの」としている（菅原　一九七四）。

天童山に入ってまもないころ、日本僧隆禅の斡旋で伝蔵主《ぞうす》の所持していた嗣書をみることができた。

　嘉定十六年癸未あきのころ、道元はじめて天童山に寓直するに、隆禅上座、ねんごろに伝蔵主に請じて、嗣書を道元にみせし。その嗣書の様は、七仏よりのち、臨済にいたるまで、四十五祖をつらねかきて、臨済よりのちの師は、一円相をつくりて、そのなかにめぐらして、法諱《ほうき》と花字《かじ》とをうつしかけり。新嗣はお《(を)》はりに、年月の下頭《あてう》にかけり。

伝蔵主は河南省洛陽県西南の石窟で有名な竜門の仏眼禅師清遠《せいおん》和尚の遠孫とのことであるが、この伝蔵主が病気になったとき隆禅が懸命に看病したことで、その労に感謝して嗣書を隆禅に「礼拝せしめ」たらしい。これが八年前のことというから、隆禅は嘉定八年（一二一五）にはすでに入宋して天童山で修行していたことになる。この隆禅は、藤原定家の兄定長（法名寂蓮）の子で、栄西の弟子となりのち退耕行勇《たいこうぎようゆう》の法嗣になった金剛三昧院中納言法印仏眼房隆禅であり（原田 一九七四、中尾 一九八七）、第五代東大寺大勧進についた人物でもある（永村 一九八一）。

これはかなりのちのことではあろうが、『随聞記』（二の二）によれば、

　実ノ得道ノ為ニハ、只坐禅功夫、仏祖ノ相伝也。是レニ依ツテ一門ノ同学五根房、故用祥僧正ノ弟子也、唐土ノ禅院ニテ、持斎ヲ固ク守リテ、戒経ヲ終日誦《ずん》ゼシヲバ、教ヘテ捨シメタリシ也。

とあり、ここに出てくる五根房（流布本では五眼房）が隆禅であると推定されている（水野 一九六二）。持律第一葉上房栄西の弟子らしく持律堅固であったが、ともすれば坐禅の工夫に欠けるところがあったのであろう。おそらく道元よりは年長で入宋僧としても大先輩の隆禅にたいして、道元の態度はかなり高飛車なようにも思えるが、それが俗系からくるものか、得道最優先の道元の老婆心からくるものか、いずれにしても、のちに興聖寺で弟子の指導をしているときの発言である。

雲門下の嗣書

また天童山で宗月長老が首座《しゅそ》のとき、雲門下の嗣書をみせてもらったが、このとき道元は宗月に、「和尚いま五家宗派をつらぬるに、いさゝか同異あり。そのこゝろいかむ。西天より嫡々相嗣せらば、なむぞ同異あらんや」と疑問を質した。それは先の伝蔵主《ぞうす》にみせてもらった臨済下の嗣書などと形式が異なっていたためで、お互いに釈迦いらいの相嗣であるならばどうしてこうも形式に相異があるのか、という疑問であった。これに対し宗月は、

たとひ同異はるかなりとも、たゞまさに雲門山の仏は、かくのごとくなると学すべし。釈迦老子、なにゝよりてか尊重他なる、悟道によりて尊重なり。雲門大師、なにゝよりてか尊重他なる、悟道によりて尊重なり。

と答え、形式にとらわれることなく、悟道の真実に参学せよと教示している。この宗月の答えで道元はいちおう納得したらしく、「いさゝか領覧あり」と記している（『眼蔵・嗣書』）。

嘉定十七年（一二二四）正月には、了然寮において智庚《ちこう》から拙庵徳光が無際了派に与えた嗣書を密かにみせてもらった。これは前年の天童入山直後に師広都寺《つうす》に教えられていたもので、「道元このことばをき丶しより、もとむるこ丶ろざし、日夜に休せず」というものであったから、感激もひとしおであった。道元はその足で無際のもとにいき礼をのべると、無際は「この一段の事、見知すること得るもの少なし。如今《いま》老兄知得せり、便ち是れ学道の実帰なり」と道元の識見をたかく評価してくれた（『眼蔵・嗣書』）。

しかし無際はこのあとまもなく示寂したらしい。『枯崖漫録《こがいまんろく》』（『国訳禅宗叢書』一の一）に、

嘉定の間、天童に在り。疾を示し衆を辞する上堂に云く、「十方に壁落無く、四面亦た門無し、浄躶躶《らら》、赤酒酒、没可把」と。喝一括して云く、「幾度か売り来たり還た自ら買う。為に憐れむ、松竹の清風を引くことを」と。下座す。丈室に入り端坐し、泊然として化す。寿七十六、臘《ろう》五十二（原漢文）。

とある。無際は示寂に臨んで遺書を杭州銭塘県の浄慈寺《じんずじ》の住持如浄に送ったらしい。『如浄禅師語録』「再住浄慈禅寺語録」に「派和尚遺書至上堂」があり、『如浄禅師語録』の上堂語の配列からこの上堂が嘉定十七年四月中旬ごろと推定されている（佐藤 二〇〇八）。

3 諸山巡歴

万寿寺へ

道元は無際の死を契機に、諸山巡歴の旅に出たようである。『行業記』も『建撕記』も詳しいことは伝えてくれない。無際の死が嘉定十七年（一二二四）四月中旬ということになると、四月十五日から安居《あんご》に入るから、無際の葬儀は安居のなかでおこなわれたのかもしれない。さらに七月五日に明全が栄西の祠堂供養をおこなっているから、とうぜん道元もその場にいたはずである（『千光法師祠堂記』）。したがって道元が天童山を離れたのは、早くとも安居の解かれる七月十五日以降ということになる。

はじめに五山第一の杭州径山《きんざん》万寿寺に行ったようである。住持は浙翁《せつおう》如琰《にょえん》、拙庵徳光の法嗣で無際の法兄にあたる人物である。天童山から径山に行くには、天童山の符（証明書）をもらい、一日がかりで慶元府で官許を得る。慶元府から径山に行くには、慶元府城から舟で姚江《ようこう》を遡り、余姚《よよう》、上虞《じょうぐ》を通り、さらに水路により曹娥《そうが》、蕭山《しょうざん》などを通り、杭州臨安府に行く。臨安府で一日、杭州から臨安県には舟行一日、臨安県から径山まで一日、つまり天童山から径山までの行程は少なくとも二週間を要したらしい（柴田 一九七二）。

ところで、『眼蔵・袈裟功徳』によれば、道元は慶元府で高麗僧二人と出会っている。

大宋嘉定十七年癸未十月中に、高麗僧二人ありて、慶元府にきたれり。一人は智玄となづけ、一人は景雲といふ。この二人、しきりに仏経の義を談ずといへども、さらに文学士なり。しかあれども、袈裟なし、鉢盂《ほう》なし、俗人のごとし。あはれむべし、比丘形なりといへども、比丘法なし、小国辺地のしからしむるならん。日本国の比丘形のともがら、他国にゆかむとき、またかの智玄等にひとしからん。

嘉定十七年の干支は甲申であり、癸未だと嘉定十六年になる。嘉定十六年十月ということになると天童山に入ってまもない時期である。じつは道元の径山行きを嘉定十六年の秋とみる伊藤秀憲氏の説が提出されているから、問題は複雑になる（伊藤 一九八四）。伊藤説の要点は、径山での浙翁如琰との問答で、浙翁の「いつ中国（此間）にやって来たのか」に道元が「四月ごろです」と答えた箇所を問題にする。乾坤院本《けんこんいん》『伝光録』・古写本『建撕記』では「四月間」、流布本『伝光録』・『訂補建撕記』では「客歳四月」で、「客歳」のないのが本来の姿で、あるのは後の付加だとするものである。『明州本建撕記』の問題の箇所を示すと、

次に径山の明月堂に於いて琰老和尚に見ゆ。琰問う、「幾《いくばく》の時にか此の間に到る」、答えて云く、「四月の間」。琰云く、「群に随い恁麼《いんも》に来たる也」、答えて云く、「群に随わず恁麼に来たる時作麼《そも》生《さん》」、又琰云く、「也た是れ群に随い恁麼に来たる」、師云く、「既に是れ群に随い恁麼に来たる作麼

生」、琰一掌して云く、「這《こ》の多口の阿師」。師云く、「多口の阿師即ち無きにあらざれば作麼生か也た是ならん」、琰云く、「且らく坐し茶を喫せよ」（原漢文）。

というものである。石井修道氏も伊藤説に同調し、この問答から「四月に中国に来て、まだ、中国禅に十分接しておられないひびき」を感じとっているが（石井修道 一九八六）、筆者はむしろ逆で、浙翁に「このおしゃべりめ（這の多口の阿師）」といわせるほど、多弁で自信にみちている道元の姿を想像する。

また古写本『建撕記』の記述からも、径山行きが嘉定十六年秋とするのは無理である。というのは、まず「偏参学道問答の次第」があって、最初、天童山に掛錫して無際に問道求法し「嗣書拝看に及ぶと雖も未だ大事を決択せず」とあって、それにつづく文章が「次に径山の……」なのである。乾坤院本『伝光録』の「在宋ノ間、諸師ヲ訪シ中ニ、初メテ径山琰和尚ニ見ユ」も無際示寂後の諸師参究の「初め」にという文脈で理解すべきだろう。

つぎに問題となるのが、慶元府でふたりの高麗僧と出会ったのが、径山に行くときか、径山からの帰りのときかである。これは如浄の天童山入院《じゅえん》の時期とも関係する。『如浄禅師語録』の詳細な検討を通して、如浄の天童山入院が嘉定十七年秋と確定したのである（鏡島 一九八三、伊藤 一九八四）。そうであれば、道元はそれ以前に天童山を離れ、諸師参究の途についたはずであるから、高麗僧と出会った十月は径山から慶元府にもどったところであろう。天童山から径山への行程を二週間とすると往復で一ヶ月、径山滞在は一、二ヶ月というところであろう。

台州・温州巡歴

径山から慶元府に戻った道元は、天童山に寄ることもなく、ずっと南下して台州・温州まで足を伸ばした。その間、天台山平田の万年寺や台州小翠岩《しょうすいがん》の盤山《ばんざん》思卓《したく》などを訪れている。万年寺では、住持の元鼒《げんし》が道元を温かく迎えてくれた。ここはかつて栄西が訪れ、山門や廊下の再建をしたゆかりの寺であり（『明庵禅師塔銘』）、また元鼒自身も数日前に、大梅《だいばい》山法常《ざんほうじょう》禅師とおぼしき高僧から、「もしすでに船舷をこゆる実人あらんには、花をおしむことなかれ」と梅花一枝を手渡された夢をみたといい、さながら道元に嗣法させてもよいような勢いであった（『眼蔵・嗣書』）。ほどなく道元はそこをも辞し、法常ゆかりの大梅山護聖寺を訪ねた。その旦過寮《たんがりょう》に泊まったとき、道元は法常が開花した一枝の梅花をくれた夢をみた。元鼒の話に触発されたものであろうが、このころの道元の禅僧としての自信を物語る話でもある。

巡歴の目的

さてこの諸山巡歴の旅は道元にとってどういう意味があったのであろうか。これはもちろん尋師求法の旅であったはずである。『行業記』『建撕記』によれば、道元は無際了派のもとで問道求法し嗣書を拝看するまではいったが、いまだ大事を決択できなかったとある。とうぜん無際没後の道元にあっては、大事を決択するべく諸山巡歴し尋師求法しなければならなかった。しかも明全を天童山に残しての単独行であった。明全とて大事を決択しなければならないのは同じことであったが、翌年天童山で客死したことを考えれば、すでにこの時点で体調を崩していたのであろう。

道元の諸山巡歴の旅の目的がまず尋師求法にあったことは間違いないところであるが、それ以外の要素がなかったかというとそう言い切れないところがある。それというのも、巡歴した諸山が栄西ゆかりのところが多いからである。天台山とりわけ万年寺は栄西が山門・廊下の再建に寄与したところであり、温州も縁のあるところである。阿育王山もそうだし、そもそも天童山自体が栄西ゆかりの場所だった。かつて栄西は天童山の千仏閣の復旧のときに良材を寄せる約束をし、帰朝後それを実行した。その功績をたたえたものに、宋の楼鑰《ろうやく》の『千仏閣記』（慶元四年〔一一九八〕）と虞樗《ぐちょ》の『日本国千光法師祠堂記』がある。『祠堂記』は栄西が千仏閣の良材を寄せたことをたたえ、栄西の略歴を記したあと、その徒である明全が再び天童山に来て楮券《ちょけん》千緡《びん》を諸庫に寄せ、その利息で七月五日の栄西忌に衆僧に飯を供し供養することにしたこと、その明全が天童入山三年にして了然寮で示寂し火葬後に舎利が得られたことなどが記されている。宝慶元年（一二二五）八月九日付になっているから、明全示寂直後に道元が虞樗に『祠堂記』の執筆を依頼したものと思われる。

ところで問題は、この明全の経済力である。さらに言えば、そもそも明全たちの入宋費用はどこから出ているのかということが問題になる。道元のばあい、父方が久我家（村上源氏）で母方が松殿家（藤原氏）でその後援が予想されるし、道元自身も「我身にも、田薗等も持たる時も有き、又財宝を領ぜし時も有き」（『随聞記』四の三）と述べているので、その「田薗」「財宝」を処分して入宋費用を捻出したと考えられる。では明全の方はどうか。入宋時の明融阿闍梨との逸話から、明全は主体的に入宋しようとしており、当然その経済的裏づけがあったはずである。ただ明全が「伊州の人、俗姓は蘇氏」「八歳にして親をはなれ」（『舎利相伝記』）たことぐらいしかわからず、俗縁からの後援の有無については不明としか言いようがない。

そうなると明全たちの入宋費用を出した後援者がいたのではないかと考えたくなる。そこでまず出てきたのが、明全たちの入宋に、鎌倉幕府第三代将軍であった源実朝の入宋願望を継承実現させたいとの期待が込められていたとの見解である（杉尾 一九七六）。この見解に従えば、道元が帰国直後に実朝の遺臣葛山景倫《かずらやまかげとも》（願性）建立の由良西方寺の寺額を揮毫したこと、道元が深草に興聖寺を建立したさいの外護者のひとりに実朝の後室といわれる正覚尼《しょうかくに》がいたこと、などもすっきり理解できる。実朝関係者からの後援は十分考えられることである。

また栄西の旧跡巡礼や観音霊場補陀山《ふださん》はじめ温州・台州・天台山への道元の巡歴参詣の旅は、明全およびその代理としての道元に、「（栄西）一門の貴族及び民衆の贖罪代表としての特派大使的な役割も期待」されていたとする見解（原田 一九七七）や、明全たちの入宋は栄西門下を代表する派遣で、その目的は栄西への報恩と『千光法師祠堂記』の依頼にあり、帰国直後の道元には「正伝の仏法を挙揚する立場と栄西門流としての立場という二面」があったとの見解（佐藤 一九九二）もある。栄西門下の僧俗の後援も否定できないだろう。

いずれにしても、入宋僧はかなりの資金を用意しなければならなかったはずであり、それができたからこそ入宋が実現したのである。それを中国側からみると、日本僧は魅力的な存在になろう。天台山や天童山で虚庵懐敞《こあんえしょう》から優遇された栄西が、在宋中に天台山万年寺の山門等を修築、帰国後天童山の千仏閣再建に貢献したことで、日中の宗教的文化的興隆の枠組みのひとつの典型的な安定図式ができあがったとされる。その図式とは、南宋の禅林が「日本僧の求道の志に応えて参禅を許し、やがて仏道達成の証拠になるもの（袈裟・払子《ほっす》・自賛の頂相《ちんぞう》・法語・嗣書など）を付与し、そして日本僧は財力をもってその恩義に報いる関係」で、道元たちもその「南宋禅林の期待に身をさらした」わけである（菅原　一九九三a）。

ただここで確認しておきたいことは、明全・道元らの入宋の目的である。資金援助をした後援者がいたのであるから、当然その後援者らの期待に応えねばならず、入宋後の道元らの行動はその制約を受けたはずである。しかしそのことと、明全・道元の入宋の目的とは一応分けて考える必要がある。明全・道元の所期の目的はあくまで「仏法の悟り」にあったことはすでに述べたことである。

第四章　大事了畢

1　天童如浄

如浄

『行業記』『建撕記』によれば、諸山巡歴し諸師にまみえているうちに、道元は「日本大宋両国に我のごとき善知識なし」との驕慢の心を起こした。日本に帰ろうかとまで思い詰めたという。そんなとき、かつて老璡《ろうしん》という僧から如浄が「明眼の宗匠」であることを示唆されていたことを思い出した。その如浄は今、道元が諸山巡歴の旅に出るまで修行の場であった天童山の住持となっている。嘉定十七年（一二二四）秋、如浄は了派亡きあとの天童山の後任住持となっていたのである。まさに道元と如浄はすれ違いだったことになる。

『眼蔵・行持・下』によれば「先師天童和尚は越上《えちじやう》人事《のじむす》なり。十九歳にして教学をすてゝ参学するに、七旬におよむでなほ不退なり」とあり、如浄は越州（紹興府《しようこうふ》）の出身である。如浄の没年は、従来、面山瑞方『如浄祖師行録』の伝える紹定元年（一二二八）七月十七日六十六歳示寂説がほぼ定説化していたが、古写本『建撕記』や『越前宝慶由緒記』の記述および『仏鑑禅師語録』巻一「住慶元府阿育王山広利禅寺語録」の「前住天童浄和尚遺書至上堂」の配列年時から、宝慶三年（一二二七）七月十七日に改められた（佐藤 一九八五b、伊藤 一九八六）。示寂のとき六十六歳であったことは『如浄語録』の遺偈《ゆいげ》で確認できるから、逆算すると紹興三十二年（一一六二）の生まれということになる。

出家の年次は不明ながら、「十九歳にして教学をすて丶」とあることから、十九歳までは明州や越州に教線を張っていた四明天台を中心とする天台教学を学んでいたようである（佐藤 一九八五a）。「われ十九歳よりこのかた、あまねく諸法の叢林をふる」（『行持・下』）や「我若かりしとき、諸方長老を歴観せしに」（『随聞記』三の二十）という如浄の言葉を道元が伝えており、如浄は十九歳で禅宗に転じて、四十八歳で清凉寺に住するまでの三十年間、諸師を遍歴し研鑽に努めたようである。

鏡島元隆氏は、『如浄語録』の呂瀟《ろしょう》の序文「始め竹篦子《しっぺいす》を以て久しく痛癢を知り、後に一滴水に因り漸く澎衝《ほうしょう》に至る」（原漢文）から、如浄は参学のはじめに竹篦子の公案を拈提《ねんてい》する臨済宗楊岐派の諸師に学び、後に曹洞一滴の流れを汲む雪竇山《せっちょうざん》の足庵智鑑《そくあんちかん》に参じ証悟、さらに径山の拙庵徳光に見えたと推測されている。如浄が参じた諸師を挙げれば、楊岐派の松源崇岳《しょうげんすうがく》（一一三二〜一二〇二）・拙庵徳光（一一二一〜一二〇三）・無用浄全（一一三七〜一二〇七）・遯庵宗演《とんあんそうえん》らで、拙庵・無用・遯庵が大恵派、松源が虎丘《くきゅう》派である。『如浄語録』によればその後、嘉定三年（一二一〇）如浄四十八歳で建康府金陵（南京）の甲刹《かっさつ》清凉寺に住したのを皮切りに、準甲刹《じゅんかっさつ》の台州府瑞巌寺、五山第四の臨安符浄慈《じんず》寺、私刹の寧波《ニンポー》府瑞巌寺、浄慈寺（再住）を歴住し、嘉定十七年（一二二四）秋から五山第三の明州天童景徳寺の住持になっていた（鏡島 一九八三）。

面授の法門現成

その如浄と道元との初対面はかなり劇的なものであった。『眼蔵・面授』によれば、

大宋宝慶《ほうきやう》元年乙酉五月一日、道元はじめて先師天童古仏を妙高台に焼香礼拝す、先師古仏はじめて道元をみる。そのとき、道元に指授面授するにいはく、仏々祖々、面授の法門現成《げんじやう》せり。これすなはち霊山《りやうぜん》の拈花《ねんぐゑ》なり、嵩山《すうざん》の得髄なり。黄梅の伝衣なり、洞山の面授なり。これは仏祖の眼蔵面授なり。吾屋裡のみあり、余人は夢也未見聞在なり。

とあり、道元がはじめて如浄を拝したのは宝慶元年（一二二五）五月一日であった。道元二十六歳、如浄は六十四歳である。道元は事前に自己の来歴を記した書面を提出しておいた（『宝慶記』）。すでに明全などを通じて道元の人物を知っていたためか、如浄は道元との出会いを、釈迦と迦葉《かしよう》、達磨と慧《え》可《か》、弘忍《ぐにん》と慧能《えのう》、そして雲巌と洞山という仏教史上の著名な師資（師と弟子）の出会いになぞらえ、これは二人だけの世界で余人にはわからない、と述べ道元の法器を高く評価した。最大級の賛辞である。この出会いを男女の一目惚れに擬している人もいるが（高崎 一九六九）、いいえて妙といえよう。

禅宗ではよく啐啄《そつたく》同時という言葉が使われる。鶏卵が孵化しようとするときに、ひよこが内側から

殻をつつき母鶏も外側から同時に殻をつつくことで、師資の機鋒が合うことのたとえであるが、この如浄と道元の出会いはまさに啐啄同時といえそうである。道元には、主に大恵派の諸師に参じたものの嗣法するまでにはいたらず、このままでは嗣法もせずに帰国しなければならないという焦燥感があった。一方如浄の方でも、道元ほどの逸材にはそうそう巡り会えそうにもないという気持ちがあった。かくしてここに「仏々祖々、面授の法門現成せり」ということになったのである。

もっともこのような大仰な言い方で二人の出会いが表現されたため、この五月一日は初相見の日ではなく付法の日とみる田中一弘氏の見解がある（田中 一九七三）。これは先の『面授』の記事と『御遺言記録（永平室中聞書）』の建長七年（一二五五）正月二日の「義介初めて第二世堂頭《どうちょう》和尚を拝す。初夜の後方丈に参ず。羅漢前の間に於いて之を行ず。羅漢前の香台に於いて焼香し大展三拝、対拝有り」（原漢文）との類似性から、如浄と道元の五月一日の面授も師資の伝法の儀式であったとするのである。ちなみに田中氏は、宝慶元年（一二二五）の三月末以前に天童山に再掛錫《かしゃく》し、四月末日までに身心脱落《しんじんだつらく》したとみるのである。説得力のあるきわめて興味ぶかい論考であるが、くわしくは後述するが、『宝慶記』の性格を考えたとき同調できないものがある。たとえば四月末日までに身心脱落したとすれば、なぜ『宝慶記』のなかで道元が「身心脱落とは何か」などと質問するのであろうか。

また五月一日を「伝法を前提とした入室《にっしつ》を許され」た日とみる志部憲一氏（志部 一九七八）や伊藤秀憲氏（伊藤 一九八四）の見解がある。とくに伊藤氏は、道元が径山の浙翁に参学した時期を嘉定十六年（一二二六）十月以前、道元が如浄に初相見したのも嘉定十七年（一二二四）秋、身心脱落が面授から七月二日までになされたとみている。いずれにしても、この「伝法を前提とした入室」と身心脱落との関係が問題になる。くわしくは後述することになるが、道元禅では修証一等《しゅしょういっとう》が強調される。ということは、大悟（身心脱落）体験を軽視ないしは無視する傾向がのちのち強くなっていくと思われる。したがって懐奘と義介の師資関係と如浄と道元の師資関係を同一視することには慎重でなければならない。

拳で打ち履《くつ》で打つ

道元と如浄との初相見は宝慶元年（一二二五）五月一日、道元は事前に自己の来歴を記した書面を提出しておいた。その入門許可願いともいうべき書が『宝慶記』の巻頭に記載されている。まずそれからみておこう。

道元、幼年にして菩提心を発し、本国に在りて道を諸師に訪い、聊《いささ》か因果の所由を識る。然り是くの如くと雖も、未だ仏法僧の実帰を明らめず、徒に名相の懐幖《えひょう》に滞る。後、千光禅師の室に入り、初めて臨済の宗風を聞く。今、全法師に随いて炎宋に入り、航海万里、幻身を波濤に任せ、遂に大宋に達し、和尚の法席に投ずることを得たり。蓋し是れ祝福の慶幸なり。和尚、大慈大悲、外国遠方の小人の願う所は、時候に拘わらず、威儀を具せず、頻頻に方丈に上り、愚懐《ぐかい》を拝問せんと欲す。無常迅速《むじょうじんそく》、生死事大《しょうじじだい》。時人を待たず、聖を去りては必ず悔いなん。本師堂上大和尚禅師、大慈大悲、哀愍《あいみん》し、道元が道を問い法を問うことを聴許《ちょうこ》したまえ。伏して冀《こいねがわく》は慈照せよ。

小師道元百拝叩頭《こうとう》上覆す。

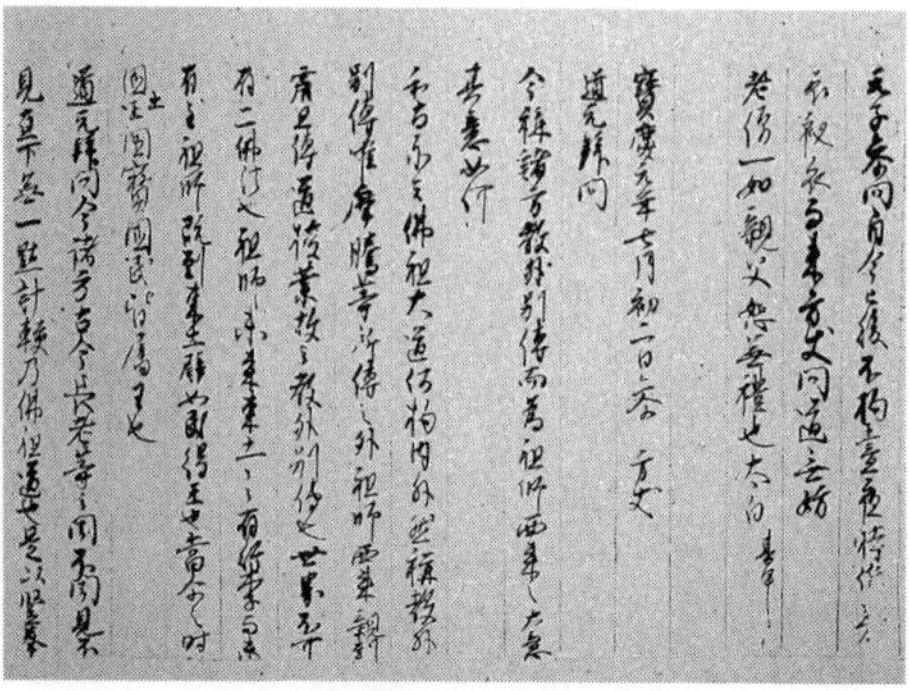

『宝慶記』(巻頭)

たしかに初相見で「時候に拘わらず、威儀を具せず、頻頻に方丈に上り、愚懐を拝問せんと欲す」とまで言うのは、かなり無礼なことかもしれない。この日を「伝法を前提とした入室を許され」た日とみたくなるのも頷ける。しかし道元はこれ以前、諸師遍歴の結果、「日本大宋両国に我のごとき善知識なし」との驕慢の心を起こし、日本に帰ろうかとまで思い詰めていたのである。天童山での功労者栄西の名を出し自分が栄西の門下であることをあえて言い、「外国遠方の小人」であることを強調するこのときの道元には、自分を特別視してほしいとのある種の思い上がりがあったかもしれない。これに対し如浄は、「元子が参問、今自り已後、昼夜時候に拘わらず、著衣《じゃくえ》衩衣《しゃえ》、而も方丈に来たり道を問わんこと妨げ無し。老僧、親父の無礼を恕《ゆる》すに一如せん」と述べ、親が子の無礼を許すようなものと、道元の申し出を受け入れたのである。

こうして道元は如浄の下での修行が始まった。ところで如浄が住持になってからの天童山の修行はきびしいものがあったようである。その一端を『随聞記』に窺ってみよう。

又云、我大宋天童禅院ニ居セシ時、浄老住持ノ時ハ、宵《よひ》ハ二更ノ三点マデ坐禅シ、暁ハ四更ノ二点三点ヨリヲ《(お)》キテ坐禅ス。長老トモニ僧堂裏坐《ニス》。一夜モ闕怠《けつたい》ナシ。其間衆僧《しゅそう》多ク眠ル。長老巡行《めぐりゆいテ》、睡眠《すいめん》スル僧ヲバ、或ハ拳ヲ以テ打、或ハクツヲヌヒ《(い)》デ打恥シメ、勧メテ覚《サマス》レ睡《ヲ》。猶睡《ル》時ハ、行《キ》二照堂《ニ》一、打《ち》レ鐘《ヲ》、召《シテ》二行者《あんじやヲ》一燃《トモシ》二蠟燭《らふそくを》一ナンドシテ、卒時《そつじ》ニ普説シテ云、「僧堂裏ニアツマリ居シテ、徒《いたづら》ニ眠リテ何ノ用ゾ。然バ何ゾ出家入叢林スル。不レ見麼《ヤ》、世間ノ帝王官人、何人カ身ヲヤスクスル。王道ヲ収メ忠節ヲ尽シ、乃至《ないし》庶民ハ田ヲ開キ鍬ヲトルマデモ、何人カ身ヲヤスクシテ世ヲスゴス。是ヲノガレテ叢林ニ入テ、虚ク過《すごす》二時光《ヲ》一、畢竟ジテ何ノ用ゾ。生死事大也、無常迅速也。教家モ禅家モ同ス、ム。今夕明旦、何《いか》ナル死ヲカ受ケ、何ナル病ヲカセン。且《しばら》ク存ズル程、仏法ヲ行ゼズ、眠臥《ねむりふ》シテ虚《むなしク》過《ぐす》レ時《を》、尤《もつとも》愚《おろか》也。故ニ仏法ワ《(は)》衰エ《(へ)》去《ユク》也。諸方仏法ノサカリナリシ時ハ、叢林皆坐禅ヲ専ニセリ。近代諸方坐ヲス、メザレバ、仏法澆薄《げうはく》シモテユクナリ。(三の二十)。

前住の無際のときのことはわからないが、如浄の住持のときは、夜は午後十一時ごろまで坐禅し、朝は午前二時半から三時ぐらいに起きて坐禅するという毎日が続いたという。睡眠時間はわずか三、四時間である。そのため坐禅中に眠ってしまう僧も多くいたが、如浄が巡視し、眠っている僧を拳で打ち履《くつ》で打って眠りを覚まさせ、僧堂での坐禅中に眠るとは何事か、世間では安易に生きているものなどいない、叢林に入って空しく時を過ごすとは何事か、生死事大・無常迅速である、今晩明朝にも死ぬかもしれないのだ、坐禅中に眠って空しく時を過ごすものがいるから仏法は衰えるのだ、と「謗言呵責」している。このように如浄が「謗言呵責」しても修行僧はみな「打たれることを喜び讃歎」（二の五）したという。

或時又上堂ノ次デニハ、常ニ云、「我已ニ老後ノ今ハ、衆ヲ辞シ、庵ニ住シテ、老ヲ扶《たすけ》テ居ルベケレドモ、衆ノ知識トシテ各々ノ迷ヲ破リ、道ヲ助ケンガ為ニ住持人タリ。因《て》レ是《れニ》、或ハ呵嘖ノ言ヲ出シ、竹篦《しっぺい》打擲《ちゃうちゃく》等ノ事ヲ行ズ。是頗ル恐アリ。然レドモ、代《テ》レ仏《ニ》揚《ぐる》ニ化《け》儀《ぎヲ》一式ナリ。諸兄弟《ひんでい》、慈悲ヲモテ是ヲ許シ給ヘ。」ト言《いへ》バ、衆僧流涕《ろでい》シキ（二の五）。

あるとき上堂していうには、「住持として衆僧を呵責し竹篦打擲するのはすこぶる恐れ多いことだが、仏に代わってしていることなので許してほしい」と。その如浄の言葉に衆僧は感激の涙を流したのである。このように如浄下の修行はかなり張り詰めた雰囲気があったようだ。この張り詰めた雰囲気のなかで、道元は求道の思いを新たにした。

我大宋天童先師ノ会下《ゑげ》ニシテ、此道理ヲ聞テ後、昼夜定坐《じゃうざ》シテ、極熱極寒ニハ発病シツベシトテ、諸僧暫ク放下《はうげ》シキ。我其時自思ハク、直饒《たとひ》発病シテ死ベクトモ、猶只是ヲ修ベシ。不レ病シテ修セズンバ、此身労シテモ何ノ用ゾ。病シテ死ナバ本意也。大宋国ノ善知識ノ会ニテ修シ死テ、ヨキ僧ニサバクラレタラン、先ヅ結縁也。日本ニテ死ナバ、是ホドノ人々ニ、如法仏家ノ儀式ニテ沙汰スベカラズ。修行シテ未レ契先キニ死セバ、好結縁トシテ、生ヲ仏家ニモ受ベシ。修行セズシテ身ヲ久ク持テモ無レ詮也。何ノ用ゾ。況ヤ身ヲ全クシ、病不レ作ト思フ程ニ、不レ知、又海ニモ入、横死ニモ逢ハン時ハ、後悔如何。如レ是案ジツヾケテ、思切テ昼夜端坐セシニ、一切ニ病不レ作《おこラ》。如今《いま》各々モ、一向ニ思切テ修シテ見ヨ。十人ハ十人ナガラ可二得道一也。先師天童ノススメ、如レ是（二の十二）。

「此道理」とは坐禅がすべての機にかなうことであるが、道元も如浄からこの道理を聞き、もしも厳しい坐禅修行で発病し死ぬことがあっても、大宋国の善知識（善き指導者）のもとで如法に弔われればかえってよき結縁になるとまで思い切った。修行せずして長生きしようとしてもいつ横死するかもしれない。そのときの後悔はいかばかりか。こう思い切って昼夜に坐禅をしたがまったく病気にならなかった。ひたすら坐禅修行すれば十人が十人みな得道するというのが如浄の教えであった。

2　『宝慶記』の世界

明全の客死

このような如浄下の厳しい修行のなかに道元は身を投じたのである。また一方で、五月一日の初相見のさいに申し出た個人指導は、初相見から二ヶ月後の七月二日まで待たねばならなかった。

というのもこの間、五月二十七日に明全が了然寮で円寂したのである（「明全和尚戒牒奥書」）。『舎利相伝記』で道元は、「五月十八日たちまちに微疾をうけ、おなじき二十七日たつのとき、衣裳をただしくし、身体をまさしくして、端坐して寂にいる」とその死が急であったとし、「供養の儀式おはりて、をなじき二十九日たつのとき闍維《じゃい》するに、火のいろ五色にかはる、衆これをあやしみていはく、かならず舎利現ずべし、ことばのごとく闍維のところをみるに、白色の舎利三顆《か》をえたり、これを寺につぐるに、寺の大衆みなこぞりてうやまひたとび、供養し恭敬す、そののち連及してひろうに、あつめて参陌陸拾余《さんびゃくろくじゅうよ》顆《か》をえたり」と、火葬後に舎利が出現したことを記す。この『舎利相伝記』は道元の帰朝後に、明全の弟子の智姉という女性の懇願で、明全の舎利に添えて認めたものである。日付は嘉禄三年（一二二七）十月五日、「門人道元記」とあり、すでに如浄の法嗣となった道元のかつての師明全に対する気持ちが表れている。

本覚思想は自然外道

それはともかく、明全の死などもあって、初相見いらいのびのびとなっていた個人指導は七月二日から始められた。『宝慶記』はその個人指導の記録である。懐奘の跋文によれば、

> 建長五年十二月十日。越前吉祥山永平寺方丈に在りて之を書写す。
> 右先師遺書の中に之在り。之を草始す、猶余残有らんか。恨むらくは功を終えず。悲涙千万端。
> 懐弉

とあり、本書は道元没後、懐奘がその遺品を整理しているさいに発見し、一書にまとめたものである。「猶余残有らんか」と記すところをみると、完結したものではなかったようである。したがって『宝慶記』のなかの問答がいつ始められいつ終わったのか、厳密にいうとわからない。唯一年次を記す「宝慶元年七月初二日、方丈に参ず」のあとに問答が記されているので、この日が個人指導の始まりと思われる。問答の順も時系列順なのかも本当のところはわからないのであるが、問答ないし如浄の示誨《じかい》は四十三を数える。そのうちとくに重要と思われる問題について検討していきたい。

道元が叡山修学中に抱いた「本覚思想」への疑問が如浄にぶつけられた。道元は次のような質問をした。

古今の善知識が「魚が水を飲んで冷暖自知するように、自知することが覚であり悟である」という。そこで私は、「もし自知が正覚ならば、一切衆生は自知するので正覚の如来ということになるではないか」と反論した。それに対し、ある人は「その通りで、一切衆生ははじめから如来である（一切衆生無始本有之如来）」と答え、別の人は「みなが如来というわけではない。おのれの本性を自覚することが覚であるとわかった者が如来である（若知二自覚性智即是覚一者。即是如来也）が、まだそのことがわからないものは如来とはいえない」と答えた。このような説は仏教といえようか。

この道元の質問にたいし、如浄は「一切衆生がもともと仏であるとするのは自然外道《じねんげどう》の見解である。

自己の了見をもって仏の世界を推し量ってはいけない」と答えただけである。道元が重ねて質問していないところから一応納得したようである。道元が叡山いらい抱き続けてきた課題だけに、これ以前にある程度の解決をみていたと思われる。如浄への質問は、その確認をしたというべきかもしれない。ところで右の「古今の善知識」が具体的に誰を指すかは明示されていない。ただ「一切衆生無始本有之如来」は明らかに「本覚思想」を意味するし、また「若知㆓自覚性智即是覚㆒者。即是如来也」は「本覚法門」の初期文献であるといわれる『牛頭《ごず》法門要纂《ほうもんようさん》』の「心性の本源は、凡聖一如にして二如なし。此を本覚如来と名づけ、此を知るを聖人と名づく。此理に迷うは凡夫と号す」に通じるといえよう。つまりここでいえることは、如浄が「本覚思想」「本覚法門」をともに「自然外道」と規定し、道元もそれに納得したらしいということである。

道元はのちに『正法眼蔵』などにおいて、老荘思想および先尼外道を一括して「自然外道」と把握し、一貫して批判の対象としている。たとえば『眼蔵・四禅比丘』に「荘子云、『貴賤苦楽、是非得失、皆是四禅』。この見、すでに西国の自然見の外道の流類なり」とある。また『身心学道』にも「後学かならず自然見の外道に同ずることなかれ。百丈大智禅師のいはく、『若し本清浄、本解脱、自ら是れ仏、自ら是れ禅道の解を執せば、即ち自然外道に属す』」とある。百丈が批判した見解はまさに「本覚思想」といえる。さらに道元の語録には「明暗は一相なり。善悪は一心なり。是の如く道《い》うは皆是れ外道なり」（『永平広録巻四』）とある。以上のように、道元にとって「自然外道」とは批判すべき対象として強く意識されていたのである。

また禅宗で重んずる『首楞厳経』『円覚経』が偽経ではないかとの道元の質問に、如浄がそのとおりと答える。「因果は必ず感ずべきや」という道元の問いには、「因果を撥無《はつむ》（無視）すべからず」との如浄の答え。中国の長老たちの長髪・長爪に対する道元の批判には、「真箇《しんこ》是れ畜生なり。仏法清浄海中の死屍なり」との如浄の同意を引き出している。「大宋国」に対して批判すべきは批判する見識を道元はすでに持っていた。このあとの記事に、ある日、道元が呼ばれて如浄から、

你《なんじ》是れ後生と雖も、頗る古貌有り。直に須《すべから》く深山幽谷に居し、仏祖の聖胎《しょうたい》を長養すべし。必ず古徳の証処に至るなり。

といわれ、道元は感激して如浄を拝し、「感涙襟を沾《うるお》」したとある。如浄が聖胎長養を口にするところから、道元はすでに大悟したかのようにみられるが、あとの身心脱落の問答を考慮すれば、初相見のときの言葉と同じで、道元の将来に期待しての発言と思わざるをえない。

「仏法何を以て性と為す、善性・悪性・無記性の中何れか」の問には、「仏法三性を超越するのみ」と如浄が答える。それに続き、仏祖の大道をどうして禅宗というのか、との道元の問に、如浄は「仏祖の大道を以て猥りに禅宗と称ずべからず。今禅宗と称すは、頗る是れ澆運の妄称なり」と答え、続けて君は石門の『林間録』を看たかと道元に聞き、道元がまだ看ていないと言うと、如浄は一度看るといいよと言って、

彼の録、説き得て是なり。大凡世尊《おおよそせそん》の大法、摩訶迦葉に単伝し、嫡々相承すること廿八世、東土五伝して曹渓に至る。乃至今日、如浄則ち仏法の摠府《そうふ》なり。大千沙界《だいせんしゃかい》更に肩を斉《ひと》しくすべき者無し。

と、この私が「仏法の摠府」だと高らかに宣言する。

ところで詳しくは後述することになるが、『行業記』や『建撕記』では道元の大悟体験を身心脱落と表現したが、『宝慶記』でこの身心脱落をめぐる問答が如浄と道元のあいだに交わされている。それは如浄の次の発言から始まる。

参禅は身心脱落

如浄「参禅は身心脱落なり。焼香・礼拝・念仏・修懺《しゅさん》・看経《かんきん》を用いず、ひたすら打坐するのみ」

道元「身心脱落とは何ぞ」

如浄「身心脱落は坐禅なり。ひたすら打坐する時、五欲（財欲・色欲・飲食欲・名誉欲・睡眠欲）を離れ、五蓋《ごがい》（貪欲《とんよく》・瞋恚《しんい》・惛眠《こんみん》・掉悔《じょうげ》・疑）を除くなり」

道元「若し五欲を離れ五蓋を除かば、乃ち大小両乗の行人たる者か」

如浄「祖師の児孫は強いて大小両乗の所説を嫌うべからざるなり。学者もし如来の聖教に背かば、何ぞ敢えて仏祖の児孫たる者か」

道元「近代の疑者云く、『三毒（貪瞋痴《とんしんち》）即仏法。五欲即祖道』と。若し彼等を除かば、即ち是の取捨還って小乗に同ぜん」

如浄「若し三毒・五欲等を除かずんば、瓶沙王国《びんしゃおう》阿闍世王国《あじゃせおう》の諸外道に一如なり。仏祖の児孫、若し一蓋・一欲を除かば、則ち巨益なり。仏祖と相見の時節なり」

如浄はまず参禅が身心脱落だという。そして身心脱落とは何かという道元の問に、身心脱落は坐禅だと答えている。ここで注意すべきは、身心脱落するために坐禅をするのではなく、坐禅が身心脱落だと如浄が考えていることである。要するに、修証一等の思想が示されている。だからひたすら坐禅をするとき、五欲を離れ五蓋を除くのは当然の結果なのだ。ところが道元の方は、あくまで五欲・五蓋を対象化(目的化)させて考えている。そのため如浄が五欲・五蓋に言及すると、それを除くために坐禅をすると理解し、それでは教家の所談と同じであって大乗小乗の行人と何ら変わらないではないかとの疑問を発することになる。そしてその疑問はさらに鮮明化し、「近代の疑者」に仮託して三毒以下の質問となる。すなわちこのときの道元は、「三毒即仏法。五欲即祖道」という「自然外道」の考え方、あるいは「彼等を除く」という「小乗」の考え方の二者択一的発想しか持ち合わせていないのである。そのため道元は、如浄の言うところがなかなか理解できなかったのである。

『宝慶記』ではさらに、いろいろな問題が議論されている。もう少し『宝慶記』にそってみてみよう。業と空をめぐる長沙《ちょうさ》和尚と皓月供奉《こうげつぐぶ》の問答を引き、本来空とは業障、業障とは本来空とする長沙に懐疑的な道元が、「長沙の道うは終に不是なり。長沙は未だ三時業を明らめざるなり」と如浄に発言させている。これなどは道元が如浄に同意を求めているケースといえようか。

了義経《りようぎきよう》についての道元の質問に、如浄が「了義経とは、世尊の本事・本生等を説きたまえる経なり……説かざる事無きを了義と名づくなり」と答えると、道元はすかさず「縦《たと》い一言半句なりと雖も、道理を説き了れるを了義と名づくべきに、如何ぞ、ただ広説のみを以て了義と名づくるや……」と問うと、如浄は「汝の言非なり。世尊の所説、広略倶に道理を尽くせばなり。縦い広説するも道理を究《ぐう》尽《じん》し、縦い略説するも道理を究尽す。其の義理に於いて究尽せざる無し。……所以に須く知るべし、みな了義なることを。其の法中に於いて、其の事を説き了《おわ》るを了義経と名づく、乃ち仏祖の法なり」と慈誨《じかい》する。道元は「今日、和尚の輪下に於いて、始めて知りぬ、了義経の向上に了義経の有ること明らかなるを。謂いつべし、億々万劫、難値難遇なりと」と感激して述べた。

仏祖の坐禅

また道元は如浄に書を呈することもあった。「天下に四箇の寺院有り、謂く、禅院・教院・律院・徒弟院《つちえん》なり……」ではじまり、それぞれの歴史を語り、禅院に正しい仏法が伝えられていることを語る内容の書である。それを受け取った如浄は、「元子《げんす》が来書甚だ是なり、説き得て是なり。往古未だ教律禅院の閑名を聞かず。今、三院を称するは、便《すなわ》ち是れ末代の澆風《ぎようふう》なり……今、禅院を称する寺院図様儀式、皆是れ祖師の親訓、正嫡の直伝なり。所以は七仏の古儀は、唯是れ禅院なり。禅院を称するは乱称と雖も、今、行ずる所の法儀は、実に是れ仏祖の正伝なり。然れば乃ち、吾が寺は本府なり。律・教は枝離なり。所以は仏祖是れ法王なり。国主即位し天下に王たらば、一切皆王に属すなり」と高らかに宣言するのであった。

如浄が法衣を著けない理由を聞くと、倹約だと答えたので、道元はさらに、諸方で法衣を著けるのは倹約ではなく貪りの気持ちからのようだが、宏智《わんし》古仏が法衣を著けるのは倹約でないと言うべきではないのでは、というと、如浄は宏智のは倹約だと言ったうえで、「你《なんじ》が郷里の日本国裏にては、你が法衣を著けんこと妨げなし。我が這裏《しゃり》にて我れ法衣を著けざらんは、是れ諸方の長老の衣を貪る弊に同ぜざらんが為なり」と慈誨して述べた。

禅は小乗か

坐禅はいわゆる禅宗の専売特許ではない。各宗に行法としてあり、外道にもある。そのあたりについて、如浄は次のようにいうことがあった。

羅漢支仏の坐禅は著味《じゃくみ》せざると雖も、大悲を闕《か》く。故に仏祖の大悲を先と為し誓いて一切衆生を度する坐禅に同じからざるなり。西天外道また坐禅なり。然ると雖も外道坐禅、必ず三患有り。謂く、著味。謂く、邪見。謂く、憍慢。所以に永く仏祖坐禅に異なるなり。また声聞中にまた坐禅有り。然ると雖も、声聞は慈悲乃ち薄し。諸法中於いて利智を以て普く諸法実相に通ぜず、独り自身を善くし、諸の仏種を断ず。所以に永く仏祖坐禅に異なるなり。

阿羅漢《あらかん》・辟支仏《びゃくしぶつ》・西天外道・声聞《しょうもん》にも坐禅はあるがそれぞれ欠陥があり、「一切衆生を度する」のは仏祖坐禅だけだというのである。

これに関連していえば、あるとき道元が次のような質問をしたことがあった。「日本国幷びに本朝の疑者云く、今、禅院禅師の弘通《ぐづう》する所の坐禅は、頗る小乗声聞の法なり。此の難、云何《いかん》が遮せんや」。つまり日本や中国で、禅宗の坐禅に対して小乗・声聞だという批判があった。この批判を道元は無視できなかったのである。この無視できなかったということはかなり重要な意味を持つ。というのは、このときまで道元は坐禅に対して充全なる自信がなかったことになるからである。この道元の問に如浄は、

大宋・日本の疑者の難ずる所は、実に未だ仏法を暁了《ぎようりよう》せざるなり。元子よ、須く知るべし、如来の正法は、大小両乗の表を出過せんことを。然ると雖も、古仏は慈悲を落草し、遂に大乗・小乗の手を授ける方便を施すなり。……

と慈誨して語ったのである。

そして『宝慶記』ではこの問答のあとに、道元を激励する如浄の言葉が記されている。

吾れ你が僧堂の被位に在るを見るに、昼夜眠らず坐禅す。甚だ好きを得たり。你向後、必ず美妙なる香気の世間に比べ無き者を聞くなり。此れ乃ち吉瑞《きちずい》なり。或いは面前に当たり、滴油が地に落ちるが如きは吉瑞なり。若し種種なる触を発せんも、亦乃ち吉瑞なり。直に須く頭燃《ずねん》を救い坐禅弁道すべし。

道元がひたすら坐禅に打ち込んでいることを讃え、身心脱落がもう少しだと、さらなる精進を促している。まさに啐啄同時の期というべきか。『宝慶記』ではこの如浄の激励の言葉のあとに、坐禅の功徳を改めて語る。

世尊の言《のたまわ》く、聞思《もんし》なお門外に処するが如く、坐禅直に乃ち家に帰り穏坐するがごとし、と。所以に坐禅、乃至《ないし》一須臾《すゆ》一刹那《せつな》なりとも、功徳無量なり。我れ三十余年、時とともに功夫弁道し、未だ曾て退を生ぜず。今年六十五歳、老に至り弥《いよい》よ堅し。你もまた是の如く弁道功夫せよ。宛《あたか》も是れ仏祖の金口《きんく》の記なり。

瞬時の坐禅でもその功徳は無量という修証一等の立場が語られる。そして注目すべきは、このとき如浄は六十五歳なのである。如浄の六十五歳は宝慶二年（一二二六）にあたる。ということは、『宝慶記』は、宝慶元年（一二二五）七月から翌年にかけての足かけ二年の如浄の道元に対する個人指導の記録ということになる。

『宝慶記』ではこのあと、如浄の慈誨の言葉が続き、正身端坐、経行の作法、心の置き方について語り、菩薩戒について「排列の時、菩薩戒の臘《ろう》に依り、沙弥戒の臘に依らざるなり。此れ乃ち正伝の稟受《ぼんじゅ》なり」と述べている。ここで如浄があえて菩薩戒にふれていることは、天童山での安居のさいの席順で道元たちが問題になったこと、道元が菩薩戒だけで具足戒牒《ぐそくかいちょう》を持参しなかったことと関係す

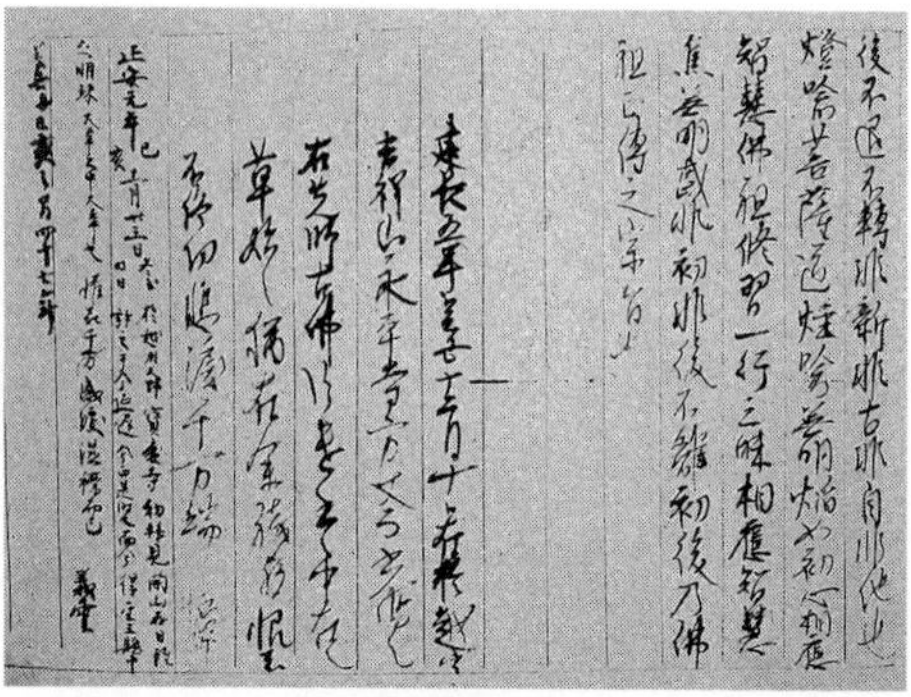

『宝慶記』（巻末）

るだろう。そして如浄は続けて、「你、求法の志操有り。吾れの懽喜《かんき》する所なり。洞宗の託する所は、你乃ち是れなり」と、道元が今の強い求法の志でいれば、曹洞宗を託することになると激励した。身心脱落（得道）はもう手の届くところに来ていた。そのためか『宝慶記』では最後に、道元の得道に関する次のような問が記されている。

参学は古今仏祖の勝躅《しょうちょく》なり。初心発明の時、道有るに似たると雖も、衆を集め法を開くの時、仏法無きが如し。又初発心の時、所悟無きに似たると雖も、法を開き道を演《の》ぶる時、頗る超古の志気有り。然あれば則ち、初心を用って得道を為すや、後心を用って得道を為すや。

初心で得道するのか、後心で得道するのか、というのが道元の問である。これに対し如浄は、次のように答える。君の今の問は、世尊が在世のとき菩薩や声聞が世尊にした問である。仏祖の正伝では「ただ初心のみに非ず、初心を離るるにも非ず」としている。もし初心だけで得道するならば、菩薩は初発心のとき仏ということになる。これはおかしい。もし初心がなければ、どうして第二・第三の心、第二・第三の法があることができるだろうか。だから「後は初めを以て本と為し、初めは後を以て期と為す」のだ。譬えれば、「炷《ともしび》を焦《や》くは、初めにも非ず、初めを離るるにも非ず、後にも非ず、後を離るるにも非ず、退かず、転ぜず、新たにも非ず、古にも非ず、自らにも非ず、他にも非ざるなり。燈《ともしび》を菩薩道に喩え、炷《とうしん》を無明《むみょう》に喩え、焰は初心相応の智慧の如し。仏祖、一行三昧相応の智慧を修習し、無明の惑を焦くに、初めにも非ず、後にも非ず、初後を離れざるなり。乃ち仏祖正伝の宗旨なり」と慈誨する。

『宝慶記』はここで終わっている。宝慶二年のいつかは定かではないが、こののち間もなく道元は、身心脱落したと思われる。

身心脱落

『行業記』による身心脱落の時期は、宝慶元年（一二二五）の初相見いらい「脇席に至らず、将に両歳に及ばんとす」るときであったから、『宝慶記』の分析から推定できる身心脱落の時期に符合することになる。では、道元の身心脱落がどのような状況のなかで実現したのか、『行業記』にうかがってみよう。

天童、五更の坐禅に入堂巡堂し、衲子《のうす》の坐睡を責めて云く、坐禅は身心脱落なり。祇管《しかん》に打睡して恁生《そもさ》ん。師、聞きて豁然と大悟す。早晨《そうしん》、方丈に上り、焼香礼拝す。天童、問うて云く、焼香の事は作麼生《そもさん》。師云く、身心脱落し来たる。天童云く、身心脱落、脱落身心。師云く、これは是れ暫時の技倆なり。和尚、乱に某甲を印すること莫《なか》れ。童云く、吾、乱に儞を印さず。師云く、如何ならんか是れ乱に印せざる底。童云く、脱落々々。

宝慶二年（一二二六）のある日、午前四時ごろ、僧堂での坐禅中に居眠りしてしまった修行僧がいた。それをめざとく見つけた如浄は、皆に聞こえるほどの大きな声で、「参禅はすべからく身心脱落である。ひたすら坐睡してどうするのか！」とその僧を叱りつけた。その如浄の声をかたわらで聞いた道元は、「豁然と大悟」したのである。道元はしばらくその大悟の余韻にひたっていたが、それから如浄のいる方丈にゆき焼香礼拝した。如浄は道元のただならぬ様子を見て、「焼香のことはどうしたのか」と聞いた。道元が「身心脱落してまいりました」と答えると、如浄は「身心脱落、脱落身心」と道元の大悟を承認したのである。ところが道元の方は、「これは一時的のことかもしれないので、妄りに許さないでほしい」と慎重な評価を求めた。すると如浄は、「妄りに許したのではない」と評価の正しいことを強調した。しかし道元はなおも執拗に「妄りに許さないとはどういうことか」と迫り、如浄に「脱落々々」と言わせたのである。

心塵脱落

ところでこの道元の「身心脱落」について、かつて高崎直道氏（高崎 一九六九）が重要な問題提起をされているので、少しそのことについて考えてみよう。

氏によれば、『宝慶記』のなかで一番重要なことは身心脱落であり、それは禅宗で一般に大悟徹底というもの、つまり悟りに相当する体験であるという。ところがこの身心脱落は、如浄の語録でみると「心塵脱落」になっており（『如浄禅師語録』）、また『永平元禅師語録』の如浄の嗣である無外義遠《むがいぎおん》の序文にも「心塵脱略」とあることから、中国側のシンジンの理解は「心塵」であったとされ、道元がこの「心塵」を「身心」に置き換えたことは、道元の哲学の深さを倍加したことに間違いないとされた。

たしかにそのようにも思えるが、その「心塵」がわずか二ヶ所にしか見られないこと、しかもその記述がいずれも如浄自身のものではなくその弟子であるところになお問題が残されている。とはいえ、この問題は如浄禅と道元禅が基本的なところで相異するということになり、看過しえない。氏のいわれるように、「心塵」という考えには清浄なる心が前提とされ、一種の性善説といえる。そしてこの性善説は、当然のごとく、清濁二元論へと導かれる。であれば、如浄にこのような性善説・二元論的発想が見られるか否かが当面の問題となろう。

如浄にも心塵脱落論に通じるような紛らわしい表現がないではない。たとえば『宝慶記』の「仏祖の児孫は、まず五蓋を除き、のちに六蓋を除くなり。五蓋に無明蓋を加え六蓋となすなり。ただ無明蓋を除かば、すなわち五蓋を除くなり。五蓋を離れるといえども、無明いまだ離れざれば、すなわちいまだ仏祖の修証に到らざるなり」という如浄の発言などはさしずめそうであろう。すなわち「心の塵」（心と塵）が問題となり、修行によって段階的にその塵が除かれる。ところが、この五蓋・六蓋を除くための秘術があるのかとの道元の問に、「仏仏祖祖は階級を待たず。直指に単伝し、五蓋・五欲を離れ、五欲などを呵《か》すなり。ひたすら打坐し功夫を作さば、身心脱落し来たる。すなわち五蓋・五欲などを離れる術なり。この外に都《すべ》て別事なし」と如浄は答えるのである。

ここで注意したいのは、「階級を待たず」ということと、身心脱落の後に五欲・五蓋を離れることである。このことによっても如浄は、心塵脱落論ではなく身心脱落論であったといえよう。さらにそのことを『宝慶記』で確認しておこう。道元が「煩悩障・異熟障（仏法を修行できない境界）・業障などの障を転ずるは仏祖の道所か」と質問したところ、如浄は「龍樹などの祖師の説のごとく、すべからく保任すべきなり。異途の説あるべからず。ただし業障に至らば、慇懃に修行のとき必ず転ずべきなり」と答えている。また道元が「仏法は何をもって性となす。善性・悪性・無記性のうちいずれか」と質問したとき、如浄は「仏法は三性を超越するのみ」と答えている。前者では、煩悩は転ずべきものではなく保任されるものだが、真の修行のときは転ぜられてしまうものとしている。これは身心脱落論だろう。また後者で、如浄の身心脱落論は決定的となる。心塵脱落論では必然的に善性が要求されるが、如浄は三性を超越すると答えているから。

そうなるとどうして、中国側の文献に「心塵脱落」と記されていたかが問題となるが、筆者は、「心塵」が仏教の通俗的な理解の仕方であり、「心塵」と「身心」との相異にあまり厳格でなく、慣用語として「心塵」が使われたと考えたい。もともと如浄は哲人的側面が稀薄であるとされており（梅原 一九六九、佐橋 一九七〇）、宋朝禅一般もそうであるように、如浄の弟子たちもそうした性格を受け継いでいるのではあるまいか。また道元自身も『如浄禅師語録』を読んでいるにもかかわらず、そのことを問題にした形跡がないことなどを考え合わせると、「心塵」と「身心」の相異にあまりこだわる必要はないと考える。

それはともかくとしても、この道元の身心脱落の時期をめぐり研究者のあいだで見解が分かれ、身心脱落を否定する見解まであって、いまだ定説をみない。ちょっとここでそれらを整理してみよう。

身心脱落の時期

まず大久保道舟氏は、『宝慶記』の問答の全部が「宝慶元年七月初二日方丈に参ず」以降のものとは限らず、五月一日の初相見後のものも多数混じっているに相違ないとする。そして身心脱落の時期は明示しないものの、『眼蔵・面授』の「わずかに身心を脱落するに」や『永平広録』第一「臘八成道会上堂《ろうはちじょうどうえじょうどう》」の「天童脱落話を聞くに由りて仏道を成ず」などとあることから、道元の証悟が身心脱落を内容としたものであるとし、宝慶元年（一二二五）九月十八日の仏祖正伝菩薩戒脈の伝授によって「初めて名実ともに浄祖の嫡嗣たることが決定された」という。ちなみにその戒脈識語は、

大宋宝慶元年乙酉九月十八日、前住天童浄和尚示曰く、仏戒は宗門の大事なり、霊山・少林・曹渓・当山、皆嫡嗣に附す、如来より嫡嫡相承《てきてきそうじょう》して吾に到る、今、弟子日本国僧道元に附法す、伝附既に畢《おわ》んぬ、

というものである（大久保 一九六六）。たしかにこの識語をみるかぎり、大久保氏のいわれるごとくであるが、疑問も残る。宝慶元年はまだ如浄は天童山の住持であって、「前住」ではない。鏡島元隆氏によれば、如浄の天童山退院は宝慶三年（一二二七）の冬である（鏡島 一九八三）。しかし「前住天童

浄和尚示曰く」はのちに道元によって書かれたとすれば、「前住」も「和尚」も表現としてはおかしくないから、問題はないということになる。問題はこの菩薩戒脈の伝授がいかなる意味を持つかということである。大久保氏のいわれるように、「当時の伝戒は実に法統の嗣承を意味したもの」なのであろうか。大久保氏はこの菩薩戒脈の伝授以前に身心脱落しているとみるわけだが、すでに検討したようにそれには同意できない。

この点に関して中世古祥道氏は、『永平室中聞書』で懐奘が「唯秘事の口訣《くけつ》有り、未だ他の為に説かず。所謂住持の心術、寺院作法、乃至嗣書相伝の次第、授菩薩戒作法、是の如き等の事なり。是れ等伝法の人に非ざれば、輙《すなわ》ち伝えずと云々、然り是の如き等の事某甲《懐奘》一人之を伝う」と述べたことを挙げ、伝戒と伝法が同一視されている。また『行状記』の懐奘伝の伝戒と大悟の記述から伝法が大悟前にあったとされ、道元のばあいもそうで、道元の伝法は『眼蔵・仏祖』の「道元大宋宝慶元年夏安居時、先師天童古仏大和尚に参侍して、この仏祖を礼拝頂戴することを究尽せり、唯仏与仏なり」に当たり、身心脱落は「宝慶元年九月十八日よりさほど遠くない一日と考えられる」が、「宝慶二年とか三年とかに措定するのには賛意を表し難い」とされた（中世古 一九七九）。

中世古氏が「伝法」の日の根拠とされた『眼蔵・仏祖』の夏安居の記事から、この日が「大悟徹底の事実を指して言っている」とし、仏祖正伝菩薩戒の戒脈識語を「大悟の時期と事実を証する資料」とみるのは竹内道雄氏（竹内 一九九二）である。

杉尾玄有氏は、身心脱落について、宝慶元年五月一日のを「面授時脱落」、坐睡する僧を如浄が叱咤したときのものを「叱咤時脱落」と仮に名づけ、「叱咤時脱落」については道元自身が言及していないからなかったとし、「面授時脱落」の「仏々祖々面授の法門現成せり」という如浄の語は道元の身心脱落を確認して吐いたものとした（杉尾 一九七七）。のちに杉尾氏はさらに、『仏性』にみられる、道元の龍樹身現円月相《りゅうじゅしんげんえんげつそう》に対する嘉定十六年秋（二十四歳）と宝慶元年夏安居（二十六歳）のときの見識の違いから、このあいだに開眼があり、それは『眼蔵・法性』の「あるいは経巻にしたがひ、あるいは知識にしたがうて参学するに、無師独悟するなり。無師独悟は法性の施為なり」から無師独悟であったとし、その時期は「元鼒《げんし》に対面する以前、雁蕩山《がんとうざん》か台州か、いずれそのあたりを巡歴しつつ無師独悟した」という。身心脱落については、道元自身が「このような一回かぎりの劇的な『身心脱落』の体験について一言も語っていないからには、疑ってかかるのが当然であろう」とし、身心脱落体験そのものを否定する（杉尾 一九八六）。

道元の身心脱落体験に否定的な論者もけっこういる。それは身心脱落体験が臨済宗の見性《けんしょう》（悟り）を思わせ、修証一等の道元禅にそぐわないとみるからである。さしずめ石井修道氏や原田弘道氏などもそうした論者に数えられよう。

石井氏は「『つひに太白峰の浄禅師に参じて、一生参学の大事ここにをはりぬ』（『弁道話』）の言葉しか身心脱落はないと考える」とし、「叱咤時脱落の経験的・心理的な悟の年時を穿鑿《せんさく》することは、道元禅から遠ざかる因縁となる」と手厳しい（石井修道 一九八六）。

原田氏は、かつて身心脱落を看話禅《かんなぜん》的見性体験と似たような大悟体験と捉えたが（原田 一九六九）、以来、「何となく落ち着かない意識があ」り、「『叱咤時脱落』の体験が、道元及び道元禅にそぐわないのではないか、そんな思いがずっとしていた」と率直に気持ちを吐露され、再検討の結果、「かくて道元は宝慶元年九月十八日に菩薩戒を如浄から受け、二年後、宝慶丁亥（三年、一二二七年）嗣書を相承したのであるが、これは時空的に限定されざる身心脱落の体験が如浄によって認可せられを《た》ことを証するもの」（傍点船岡）とし、『眼蔵・面授』の「道元、大宋宝慶元年乙酉五月一日、はじめて先師天童古仏を礼拝面授す。やゝ堂奥を聴許せらる。わづかに身心を脱落するに、面授を保任することありて、日本国に本来せり」と伝記の伝える事実との矛盾について、「『初相見の当時は、只正師を得た感激の相見といふに過ぎなかったのであるが、後に身心脱落を得た道元禅師が改めて、初相見を追懐するに、此の時已に大事を了畢していたことに気づかれたのである』という衛藤（即応、船岡注）博士（『宗祖としての道元禅師』）の言葉を引いて、鏡島博士が共感を示しているが（『道元禅師とその周辺』）、筆者も全く同感である」とされた（原田　一九九二）。

　このように道元禅の修証一等の立場からすれば、道元の看話禅的大悟体験に否定的になるのはある意味で当然のことかも知れない。しかし道元の身心脱落体験によって、はじめて修証一等の境地に入ったのである。そしてそれが、原田氏の言葉を援用させてもらえば、「時空的に限定された身心脱落の体験」であってなんら不思議なことではない。問題はそれがいつのことかということである。従来、宝慶元年（一二二五）五月一日の初相見や同年九月の菩薩戒脈の伝授などから宝慶元年と考える研究者が多かった。それは今も変わらない。

今枝愛真氏は、『行業記』の記事によって身心脱落を宝慶三年（一二二七）のこととされた（今枝 一九七五）。今枝氏はとくに触れているわけではないが、『行業記』の初相見から「将に両歳に及ばんとす」るときに身心脱落があったとの記事からそう考えられたのであろう。

筆者も前著において宝慶三年の立場にたっていた。『行業記』の記事もさることながら、道元の入宋いらい抱いていた気持ちを重くみたのである。道元はかつて如浄から侍者になるように勧められたことがあった。そのとき道元は、「和国にきこえんためも、学道の稽古のためも大切なれども、衆中に具眼の人ありて、外国人として大叢林の侍者たらんこと、国に人なきが如しと難ずることあらん、尤もはづべし」と書面に認めて辞退した（『随聞記』一の二）。はからずもここに道元の本音が出ている。「和国にきこえん」ということは道元にとって重要なことだった。またかなり以前のこと、道元が禅僧の語録を読んでいたとき、西川（四川省）出身の僧から「読んでどうするのか」と言われ、「日本に帰って人びとを救うのだ」と答えている（『随聞記』三の七）。日本に帰って人びとを救うこと、これは入宋して以来かたときも道元の脳裏から離れることはなかった。そんな道元が、宝慶元年に身心脱落し、三年まで帰国を延ばすとは考えられなかったのである。

ところが今回、道元の身心脱落が宝慶二年（一二二六）のことと修正した。三年かも知れないが、二年の可能性の方が高いと思われる。その理由についてはもうすでに述べたが、ここでもう一度、整理しておこう。最大の理由は『宝慶記』である。『宝慶記』を宝慶元年七月から同二年にかけての個人指導の参学ノート、身心脱落に向けての啐啄同時の書と位置づけたこと。したがって道元の身心脱落は、『宝慶記』の記録からそう時間が経っていない時期とみたのである。つぎに『行業記』の「将に両歳に及ばんとす」の理解である。宝慶元年五月を基点としてそこから二年となると、ふつうは宝慶三年となるだろう。かつて筆者もそう考えた。しかし「将に両歳に及ばんとす」を、宝慶元年、宝慶二年の二年に亘《わた》ると解釈できないであろうか。その解釈が許されるとすれば、『宝慶記』の位置づけと無理なく理解できるのである。

第五章　深草閑居

1　空手還郷

道元は、釈迦から数えて五十二番目の仏であることを証明した「嗣書」を受けた。現在永平寺に伝わる「嗣書」には、「大宋宝慶丁亥（三年）」と明記されている。延宝本・訂補本『建撕記』によれば、宝慶三年（一二二七）、道元は帰国の気持ちを伝えると、如浄は、芙《ふ》蓉道楷《ようどうかい》の法衣、洞山良价《とうざんりようかい》の『宝鏡三昧』、曹本本寂《そうほんほんじやく》の『五位顕訣』そして自賛の頂相を道元に与え、

普勧坐禅儀

汝は異域人を以て此の衣を授け法の信と為す。国に帰り化を布き広く人天を利せよ。国王大臣に近づくこと莫れ。城邑聚洛《じようゆうじゆらく》に住すること莫れ。須く深山幽谷に居すべし。雲集の閑人を要せず。虚の多きは実の少なきに如かず。真箇の道人を撰び取りて伴と為すべし。一箇半箇を接得すること有

らば、仏祖の恵命を嗣続し、古仏の家風を起こして断絶せしむること勿れや。

嗣書

と最後の指導をした。『行業記』でも「山谷に隠居し、聖胎を長養せよ」との如浄の言葉を伝えている。

如浄に別れを告げた道元は、宝慶三年、日本の安貞元年（一二二七）秋に帰国した。そのときの道元の心境は、「空手にして郷に還る」（『永平広録』巻一）そのものであった。それまでの留学僧の大半は、経典などを土産としてその量を誇るようなところがあった。しかし道元は、自ら正法を体得したという自負の念から、あえて「空手」と表明してはばからなかった。そのかわり「弘法救生をおもひとせり。なお重担をかたにおけるがごとし」（『弁道話』）とのべているように、正法の流布、人びとの救済の念で頭はいっぱいであった。それと明全の遺骨であった。

すでにのべたように、道元が如浄のもとで厳しい修行に入ってから間もない宝慶元年五月二十七日に明全は亡くなった。自らの大悟はかなわなかったものの、弟子道元のめざましく成長した姿に目を細めながら、遠い異国の地で安らかな眠りに着いた。この明全の遺骨を携え、「弘法救生」のはやる気持ちをおさえ、再び日本の土をふんだ。上陸したのは、筑前博多とも肥後河尻ともいわれておりはっきりしない。だがいずれにしても、道元は建仁寺への道を急いだようである。

はじめ、道元は建仁寺で温かく迎えられた。本場中国の禅の息吹を伝える道元の存在は、建仁寺の僧たちにとって眼を見張るものがあったはずである。また道元帰国の噂を聞いた人びとも、建仁寺の道元をたずねるようになった。そうした人たちのなかには、出家も在家もいたに違いない。『普勧坐禅儀』は、そうした参学の弟子の求めに応じて書かれたものである。これは、それ以前広く流布していた長蘆《ちょうろ》宗賾《そうさく》の『禅苑清規《ぜんねんしんぎ》』に不満をもっていた道元が、百丈《ひゃくじょう》懐海《えかい》の『百丈清規《ひゃくじょうしんぎ》』の精神、すなわち唐代の古風禅の精神を伝えるべく書き著したものである（『普勧坐禅儀撰述由来』）。

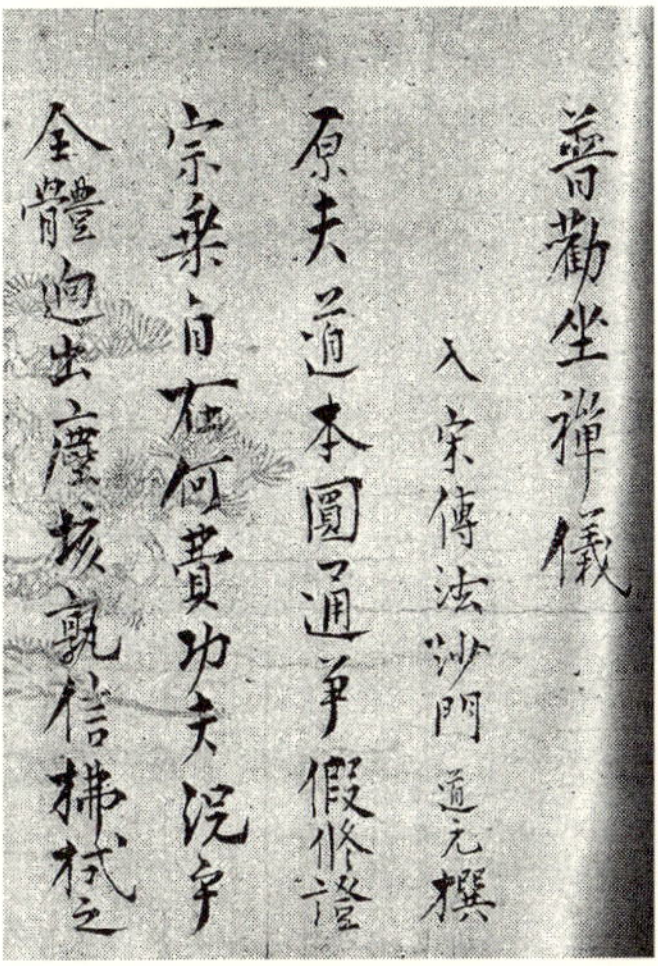
普勧坐禅儀
入宋傳法沙門道元撰
原夫道本圓通争假修證
宗乘自在何費功夫況乎
全體迴出塵埃孰信拂拭之

普勧坐禅儀

またこの『普勧坐禅儀』は、道元の帰国後の第一声としても重要な意味をもつものである。永平寺所蔵の原本には「天福元年中元日、観音導利院に書す」とあるが、『普勧坐禅儀』が帰国直後の安貞元年（一二二七）に書かれたことは、『弁道話』の「嘉禄のころ撰集せし普勧坐禅儀」や『普勧坐禅儀撰述由来』の「予、先の嘉禄中、宋土より本国に帰る。因みに参学の請有り、坐禅儀を撰す」から明らかである。嘉禄三年十二月十日に安貞に改元されている。

本文は四六騈儷体《べんれいたい》の格調高い名文である。「原《たず》ぬるに夫れ、道本円通、争でか修証を假らん。宗乗は自在にして、何ぞ功夫を費やさん」とまず巻頭において道元禅の基本にある修証一等の立場の表白がなされている。そして擬議の一念によって歴劫輪廻《れきごうりんね》し、商量の無休によって塵世迷道《じんせめいどう》している現実にふれ、にもかかわらず、そうした現実から離脱する具体的方法が今までの日本になかったとし、かつて釈迦が六年端坐し、達磨が九年面壁したという正しい離脱の方法が坐禅なのである。これは、上智下愚を論ぜず利人鈍者の差別もないすべての人びとに開かれた教えである、と高らかに宣言した。

この道元禅の基本的立場がどれだけ理解されたかはかなり疑問となろう。それとともに、この種の発言は建仁寺でもなされたはずであり、おそらく、道元は歯に衣を着せずこの純粋禅を標榜したと思われる。ところが建仁寺は、『興禅護国論』を書き禅の市民権をえるべく努力した栄西の建立になるとはいえ、当時は叡山の末寺（『康永四年山門申状』）・別院（『空華日工集』三）で、台密禅の三宗兼学の寺院（『元亨釈書』栄西伝）であった。そこではまだ道元一流の純粋禅が受け入れられる状況にはなかった。少しずつ月日が経つうちに両者の立場の違いはしだいに明瞭になっていったと思われる。

建仁寺僧との乖離

道元は建仁寺にいること「一両三年」（『典座教訓』）にして、そこを離れ、深草の極楽寺別院安養院に移った。これを〝深草閑居〟と呼びならわしている（『訂補本建撕記』）。この深草閑居がなぜなされたのかという点をめぐり従来から議論が多い。だがだいたい三つの理由に整理することができる。第一は、『随聞記』を根拠にした建仁寺腐敗堕落説、これは宗門における伝統的な解釈であった。第二は、大久保道舟氏の唱える叡山圧迫説。第三は、竹内道雄氏の指摘になる如浄の示寂による心理的変化説である。以下、諸説の検討をするなかで、当時の道元周辺の事情を明らかにしていきたい。

まず第一の建仁寺腐敗堕落説であるが、これは伝統的解釈であった。道元が建仁寺に見切りをつけ深草へ移ったとみるのである。これを検討するためにも、建仁寺が道元の眼にどう映っていたのかをみていこう。

㈠我国も、近ごろ建仁寺の僧正存生の時は、一向あからさまにも是の如き言語（交会《こうえ》婬色《いんじき》などの話）出来たらず。滅後も在世の門弟子等少々残留時《のこりとどまりしとき》は、一切に言ざりき。近ごろ七八年より以来《このかた》、今出の若人達、時々談也。存外の次第なり（『随聞記』二の一四）。

㈡仏法陵遅し行くこと眼前に近し。予、始建仁寺に入りし時見しと、後七八年に次第にかわりゆくことは、寺の寮々に各々塗籠《ぬりごめ》をし、器物を持ち、美服を好み、財物を貯へ、放逸の言語を好み、問迅《もんじん》等陵遅することを以て思ふに、余所も推察せらるるなり（同四の四）。

㈢昔年《そのかみ》建仁寺初めて入し時は、僧衆随分に三業《さんごう》を守て、仏道の為、利他の為ならぬことをば、言はせじと、各々心を立てし也。僧正の余残有し程は是の如し。今年今月は其義無し（同五の八）。

㈣山僧帰国よりこのかた、錫《しゃく》を建仁に駐むること一両三年、彼の寺愍《おろか》に此の職（典座職）を置けども、唯名字のみ有って、全く人の実無し。未だ是れ仏事なるを識らず、豈《あに》敢て弁肯せんや。真に憐憫すべし（『典座教訓』）。

帰国後の道元の眼に映った建仁寺の姿は、猥談が平気でなされ、華美放逸に走り、典座職は有名無実で真の仏道が行じられていないところであったという。これを文字通りにとれば、建仁寺はまさに堕落の極みというべきかもしれない。しかしどうであろうか。まず㈠〜㈢の文章が共通して「昔」にくらべ「今」はという記述の仕方をしていることに注意しなければならない。その「昔」の道元は一修行僧に過ぎなかったが、「今」の道元は中国より正法を伝えてきている身である。当然違った見方になるはずである。しかもこの発言は、嘉禎年間に興聖寺でなされたものである。道元僧団が呱々《ここ》の声をあげてからわずかしか経っていない。それに、出家在家を問わず、栄西・建仁寺と関係のある人びともいたと想像される。であれば、「昔」の建仁寺をことさら理想化し「今」のそれを批判することは、建仁寺を含めた既成仏教を批判する意味とともに、道元僧団のあるべき姿を提示するという二重の目論見があったと思われる。さらにいえば、道元の言葉が必ずしも建仁寺の「堕落」を伝えているとはかぎらないことは、㈣でも明らかである。㈣によれば、道元は建仁寺の典座職が有名無実だと批判しているが、かくいう道元自身、入宋するまで典座職の意義・重要性については思いもよらなかったのである。とはいえ、たしかに建仁寺は多少は「堕落」していたかもしれないが、しかしそれ以上に道元が変わっていたのである。

次に第二の大久保説についてみる。これは氏が発見された京都東山文庫所蔵の藤原定家の写した

『兵範記《ひょうはんき》』の紙背裏打文書の次の記事を根拠にしている。

仏法房事、山僧之恨□□□重極之□位成はて候、□□□様ハ未承定候、破棄住所、追放洛中なとそ申合候と承候。

仏法房とは道元のことであり、道元が叡山の恨みを買って洛中を追放されるか、あるいは追放されそうな状況に置かれていたとされた（大久保 一九六六）。また今枝愛真氏は、この大久保氏の叡山圧迫説に同調され、さらに「このような事件の背景には、あるいは九条道家の政界復帰や、松殿基房の死がなにか関係していたかも知れない」（今枝 一九七五）とされた。

これはたしかに説得力のある見解である。ただここでいわれている「山僧」から叡山そのものの大きな圧力をイメージすべきではないと考える。少なくとも叡山の法然一門への圧迫と同列には論ぜられないのではないか。「入宋伝法沙門」ではあっても、この段階の道元は僧団をもたぬ一介の僧にすぎない。道元の自負のいかんにかかわらず、その及ぼす力は微々たるものでしかあるまい。右の紙背文書の記事を信じれば、山僧の圧迫は、「入宋伝法沙門」道元と建仁寺との乖離から生ずる不穏な雰囲気が増幅されて伝えられたものと思う。

第三に、如浄の示寂の報に接し、深山幽谷に入り一箇半箇の接得をせよとの如浄の教訓が思い出されたためとする竹内氏の見解（竹内 一九六二・一九九二）であるが、論拠は弱いと思う。この段階では、道元は如浄の教訓を深刻に受け止めてはいない。それ以上に「弘法救生」の意識の方が強かったと考えられる。

以上、諸説の検討をするなかに、道元が深草へ閑居するにいたる事情をうかがってみた。

深草閑居

「入宋伝法沙門」とりわけ「正法」意識の強い道元と建仁寺僧やその背後の山僧との不協和音があったであろうことは想像がつく。何らかの圧力はあったかもしれない。しかしそうした外的要因だけで深草閑居を理解してはならないと思う。もともと道元はずっと建仁寺にいるつもりはなかった。『行業記』に、

建仁寺に寓止し、漸く隠居地を求め、有縁の旦那施す所の所々を歴観す。僅かに一十二所。遠国畿内、皆意に合わず。暫く洛陽の東南、深草の里極楽寺の旧跡に隠居す。

とある。これによれば、道元はもともと建仁寺に永くいるつもりはなく、独立寺院をもつつもりでいたらしい。建仁寺はさしずめそれまでの仮住まい、まさに「寓止」である。たしかに帰国直後の道元は、建仁寺での弘法救生の意欲にもえていたかもしれないが、その念が強ければ強いほど建仁寺僧との乖離は大きくなっていった。道元は間もなくそれに気づいたと思う。「入宋伝法沙門」としての自負の念の強かった道元には、建仁寺の客僧的立場にとても甘んじていられなかったはずだ。そこでひとまず将来への準備として、「弘通《ぐづう》のこころを放下」(『弁道話』)して深草に閑居したと思われる。

『建撕記』所収の「宇治観音導利院僧堂勧進疏」にも、

我れ入宋帰朝より以来、一寺草創の志願を起して、日久しく月深し。衣盂《えう》のささうへきなしといへども、今勝地一処を深艸《ふかくさ》の辺り、極楽寺の旧趾に得たり。

とある。古本『建撕記』にもほぼ同文の勧進疏《かんじんしょ》が載っているが、ここは『訂補本』よりの引用である。これによれば、道元は当初より一寺建立の希望をもっていたことが知られる。

また『行業記』懐奘伝によれば、

師、元公の伝法し帰朝して建仁寺に寓止するを聞く。往きて論談法戦す。長処有るを知り、帰心信伏す。遂に元公の住菴を聞き、文暦元年甲午冬、深草に参じ衣を改む。

とあり、懐奘は建仁寺の道元をたずね論談法戦のすえ信服し、のち道元が住庵したのを聞き参じたという。瑩山紹瑾《けいざんじょうきん》（一二六八〜一三二五）の作といわれる『伝光録』ではそのところを詳しく記す。懐奘の道元への参投は前後二回であり、はじめは道元がまだ建仁寺にいるときで、道元はそのとき懐奘に対して、われ宗風を伝持して、はじめて扶桑《ふそう》国中に弘通せんとす。当寺に居住すべしといへども、別に所地をえらんで止宿せんとおもふ。もしところをえて、草庵をむすばゝ、即ちたづねいたるべし。ここにあひしたがはんこと不可なり。

と述べたという。

以上のように、道元の内面的理由を重視して深草閑居を評価すれば、閑居の真の意義、すなわち道元僧団確立のための準備期間として位置づけることができる。

2 弁道話の世界

ふたつの弁道話

右のような事情で、道元は寛喜二年（一二三〇）、建仁寺を離れ深草の極楽寺別院安養院に居を移した。面山瑞方は『訂補本建撕記』の補注で、閑居した深草を「この閑居の地は、今深艸の墨染寺《ぼくせんじ》の南隣にて、大竹林の中に、泉石奇潔の境あり。余数回登臨す。山城名跡志巻十三に載て云く、当寺は初め禅宗、道元和尚の開く所、中比は真言、近世は浄土に改むとあり。五十年来は浄土にて、欣浄寺《ごんじようじ》と云ふ。祖師時は安養院と称せり。祖師より以前の建立と察せらる。極楽寺の別院なるべし」とし、その極楽寺については「極楽寺は、昔し昭宣公《しようせんこう》の本願なり。昭宣公は、大織冠《だいしよくかん》より八代、摂政大政大臣基経にて、関白職の最初なり」と記す。

この深草閑居のときの心境を、「弘通のこゝろを放下せむ激揚《げきよう》のときをまつゆゑに、しばらく雲遊《うんゆう》萍寄《ひょうき》して、まさに先哲の風をきこえむとす」（『弁道話』）と、道元は自ら語っている。建仁寺での体験により、「正法」布教が必ずしも容易でないことがわかった。ここはひとまず冷静になって、じっくり腰をすえ効果的な布教方法を考えよう、ぐらいの気持ちであったと思われる。このような状況のもとで、『弁道話』の執筆がはじめられた。

『弁道話』は問答体で記述されている。問答体形式というと、栄西の『興禅護国論』や明恵の『摧《ざい》邪輪《じゃりん》』、明恵の弟子の証定の『禅宗綱目』そして夢窓疎石の『夢中問答』などがすぐ想起されるが、これらはいずれも、自己の宗教を広く不特定多数の人びとに喧伝する性格のものといってよい。『弁道話』もそうした性格の書と思われるが、そのわりにはあまり流布しなかったようである。西有穆山《にしありぼくざん》（一八二〇〜一九一〇）によれば、『弁道話』は道元の「宗乗のお唱えはじめともいうべきもの」だが、懐奘の正法眼蔵七十五巻本にも義雲の六十巻本にも入らず、草稿のまま秘蔵されていたものを、卍山《まんざん》道白《どうはく》（一六三六〜一七一五）が京都の「開山の肉縁」の今出川景季宅で発見し、同行の面山瑞方に命じて書写させたもので、そのご面山の弟子たちが伝写して広く世間に流布することになったという（『正法眼蔵啓迪《けいてき》』上）。これがいわゆる流布本『弁道話』である。

ところが正法寺本『弁道話』なるものがある。岩手県黒石正法寺所蔵の『正法眼蔵雑文』に収められている。木下純一氏は、正法寺本を初稿本、流布本を修訂再治本とみて、安養院時代から想を練り執筆に着手し観音導利院で完成、そしてそのご比較的撰述の少ない嘉禎三年（一二三七）夏から延応元年（一二三九）十月ころまでに修訂再治したと推定した。そして両者をつぶさに比較検討し、約百十ヶ所に相違点があり、正法寺本から流布本にうつるのに十七ヶ所削除された句があり、全体として他宗批判やきつい主張が緩和されているとした（木下 一九八〇）。穏当な見解といえる。しかしここでは流布本によって『弁道話』の世界をみていきたいと思う。

単伝正直の仏法

『弁道話』の本文はまず、三世の諸仏や十方の如来が代々正しく伝えてきたものは、自由闊達なる境界であり、そこに入る正門が坐禅だ、と「正伝の仏法」の性格が明らかにされる。そしてそれに続き、

この法は、人々との分上にゆたかにそなはれりといゑども、いまだ修せざるにはあらはれず、証せざるにはうることなし。

と述べている。その自由闊達なる境界（自受用三昧）への門はすべての人びとに開かれているが、自ら求めなければ得られないものだ、ときっぱりと宣言した。この簡にして要を得た一文は実に重要な意味がこめられている。

まずこの一文は、若き日に抱いた疑問への自らの解答であった。道元は叡山において、「本来本法性、天然自性身」という本覚思想への本質的な懐疑をもち、そのごその解決に腐心した。そしてここでは、本覚思想の現実肯定の論理を、「証せざるにはうることなし」と明快に否定している。道元は

ここにいたるまでに実に多くの修学を必要としたのである。

もうひとつの重要な点として、この一文に道元の発想法がみてとれることである。この一文はふたつの段落に分けられる。「この法は、人々との分上にゆたかにそなはれり」が第一段落、「いまだ修せざるにはあらはれず、証せざるにはうることなし」が第二段落、この二段階に分けるのは、本質論と現実論という道元なりの二分法的な問題の立て方に関わる。この本質論と現実論を曖昧にすると、道元禅の評価が混乱することになる。

このように「正伝の仏法」が万人に開かれていることを述べたあと、自己の来歴を語り、さらに、現在は弘法救生の思いでいっぱいであるが今はそのときではない、しかしそれでは真実の参学の者が困るだろうからこれを記すのだ、と『弁道話』執筆の動機を明らかにしている。そして釈迦以来の正法伝来の経歴にふれ、さらに続けて、

この単伝正直の仏法は、最上のなかに最上なり。参見知識のはじめより、さらに焼香・礼拝《らいはい》・念仏・修懺《しゅさん》・看経《かんきん》をもちゐず、たゞし打坐して身心脱落することおえ(を)よ。もし人、一時なりといふとも、三業に仏印を標し、三昧に端坐するとき、遍法界《へんほっかい》みな仏印となり、尽虚空《じんこくう》ことごとくさとりとなる。

と実に大胆な発言をする。この正伝の仏法は最上のなかの最上であって、それはひたすら坐禅して身

心脱落すればよいことなのだ。そしてもし一時の坐禅でも、無量無辺の世界がその坐禅人とともに悟りの世界に変わる、という。ここに道元禅のダイナミックな世界が提示される。

このあと十八の問答が展開してゆくのであるが、まずその概要を示すと、

①②　坐禅が仏法の正門であること
③　坐禅には広大な功徳があること
④　大乗諸宗との優劣について
⑤　坐禅は仏法の全体であること
⑥　坐禅は安楽の法門であること
⑦　修証一等
⑧⑨　この正法は道元がはじめて伝えたこと
⑩　自然主義（本覚思想）批判
⑪　戒律は当然重視されるべきこと
⑫　兼修否定
⑬⑭　平等主義（男女・貴賤・出家在家）
⑮　正像末の三時観否定
⑯　自他の見をやめるべきこと

⑰　悟りへの正しい道は坐禅であること

⑱　坐禅は日本人の機根にもかなうこと

ということになる。ときには懇切丁寧な、またあるときには突き放したような議論が進められてきた。そして今、十八の問答を振り返るとき、ここに道元禅の基本的な問題がほぼ出尽くしている感を覚える。ここではとくに注意を要する点の指摘をしておきたい。

道元禅の基本問題

まず③で道元は、「読経・念仏はおのづからさとりの因縁となりぬべし。たゞむなしく坐してなすところなからむ。なにゝよりてかさとりおう(を)るたよりとならむ」という設問をする。かつて道元は如浄に「日本国幷びに本朝の疑者云く、『今、禅院禅師の弘通する所の坐禅は、頗る小乗声聞の法なり』。此の難、云何《いかん》が遮せんや」という質問をしていた。このときまでの道元は、坐禅に対する小乗・声聞だという批判を無視できなかったのである(『宝慶記』)。ところがここでは、「諸仏の三昧、無上の大法を、むなしく坐してなすところなしとおもはむ、これを大乗を謗ずる人とす」と、坐禅が大乗仏教であることを高らかに宣言するのである。

このことと関係するが、④の大乗諸宗との優劣の問に対して、要は修行の真偽を知るべきで、「仏祖正伝の門下には、みな得道証契の哲匠をうやまひて、仏法を住持せしむ。かるがゆゑに、冥陽の神道もきたり帰依し、証果の羅漢もきたり問法するに、おのおの心地を開明する手をさづけずといふことなし。余門にいまだきかざるところなり」と正法護持の哲匠には冥陽の神道すなわち神々も帰依し、羅漢も来て問法するという。そして⑤の三学・六度の禅とどう違うのかとの問にたいして、「いまこの如来一大事の正法眼蔵、無上の大法を、禅宗となづくるゆゑに、この問きたれり」とし、「正法」を禅宗と称すべきでないことを述べ、「この仏法の相伝の嫡意なること、一代にかくれなし。如来むかし、霊山会上《りようぜんえじよう》にして、正法眼蔵、涅槃妙心、無上の大法をもて、ひとり迦葉《かしよう》尊者にのみ付法せし儀式は、現在して上界にある天衆、まのあたりみしもの存ぜり、うたがふべきにたらず。おほよそ仏法は、かの天衆、とこしなへに護持するものなり、その功いまだふりず。まさにしるべし、これは仏法の全道なり、ならべていふべき物なし」と、坐禅が仏法の全道であることを強調している。ここでも霊鷲山《りようじゆせん》における釈迦から迦葉への伝法の事実を目の当たりに見た天衆が、現に今も仏法を護持しているという。なぜこのような現象がおこるのかというと、人間界と天界とでは時間や寿命が異なるからである。たとえば、人間界の百年が忉利天《とうりてん》の一日に相当し、忉利天の寿命は千年なのだ。蛇足ながら、この忉利天の千年が黒縄地獄の一日にあたり、黒縄地獄の寿命は千年だから、この地獄に堕ちると天文学的な長期間、地獄の苦を受けることになる（『往生要集』）。それはともかく、釈迦時代の天衆が現に今も生きていて仏法を護持している。道元はそのことを「うたがふべきにたらず」という。この「冥陽の神道」も「天衆」も人間からみれば神々で、いわゆる護法神ということになる。護法神による仏法守護のことは、道元禅を考えるとき無視できないことである。

修証一等

⑦では、「この坐禅の行は、いまだ仏法を証会《しようえ》せざらんものは、坐禅弁道してその証をとるべし。すでに仏正法をあきらめえん人は、坐禅なにのまつところかあらむ」という問が設けられる。坐禅が得悟の手段と考えれば、そうおかしな問ではない。ところが道元は、「修証はひとつにあらずとおもへる、すなはち外道の見なり。仏法には、修証これ一等なり」と問者をばっさり切る。修と証とを別ものとみるのは、外道の見解すなわち仏法とはいえないとし、修証一等の立場を強く打ち出す。そして「いまも証上の修なるゆゑに、初心の弁道すなはち本証の全体なり」「すでに証をはなれぬ修あり、われらさいはゐに一分の妙修を単伝せる、初心の弁道すなはち一分の本証を無為の地にうるなり」と続ける。ここでいう「証上の修」「証をはなれぬ修」が難しいと思う。これは人間はほんらい仏であるという本覚門の立場にたっての修証論なのである。したがって「初心の弁道」に「本証の全体」が実現するのである。

身心一如

⑩では心性常住説への批判が展開されている。設問のなかに、おそらく道元が叡山で聞いたであろう心性《しんしよう》常住説が俎上にあげられている。

とふ(う)ていはく、あるがいはく、「生死《しようじ》をなげくことなかれ、生死を出離するにいとすみやかなるみちあり。いはゆる心性の常住なることは(わ)りをしるなり。そのむねたらく、この身体は、すでに生あればかならず滅にうつされゆくことありとも、この心性はあえ(へ)て滅することなし。よく生滅にうつされぬ心性わが身にあることお(を)しりぬれば、これを本来の性とするがゆゑに、身はこれかりのすがたなり、死此生彼《ししょうひ》さだまりなし。心はこれ常住なり、去来現在かはるべからず。かくのごとくしるお《(を)》、生死をはなれたりとはいふなり。……たゞいそぎて心性の常住なるむねを了知すべし。いたづらに閑座して一生をすぐさん、なにのまつところかあらむ」。

かくのごとくいふむね、これはまこと諸仏諸祖の道にかなへりや、いかむ。


これは心性常住説とか心常相滅説といわれるものである。この身は滅んでも心は残るというもの。この説はおそらく道元が叡山で聞いたであろうと述べたが、すでに『宝慶記』の本覚思想批判のところで引用した、天台本覚法門の初期文献である『牛頭法門要纂』に、「諸法は常に生滅すれども一心は常住なり」とあるからである。しかも同書には、「諸法を照察するに普遍なるを名づけて仏性《ぶっしょう》となす」とあり、ことは仏性論にまで及ぶ。

そして道元はこの心性常住説を、『宝慶記』の如浄のごとく、先尼外道《せんにげどう》と切り捨てて、

しるべし、仏法にはもとより身心一如《しんじんいちにょ》にして性相不二《しょうそうふに》なりと談ずる、西天東地おなじくしれるところ、あえ《(へ)》てたがふべからず。いはむや常住お《(を)》談ずる門には、万法みな常住なり、身と心とお《(を)》わくことなし。寂滅を談ずる門には、諸法みな寂滅なり。性と相とをわくことなし。しかあるお《(を)》、なんぞ身滅心常といはむ、正理にそむかざらむや。しかのみならず、生死はすなはち涅槃なりと覚了すべし。いまだ生死のほかに涅槃を談ずることなし。

と、身心一如・性相不二論を展開し、生死即涅槃にまで筆が及ぶ。

⑬では「祖師のいはく、仏法を会すること、男女貴賤をえらぶべからずときこゆ」と男女平等が唱われ、⑭では「在俗の繁務は、いかにしてか一向に修行して、無為の仏道にかなはむ」という問に対して、坐禅弁道が「ただこれこゝろざしのありなしによるべし、身の在家出家にはかゝはら」ないとし、大宋国では「国王大臣・士俗男女」「武門文家」も参禅学道を志し、そのように「こゝろざすもの、かならず心地を開明することおほし。これ世務の仏法をさまたげざる、おのづからしられたり」とのべ、これに続きやや唐突ながら「国家に真実の仏法弘通すれば、諸仏諸天ひまなく衛護するがゆゑに、王化太平なり。聖化太平なれば、仏法そのちからをうるものなり」と王法仏法両輪論というか、日蓮の善神捨国論にも通じることが語られる。

⑯では、ある人物の発言として「仏法には、即身是仏のむねを了達しぬるがごときは、くちに経典を誦せず、身に仏道を行ぜざれども、あえ（へ）て仏法にかけたるところなし。たゞ仏法はもとより自己にありとしる、これを得道の全円とす。このほかさらに他人にむかひてもとむべきにあらず。いはむや坐禅弁道をわづらはしくせむや」という自己即仏の見解を引き、「仏法はまさに自他の見をやめて学するなり」と批判する。このある人物が誰を指すかは残念ながらわからないが、かつて若き道元が叡山修学中に抱いた、「人間はほんらい仏であるならば、なぜ発心・修行しなければならないのか」という疑問に通じる問題である。

⑰は悟りと坐禅の関係についての問で、「たけのこゑをきゝて道をさと」った香厳《きょうげん》智閑《ちかん》、「はなの

いろをみてこゝろお（を）あきら」めた霊雲志勤《れいうんしごん》、「明星をみしとき道を証し」た「釈迦大師」、「刹竿《せっかん》のたう（ふ）れしところに法をあきらめ」た「阿難尊者《あなんそんじゃ》」、さらには中国禅宗史のなかでも「一言半句のしたに心地をあきらむるものおほし。かれらかならずしも、かつて坐禅弁道せるもののみならんや」と只管《しかん》打《た》坐《ざ》への疑問ともとれる問いかけをし、道元はそれに「古今に見色明心し、聞声悟道せし当人、ともに弁道に擬議量なく、直下に第二人なきことお（を）しるべし」と短く答えるだけである。右に挙げられた得悟の人たちは、坐禅弁道に疑いをもたず、全自己で坐禅弁道に没頭したというような意味であろう。のちに懐奘が同趣旨の疑問を道元にぶつけており、只管打坐の立場がなかなか理解されなかったのであるが、道元がこの段階でそのことを予想していることは重要であろう。

そして⑱では、日本は印度や中国に比べると能力的に劣るが、それでも坐禅をすれば仏法を証得できるかとの問に対し、「仏法に証入すること、かならずしも人天の世智をもて出世の舟航とするにはあらず。……人まさに正信修行すれば、利鈍をわかず、ひとしく得道するなり」とし、「人みな般若の正種ゆたかなり、たゞ承当することまれに、受用することいまだしきならし」と激励する。

十八の問答を終えて、最後に道元は、「このくに、坐禅弁道におきて、いまだその宗旨つたはれず、しらむとこゝろざさむもの、かなしむべ」き状況にあるから、そうした人にこれを書いたのである。また「叢林の規範および寺院の格式、いましめすにいとまあらず、又草々にすべからず」とし、「坐禅の儀則は、すぎぬる嘉禄のころ撰集せし普勧坐禅儀に依行すべし」と付け加え、「仏法をねがはむ哲匠、あはせて道をとぶらひ雲遊萍寄《うんゆうひょうき》せむ参学の真流にのこす」とし、「寛喜辛卯中秋日　入宋伝法沙門道元記」と結んでいる。

寛喜三年（一二三一）というと、『百錬抄』同年六月十七日条に「去ぬる春より天下飢饉。此の夏、死骸道に満つ。治承以後、未だ此の如きの飢饉有らず」と記されるほどの大飢饉であったが、『弁道話』はそうしたさなかに執筆されたのである。

第六章　弘法求生

1　一寺草創の志願

興聖寺建立

明州本『建撕記』によれば、天福元年（一二三三）に宇治の興聖宝林寺を正覚禅尼《しょうがくぜんに》が建立し、弘誓院《ぐぜいいん》が法座を造営したとある。ところが『行業記』では、建仁寺に寓止し隠居地を求めていたが適当な所がなかったので、深草の極楽寺旧跡に隠居した。ところが四衆が雲集し「自然に宝坊を作り、待たずして叢林となり、興聖宝林寺と号す」とあり、続けて正覚禅尼が法堂《はっとう》を建て、弘誓院が法座を構えたと記すが、年紀の記述はない。

面山瑞方は『訂補本建撕記』の補注で、「正覚尼は、弘誓院の室か未考。弘誓院とは、拾芥鈔《しゅうがいしょう》に云く、八条南、東洞院《ひがしのとういん》東、大納言教家宅なり。藤氏系図に云く、教家権大納言、弘誓院と号す。歌人能書。後京極殿息」と記す。教家は『公卿補任』十七によれば、嘉禄元年（一二二五）九月三日

「菩提心に依り出家」したとあり、このとき二十二歳とあるから建久五年（一一九四）の生まれということになる。法堂を建てたという正覚尼については、面山の「弘誓院の室か未考」という指摘のほかに、源通親の妹で実朝の室になった女性とみる説（栗山 一九三八）、同じく実朝の後室とみる説（原田一九七七）、『山州名跡志』二十一の「大通寺禁制」にみえる実朝室で法名本覚の坊門内府信清の女とみる説（大久保 一九六六）などがあって確定しないが、実朝の室と考える人が多い。いずれにしても、教家が法座で法堂を建てたのが正覚尼とすれば、正覚尼はかなりの人物ということになる。

『建撕記』が記すように、文暦元年（一二三四）に正覚尼によって興聖寺の法堂が建てられたというのは、かなり無理がある。というのは瑞長本『建撕記』の嘉禎三年（一二三七）条の「宇治観音導利院僧堂勧進之疏」に、「寺院の最要は仏殿・法堂・僧堂なり。仏殿本より有り。法堂未だし。僧堂最も切要なり」とあり、このとき（「勧進疏」の年紀は嘉禎元年（一二三五）十二月）は僧堂はもちろん法堂もまだなかったのである。『建撕記』における記述の矛盾もあって、従来はこの「勧進疏」に否定的な人が多かったと思う。たとえば今枝愛真氏は「『普勧坐禅儀』のような立派な漢文体をつくった道元の自作とは到底考えられない勧進疏」を載せている『建撕記』自体を、『行業記』にくらべて信憑性に乏しいとみる（今枝 一九七六）。

いっぽう菅原昭英氏は、「勧進疏」を文体と様式、記載された史実、伝来に関する疑問の三点から検討し、道元親撰の可能性が高く、さらにこの文書の独特の論法から道元の「状況の多様なレヴェルに対応する重層的な一群の判断」まで看取したのである。氏は、まず『建撕記』諸本を検討し瑞長本が『建撕記』の原形を伝える最善本であるとし、瑞長本の勧進疏のみが漢文式表記なのは建撕自身によって手が加えられたもので元来は片仮名書きであり、その筆法から道元の「中国と日本との言語や宗教思潮の差異についての厳しい自覚的判断」を読み取る。また編年体の『建撕記』における勧進疏の位置の矛盾から、勧進疏が『建撕記』の原形完成後の補入とみる。そして勧進疏に添えられた曇希《どんき》の公開を禁ずる奥書から、道元教団の伽藍建設や勧進行為に対する宗教的建前と永平寺復興という寂円派《じゃくえんぱ》の課題との葛藤をみる。また勧進の論法に関し、六凡四聖《ろくぼんししょう》への呼びかけは禅宗固有の伝統で、和様勧進状の骨格に拠りながらその枠を破り新しい信仰の次元を打ち出したとし、伽藍建立をめぐり二転三転する道元の立言の変化に道元の状況判断が伏在するとみる。そして最後に、勧進が開かれた公的な方式だから特定有力者への帰属を強いられる危険性がなく、僧堂完成により宗教運動としての実績が世間に承認された後ならば特定檀越《だんのつ》による法堂寄進もさしつかえなくなるとの興味深い指摘がなされた（菅原 一九七九）。

この原「勧進疏」が道元親撰であるとすれば、興聖寺建立前後の事情について多くのことを教えてくれる。まず「勧進疏」が嘉禎元年（一二三五）十二月に作成されたこと。道元が入宋帰朝いらい一寺草創の気持ちをもち、その勝地を深草極楽寺の内に得て観音導利院と号したこと。寺院の最要は仏殿・法堂・僧堂であるが、仏殿は本からあり法堂はまだないが、僧堂がもっとも切要であること。その建立には特定の外護者を頼るべきかもしれないが、あまねく良縁を結ぶために広く勧進活動をすること、などがわかる。

「勧進疏」の作成が嘉禎元年十二月なので、実際の勧進活動は嘉禎二年ぐらいから本格化したと思われる。嘉禎年間（一二三五〜一二三八）の記録である『正法眼蔵随聞記』（三の六）に対応する記事がある。

今僧堂ヲ立ントテ勧進ヲモシ、随分ニ労コトハ、必シモ仏法興隆ト思ハズ。只当時学道スル人モ無ク、徒ニ日月ヲ送ル間、只アランヨリモト思テ、迷徒ノ結縁トモナレカシ、又当時学道ノ輩ノ坐禅ノ道場ノ為也。

道元が僧堂建立のための勧進活動をしていたころ、まだ道元のもとにはそれほど修行僧がいなかったようである。道元が天福元年（一二三三）に極楽寺旧跡に興聖寺を建立したという『建撕記』の記事は、その後の興聖寺成立の過程の事柄までこの年に集約させてしまったのである。天福元年という年に意味があるのは、極楽寺旧跡にもともとあった仏殿を観音導利院と称し、そこを拠点に道元がその宗教活動をはじめたかぎりにおいてである。

もっとも天福元年夏安居日に観音導利院において『正法眼蔵』の最初の巻『摩訶般若波羅蜜』が示衆されているから、道元の宗教活動の本格的始動といえるかもしれない。観音導利院（仏殿）の本尊観世音菩薩にちなんで、『般若心経』をベースに、観自在菩薩（観世音菩薩）が深般若波羅蜜（深い智慧）を行ずるときすべては空であるという諸法皆空の思想が語られた。この『摩訶般若波羅蜜』の示衆がなされた天福元年は、道元僧団の始動という意味でそれ以前とははっきり分けられる画期である。こののち道元は、寛元元年（一二四三）に越前（福井県）に移るまでの足かけ十一年、この興聖寺において初期道元僧団の充実、『正法眼蔵』の示衆・執筆に精魂を傾けてゆくのである。

表2　興聖寺における示衆・著述一覧

年次	西暦	示衆および著述
天福元年	一二三三	摩訶般若波羅蜜　現成公按
文暦元年	一二三四	学道用心集
嘉禎三年	一二三七	出家略作法　典座教訓
暦仁元年	一二三八	一顆明珠
延応元年	一二三九	即心是仏　重雲堂式　洗浄　洗面
仁治元年	一二四〇	礼拝得髄　渓声山色　諸悪莫作　有時　伝衣　山水経
二年	一二四一	仏祖　嗣書　法華転法華　心不可得　古鏡　看経　仏性　行仏威儀　仏教　神通
三年	一二四二	大悟　坐禅箴　恁麼　仏向上　行持　海印三昧　授記　観音　阿羅漢　柏樹子　光明　身心学道　夢中説夢　道得　画餅　全機
寛元元年	一二四三	都機　空華　古仏心　菩提薩埵四摂法　葛藤

興聖寺時代の執筆活動

興聖寺における示衆・執筆のうち年紀のわかっているものは上記のとおりである。

この表からまず注意される第一の点は、仁治元年（一二四〇）以降に『正法眼蔵』の示衆・執筆が活発になっていることである。この傾向は、寛元元年（一二四三）七月の越前下向をはさんで、そのあとも変わらない。つまり『正法眼蔵』の示衆・執筆の面からいえば、寛元元年をはさむ前後一、二年は道元にとってもっとも充実した時期である。

第二に、前後の示衆・執筆の状態から考えて、嘉禎年間（一二三五〜一二三八）の道元の沈黙が注意を引く。前後の著作の内容から判断すると、おそらくこの時期の道元は僧団体制充実のために腐心していたのであろう。

第三に、そのような嘉禎年間の努力の結果であろうか、嘉禎三年（一二三七）の『出家略作法』『典座教訓』、延応元年（一二三九）の『眼蔵・重雲堂式』『眼蔵・洗浄』『眼蔵・洗面』など、いずれも寺院内の作法に関する示衆・執筆がなされており、このころから僧団としての体制が整ってきたようである。

現成公案の世界

天福元年（一二三三）の夏安居《げあんご》（四月十五日〜七月十五日）を終えた八月、『眼蔵・現成公按《げんじょうこうあん》』を書いて鎮西の俗弟子楊光秀《ようこうしゅう》に与えた。この楊光秀なる人物はほかにはみえない。名前から判断すると、博多を中心に日宋貿易に従事してきた宋人と日本人の母との間にできた子で、自身も日宋貿易に従事し、道元の入宋時から関係ができていたのであろう。

道元は公案を現成公案と捉える。公案は公府の案牘《あんとく》（公文書）に由来し、禅宗では仏祖の開示した仏法の道理そのもの、さらには参禅者に出す課題を意味するが、道元の現成公案は、仏法の真理がわれわれの身の回りに現れているとするもので、それほど長くないこの文章に道元禅が凝縮されているといっても過言ではない。たとえば、迷悟を「自己をはこびて万法を修証するを迷とす、万法すゝみて自己を修証するはさとりなり」とし、また仏と衆生との違いを「迷を大悟するは諸仏なり、悟に大迷なるは衆生なり」と明快に語る。だが何といっても『現成公按』の神髄はつぎの一文にある。

仏道をならふといふは、自己をならふ也。自己をならふといふは、自己をわするゝなり。自己をわするゝといふは、万法に証せらるゝなり。万法に証せらるゝといふは、自己の身心をよ《お》び他己の身心をして脱落せしむるなり。悟迹《ごしやく》の休歇《きうけつ》なるあり、休歇なる悟迹を長々出ならしむ。

仏道を学ぶというのは何も教学などを学ぶことではない。自己を学ぶことだ。自己を学ぶこととは自己を忘れることだ。忘れるといっても放棄することではない。かえって自己を究め尽くすことである。自己とは所詮、縁によって成立している存在、だから自己を究めていけば、おのずと過去・現在・未来の世界に通じる。それを万法に証せられるという。ところがここで一転して自己の主体的営為にもどり、世界（万法）に証せられた自己の営みとは、自己および他己の身心脱落つまりは悟ることだという。しかも悟りのあとを残してはいけない。そこにとどまらない悟りを無限に進めてゆくことだ、と道元はいう。ここに道元禅の核心が表白されている。自己・他己そして万法のあり方、そこにおける自己の営み、さらには悟りの性格が簡潔な文章に織り込まれている。

また道元禅の理論的前提になる時間にたいする考え方も、

たき木はい《ひ》となる、さらにかへりてたき木となるべきにあらず。しかあるを、灰はのち、薪はさきと見取すべからず。しるべし、薪は薪の法位に住して、さきありのちあり。前後ありといへども、前後際断せり。灰は灰の法位にありて、のちありさきあり。かのたき木、はい《（ひ）》となりぬるのち、さらに薪とならざるがごとく、人のしぬるのち、さらに生とならず。しかあるを、生の死になるといはざるは、仏法のさだまれるならひなり。このゆへ《（ゑ）》に不生といふ。死の生にならざる、法輪のさだまれる仏転なり。このゆへに不滅といふ。生も一時のくらゐなり、死も一時のくらゐなり。たとへば、冬と春とのごとし。冬の春となるとおもはず、春の夏となるといはぬなり。

と前後際断の時間論として展開されている。「生も一時のくらゐなり、死も一時のくらゐなり」という一文は道元の生死観を表していて見事というほかはない。

学道の用心

また翌天福二年（文暦元年・一二三四）三月には、『学道用心集』を書いて仏道修行者の心得を示した。全体は十カ条からなっている。

まず第一条は「菩提心を発すべきこと」で、龍樹の「世間の生滅無常を観ずる心が菩提心」の言葉を引き、無常を観ずるときには我執の心もなく名利の念も起こらない、と仏道修行の基本的心構えを説く。なおここで菩提心についての、ある者の「無上正等覚心なり。名聞利養に拘わるべからず」という見解、ある者の「一念三千の観解なり」という見解、ある者の「一念不生法門なり」という見解、また有る者の「入仏界心なり」という見解を列挙し、これらはいずれもいまだ菩提心を知らず猥《みだ》りに菩提心を謗ずるものだ、と手厳しく批判している。このうち「一念三千の観解」で連想するのは、三井寺の公胤の「道心ト云ハ、一念三千ノ法門ナンドヲ、胸中ニ学シ入テ持タルヲ、道心ト云也」という言葉を道元が語っていることである（『随聞記』三の五）。

第二条は「正法を見聞し必ず修習すべき事」。

第三条は「仏道は必ず行に依り証入すべき事」。ここで『論語』（巻八の三十二）の「学べば禄その中に在り」、仏の言葉として「行ずれば乃ち証その中に在り」を引き、「縦《たと》い行に信法頓漸《しんぽうとんぜん》の異有りとも、必ず行を待って超証す。縦い学に浅深利鈍の科有りとも、必ず学を積んで禄に預かる」と道元は修行僧を激励する。

第四条は「有所得心を用い仏法を修すべからざる事」。仏法の修行は自分のためにするのではなく、まして況んや名聞利養のためではない。果報や霊験を得ようとして仏法を修してはいけない。ただ仏法のために修すべきなのだ。

第五条は「参禅学道は正師を求むべき事」。参禅学道は正師によるべきであるが、「辺鄙の小邦未だ仏法弘通せず、正師未だ出世せず。若し無上の仏道を学ばんと欲さば、遙かに宋土の知識を訪うべし」と述べる。その宋土の知識を訪らい「正法を明らめて正師の引証を得」た、この道元以外に正師はいないのだと自負の念を込めて熱っぽく語る。

第六条は「参禅に知るべき事」。参禅学道は一生の大事である。忽《ゆるが》せにしてはならない。

第七条は「仏法を修行し出離を欣求《ごんぐ》する人は、須らく参禅すべき事」。仏道は諸道に勝れているので、人がこれを求める。如来在世時には二教なく二師もいなかった。釈尊は無上菩提をもって衆生を誘引のみであった。その釈尊から迦葉が正法眼蔵を伝えて以来、西天二十八代、唐土六代、五家の諸祖、嫡々相承して断絶せず。その正法をこの道元が日本に伝え、いま君たちの前にあるのだという口振りである。

第八条は「禅僧行履《あんり》の事」。参学の人、修行が途中であっても始めたときから得ている。しかし得たからといって修行をやめてはいけない、と修証一等の立場が確認される。

第九条は「道に向かって修行すべき事」。仏道を修行する者はまず仏道を信じなさい。仏道を信ずる者は須く自己がもとより道中にあり、迷惑せず、転倒せず、増減なく、誤謬なきことを信じなさい。このように信じ、道を明らめ行ずることが学道の基本である。

第十条は「直下《じきげ》承当《じょうとう》の事」。「右、身心を決択するに自ずから両般有り。参師聞法と功夫坐禅なり。聞法は心識を遊化《ゆげ》し、坐禅は行証を左右す。是を以て仏道に入り、猶一を捨て承当すべからず」。

第三条の末に「天福二甲午三月九日書」、第六条の末に「天福甲午清明日書」と記されている。清明は三月十五日なので、『学道用心集』は天福二年三月中に書かれたようである。

天福二年は十一月に文暦と改元されたが、この年の冬に孤雲懐奘《こうんえじょう》（一一九八～一二八〇）が道元のもとにやってきた。かつて懐奘は帰国直後の道元を建仁寺に訪ね、論談法戦いらい道元に信服していた。道元が建仁寺を離れ、深草に住庵したのを聞き、あらためて入門したのである（『行業記』懐奘伝）。

懐奘はのちに道元僧団にとって欠くべからざる存在となる。懐奘は多武峰《とうのみね》の達磨宗覚晏《かくあん》の弟子で大日房能忍の法孫にあたり、のちの達磨宗門下の道元僧団への大量入門の契機を作った人である。

二歳年長の弟子懐奘を得た道元は意欲に充ちあふれていた。翌嘉禎元年（一二三五）十二月には、『宇治観音導利院僧堂勧進疏』を作成して、僧堂建立のための勧進活動を開始した。このときの道元の心境が『随聞記』に記されていることはすでに一部紹介したが、行論の関係で再掲したい。

今僧堂ヲ立ントテ勧進ヲモシ、随分ニ労コトハ、必シモ仏法興隆ト思ハズ。只当時学道スル人モ無ク、徒ニ日月ヲ送ル間、只アランヨリモト思テ、迷徒ノ結縁トモナレカシ、又当時学道ノ輩ノ坐禅ノ道場ノ為也。又、思始タルコトノナラズトテモ、不レ可レ有レ恨。只柱ラ一本ナリトモ立テ置キタラバ、後来モ、思ヒ企タレドモ不レ成梟《けり》ト見ンモ、不レ可二苦思一也（三の六）。

弟子たちが伽藍の建立を仏法興隆と誤解しないように、また勧進活動の成果がそれほどなかった場合のことまで考えて、道元は勧進活動の意味を語った。ちょっと言い訳じみた発言のようではあるが、そう感じるのはこの発言の前に、次のようなことを話しているからなのである。

近ごろ造像起塔などが仏法興隆と思う人が多いが誤りで、いくら立派なものを造ったとしても、それで得道するわけではない。ただ在家人の寄進は善いことで福分になる。小因で大果を感ずることはあるが、僧徒のこの営みは仏法興隆ではない。草庵樹下で法門の一句でも思量し、一時の坐禅を行ずることこそが本当の仏法興隆なのだ。

2　『随聞記』の世界

『随聞記』の筆録

懐奘はこのときすでに『随聞記』の筆録を開始していた。『随聞記』の奥書によれば、

先師永平奘和尚学地に在りし日、学道の至要を聞く随つて記録す。所以に随聞と謂う。雲門室中の玄記の如く、永平の宝慶記の如し。今六冊に録集して巻を記し、仮名正法眼蔵拾遺分内に入る。六冊倶に嘉禎年中の記録也。

とある。『随聞記』はすべて嘉禎年間（一二三五〜一二三八）の記録というから、懐奘は道元に随ってから間もなく筆録をはじめたようである。かつて道元が如浄のもとで『宝慶記』を書き留めたように、懐奘も道元の言葉を細大漏らさず記録しはじめた。懐奘にとって道元は二歳も年下の師であるが、かつて建仁寺で心ゆくまで議論し、このときには全幅の信頼を道元に寄せていた。そのような懐奘の人柄からいっても、道元の言葉を聞き漏らすまいと必死になっている姿が『随聞記』の行間からうかがえる。

懐奘は嘉禎元年（一二三五）八月十五日に道元から仏祖正伝菩薩戒を授けられていた（『行業記』懐奘

伝)。そしてその翌年の除夜に、懐奘ははじめて興聖寺の首座に任ぜられ、住持の代わりに説法する秉払《ひんぽつ》の役を与えられた。そのとき道元は、「衆の少なきをはばかってはいけない。汾陽《ふんよう》(善昭、九四七〜一〇二四)はわずかに六、七人、薬山(惟儼《いげん》、七四五〜八二八)は十人に満たなかった。それでも仏道が行じられ、叢林が盛んであるといわれたものだ。新首座《しゅそ》だからといって卑下する必要はない。洞山(守初、九一〇〜九九〇)の麻三斤を挙揚して衆に示しなさい」と懐奘を激励している(『随聞記』五の四)。

懐奘はこれ以前、道元のもとで大悟したらしい。あるとき道元が「一毫《いちごう》衆穴を穿《うが》つ」の因縁を挙示し、懐奘が言下に大悟し道元を礼拝するということがあった。道元は礼拝のことは何だというと、懐奘は「一毫を問わず、如何が是れ衆穴」と答える。すると道元は微笑して「穿ち了るなり」と懐奘の大悟を認めたのである。懐奘が礼拝して退くが、道元は大いに悦んで、懐奘を真の法嗣《はっす》にしたという(『行業記』懐奘伝)。

嘉禎年間の興聖寺の状態とは、僧堂建立のための勧進にさいし道元が弟子に語った「今は学道する人もなく、いたずらに月日を送る状態であるから」という言葉や、秉払の役にとまどう懐奘への「衆の少なきをはばかってはいけない」という言葉などからおおよそ推察される。それほど修行僧は多くはなかったが、きちんとした叢林生活をさせるべく道元は努力していた。勧進活動などによって伽藍の整備をする一方で、修行僧に対しては、修行の基本的な心構えを懇切に説いていた。そうした道元の発言は、懐奘により『随聞記』に詳細に記録されている。示衆・執筆の面からいえば、嘉禎年間の道元は寡黙であった。しかしこの寡黙の裏には、伽藍の整備、叢林体制の確立にむけての活発な活動があった。

嘉禎二年（一二三六）十月に僧堂が完成した（『興聖寺語録』一）。予想に反し一年を待たず完成した。『僧堂勧進疏』によれば、その僧堂の規模は「七間の堂宇《どうう》をたて、堂内にへだてなし」というからそれほど大きくはないが、長連牀《ちようれんしよう》（長床）で衆僧が環になって坐禅できる宋朝風の本格的な僧堂であった。本格的な禅院の登場は当時かなり人びとの注目を集めたようである。『沙石集』の著者として知られる無住道暁《むじゆうどうぎよう》が、

一向の禅院の儀式、時至つて仏法房の上人、深草にて大唐の如く広牀の坐禅始めて行す。其の時は坐禅めつらしき事にて、信ある俗等拝し貴《とうと》がりけり。其の時の僧のかたり侍し（『雑談集《ぞうたんしゆう》』巻八）。

とその様子を伝えているのは、このころのことであろう。

興聖寺の弟子たち

では、嘉禎年間の興聖寺の様子を『随聞記』にうかがってみよう。まず道元僧団の構成メンバーや参学の弟子たちが、いかなる人びとで、どのような問題を抱えていたのかからみてみたい。

あるとき道元が「学道の人、衣粮《えりよう》を煩すこと莫れ」と話していたとき、ある僧が質問した。衣粮の二事は小縁だけれども行者にとっては大事である。我が国の寺院には常住物はないし乞食《こつじき》（托鉢）

の伝統もない。檀那の信施を受ければその資格のない者が受ける虚受《こじゅ》の罪になるし、田商仕工を営めば邪命食《じゃみょうじき》になる。天運に任せよというが、果報が貧しい身としては飢寒に遇えばそれを愁え行道の障りとなる。こう悩んでいるとある人から「時機を考えないから悩むのだ。今は末世であり人びとは下根なのだ。だから檀那を見つけ衣粮に煩わされず、閑居静所で仏道を行ずるべきだ」と諫められたが、それにも納得できないでいる。

原文ではこの質問の主は「或人」とあるが、おそらくは良心的であるがゆえに悩む僧であろう。この質問に対し道元は次のように答えた。僧侶の行動は仏祖に倣うべきで、心を世事に出すことなく、一向に道を学すべきで、仏も「衣鉢の外は寸分も貯えざれ。乞食の余分は、飢たる衆生に施す（べし）」といい、外典《げてん》にも「朝に道を聞かば、夕に死すとも可なり」というではないか。たとえ飢え死に凍え死にしても仏制に従うべきだ。今生ひとたび仏制に順って餓死したとしても、是は永劫の安楽になるのだ。末法だ、下根だといって、今生に菩提心を発さなければ、いずれの生に得道するのだ。たとえ釈迦の弟子の空生や迦葉ほどではなくても、それなりに学道すべきなのだ（『随聞記』二の十三）。

また次のような質問をする人がいた。前と同じ話であるが、前の質問者とは別人であろう。その質問とは、「破戒にして空く人天の供養を受け、無道心にして徒に如来の福分を費さんよりは、在家人にしたがうて、在家の事を作て、命いきて、能修道せんこと如何」というもの。この質問者が在家か出家か判然としないが、道元の答えから推測すれば、出家して日の浅い、出家としてまだ自信が持てない僧かもしれない。その道元の答えとは、誰か云し、破戒無道心なれと。只強て道心をおこし、仏法を行ずべき也。何況や持戒破戒を論ぜず、初心後心をわかたず、斉《ひとし》く如来の福分を与とは見たり。未破戒ならば還俗すべし、無道心ならば修行せざれとは見えず。誰人か初めより道心ある。只是の如く発し難きを発し、行じ難きを行ずれば、自然に増進する也。人人皆仏性有る也。徒に卑下すること莫れ。

というものである。道元はまず「誰が破戒無道心でいいといったのだ」と一喝する。「要は君たちが道心を発して仏法を行ずればよい。破戒なら還俗し、無道心ならば修行しなくてよいなどとは誰もいっていない。誰もはじめから道心などないもので、努力して増進するのだ。みなには仏性が具わっているのだから、いたずらに卑下することはない」と激励した。

もっと切実な悩みを抱えている者もいた。ある寺院に所属するらしいその僧は、道元僧団に加われない苦しい胸のうちを次のように語った。

某甲《それがし》老母現在せり。我即一子也。ひとへに某甲が扶持す。恩愛もことに深し、孝順の志も深し。是に依て聊か世に順、人に随て、他の恩力をもて母の衣粮にあづかる。若遁世籠居せば、一日の活命も存じ難し。是に依て世間に在り。一向仏道に入ざらん事も難治也。若なほ只すてて道に入べき道理有らば、其旨何るべきぞ。

その胸の内とはこうである。その僧には老母があり、一人息子の彼が今までその寺院に属することで得られた収入で母を養ってきた。その彼がすべてを投げ打って修行に没頭した場合、その日から母が困るのは目に見えている。さりとて本格的な修行もしたい、どうすればよいか。まさに二律背反ともいうべき難問である。これにたいし道元は次のように答えている。

此の事難治也。他人のはからひに非ず。只我能く思惟して、誠に仏道に志しあらば、何なる支度方便をも案じて、母儀の安堵活命をも支度して、仏道に入ば、両方倶によき事也。こはき敵、ふかき色、おもき宝なれども、切に思ふ心ふかければ、必方便も出来様もあるべし。是天地善神の冥加も有て、必成る也。

道元はまず「他人のはからひに非ず」といったんは突き放す。要は君自身の問題であって、本当に求める気持ちがあるならば道は必ず開けてくる、ともいう。楽観的ともいえる道元の答えで質問した僧が納得できたかどうかはわからない。だが道元は続けて、薪を売って母を養っていた大鑑恵能《だいかんえのう》（禅宗六祖、六三八〜七一三）がある日、『金剛経』を誦しているのを聞き発心し、即座に母のもとを去り弘忍《ぐにん》（禅宗五祖、六八八〜七六一）に参じたが、その後三十両を得て母の問題も解決した、という話を紹介した。そして、母の一期を待って仏道に入ればよいようであるが、母より先に死んだ場合、自分は仏道に入らなかったことを悔やみ、母も出家を許さなかった罪に堕ち、両人ともに益がない。だから今生を捨て仏道に入れば、老母がたとえ餓死しても一子を出家させた功徳によって得道の良縁にならないことがあろうか、と主張した（『随聞記』四の十）。

ところで、この老母を養ってきた僧が、道元僧団に加わることを「遁世籠居」と称している事実に注意したい。道元僧団は遁世者集団なのである。あるとき客僧が道元に「遁世の法」を問うことがあった。道元が「後事に煩うことなくただ仏道修行のことだけを考えよ」と話をしたとき、その客僧が、「最近の遁世は衣食を調えてからなされるのが普通である。だからこそ衣食に煩わされずに修行に励むことができる。だが今の話では、そうした支度をせずに一切天運にまかせるという。そうなると修行に差し障りがでてこないだろうか」と質問した。これに対し道元は、

事皆先証あり、敢て私曲を存ずるに非ず。西天東地の仏祖、皆是の如し。私に活計を至《いたさ》ん、尽期有るべからず。又いかにすべしとも定相なし。この様は、仏祖、皆な行じ来れるところ、私なし。若し事闕《けつじょ》如し、絶食せば、其時こそ、退しもし、方便をもめぐらさめ。かねて思ふべきに非ず。

と答えている。道元はやみくもに衣食のことを考えるなと言っているのではない。もし最悪の状態になった場合にそれなりに考えればよいことで、そこにいたらざる以前にそのことに思いをめぐらすのは修行者のすることではないとした（『随聞記』五の十一）。

懐奘の質問

『随聞記』は懐奘の筆録になるもの、いわば懐奘の参学ノートである。当然、懐奘自身の質問もある。いくつかを示そう。

あるとき懐奘が「如何ならんか是れ不昧因果底の道理」と質問し、道元が「不動因果なり」と答えた。また「犯戒と言は、受戒以後の所犯を道《いふ》か、只又未受以前の罪相をも犯戒と道べきか」と質問し、道元が「犯戒の名は、受後の所を道べし」と答え、さらに「七逆既に懺悔を許さば、又受戒すべきか、如何」と質問すると、道元の答えは「然なり。故僧正自ら立つる所の義なり」というものであった（『随聞記』二の四）。

学頭として道元の言葉を引き出すような質問をすることもあった。あるとき道元が、「高広なる仏法の事を、多般を兼れば、一事をも成ずべからず」と兼修を否定する発言をしたとき、懐奘が「若し然らば、何事いかなる行か、仏法に専ら好み修べき」と言わずもがなの質問をし、「機に随、根に随べしと云へども、今祖席に相伝して専する処は坐禅なり。此の行、能衆機を兼、上中下根等修し得べき法なり」という、これまた言わずもがなの道元の言葉を引き出している。ただこのとき道元は、たとえ発病して死ぬようなことがあっても修行すべきで、得道する前に死んだとしても良い結縁となり「生を仏家にも受べし」と輪廻転生を認めていることに注意したい（『随聞記』二の一一）。

「叢林の勤学の行履と云は如何」の質問も、学頭としてのものであろう。このときも道元の「只管打坐なり。或は閣上、或楼下にして、常坐をいとなむ。人に交り物語をせず、聾者の如く唖者の如くして、常に独坐を好むなり」という言葉を引き出し（『随聞記』六の一一）、「打坐と看語とならべて是を学するに、語録・公案等を見には、百千に一つ、いさゝか心得られざるかと覚る事も出来る。坐禅は其程の事もなし。然ども猶坐禅を好むべきか」という質問も同様であろう。このときの道元の答えは「公案話頭を見て聊か知覚ある様なりとも、其は仏祖の道にとほざかる因縁なり。……話頭を以て悟をひらきたる人有とも、其も坐の功によりて、悟の開くる因縁なり。まさしき功は坐にあるべし」というものであった（『随聞記』六の二十四）。先にこの種の懐奘と道元の問答を言わずもがなといったが、こうたびたび坐禅をめぐる問答がなされたということは、道元禅の核心である只管打坐禅がなかなか弟子たちには理解されなかったからであろう。

平易に説く道元

また『随聞記』には、『正法眼蔵』からは窺えない、実際に弟子たちを指導する生の道元の姿を垣間みることができる。『正法眼蔵』にみられる難解な道元の思想も、『随聞記』では同じことが平易に語られている。たとえば、

学道の人も、はじめより道心なくとも、只強て道を好み学せば、終には真の道心もおこるべきなり。初心の学道の人は、只衆に随て行道すべき也。学道の人、若し悟を得ても、今は至極と思て、行道を罷《やむる》ことなかれ。道は無窮なり、さとりても猶行道すべし（『随聞記』一の五）。

という道元の修証論は、『弁道話』の「初心の弁道すなはち本証の全体なり」などとは違った、修行僧の立場にたった説き方をしているといえよう。

仏性についても『随聞記』（二の一三）では、

誰人か初めより道心ある。只是の如き発し難きを発し、行じ難きを行ずれば、自然に増進する也。人人皆仏性有る也。徒に卑下すること莫れ。

と語っており、後述する『仏性』での「仏性は成仏と同参するなり」という仏性論と比べれば、通俗的ですらある。しかし初心の弟子たちにとっては、この方が説得的であったかもしれない。次の道元の説示なども弟子たちにはなによりの激励になったに違いない。

人の鈍根と云は、志の到らざる時の事也。世間の人、馬より落る時、未だ地に落ざる間に、種々の思ひ起る。身をも損じ、命をも失する程の大事出来たる時、誰人も才覚念慮を起す也。其時は、利根も鈍根も、同く物を思ひ、義を案ずる也。……只今ばかり我命は存ずる也、死なざる先に悟を得んと、切に思て仏法を学せんに、一人も得ざるは有るべからざるなり（『随聞記』三の一七）。

道元という高峰を目の前にして立ちすくむ弟子もいたであろう。己の能力に自信が持てず、道元の説く正伝の仏法を前にして逡巡する弟子もいたに違いない。そういう弟子に対して、鈍根は志の到らざるときのこととし、只今ばかりという「而今《にこん》の立場」に立って修行すれば得悟できないものはいないと断言する。「世智弁聡なるよりも、鈍根なる様にて切なる志を出す人、速に悟を得る也」と、世渡り上手よりもかえって鈍根ぐらいの方が良いと、仏弟子で愚鈍の代表の周利盤特《しゅりはんどく》を例に出して激励している。

右の「死なざる先に悟を得ん」という説き方、これなどは一見、修行の彼方に悟を設定する待悟禅を思わせるが、一方で「坐すなはち仏行なり、坐即不為也。是即自己の正躰也。此外別に仏法の求むべき無き也」（『随聞記』三の十八）と修証一等論を平易に述べてもいるのである。

男女等の相にあらず

嘉禎四年（暦仁元年・一二三八）四月には『眼蔵・一顆明珠《いっかめいしゅ》』が興聖寺で示衆されている。これは玄沙師備《げんしゃしび》（八三五〜九〇八）が接化の際よく用いたとされる「尽十方世界是一顆明珠」にちなみ、尽十方世界が絶対の真実であり、この世界で主体的に生き抜くことが仏道修行であることが説かれた。

翌延応元年（一二三九）三月（清明日）、道元は『眼蔵・礼拝得髄《らいはいとくずい》』を記す。この巻は道元の男女平等論が高らかに謳い上げられていることでもっとに知られたものである。

まず「修行阿耨多羅三藐三菩提《あのくたらさんみゃくさんぼだい》の時節には、導師をうることもともかたし。その導師は、男女等の相にあらず、大丈夫なるべし、恁麼人《いんもにん》なるべし」と、仏道修行の導師は大丈夫・恁麼人（いずれも如来）であり、男女の相で考えてはならないとずばり切り込む。それというのも、「得法せらんはすなはち一箇の真箇なる古仏にてあれば、むかしのたれにて相見すべからず」と、得法したものは真の古仏だから、昔の誰それという気持ちで接してはならないからである。

唐の趙州従諗《じようしゆうじゆうしん》（七七八～八九七）の言葉「たとひ七歳なりとも、われよりも勝ならば、われ、かれにとふべし。たとひ百歳なりとも、われよりも劣ならば、われ、かれをしふべし」を引き、「得道得法の比丘尼出世せるとき、求法参学の比丘僧、その会に投じて礼拝問法するは、参学の勝躅《しようちよく》なり」と、得法の比丘尼が比丘を指導するイメージが語られる。おそらく当時の日本では考えられなかったことと思われる。ところが一方で、道元の会下に比丘尼がいたことも知られており（『随聞記』四の二、五の七）、道元はそうした比丘尼にたいして激励するとともに、男性優位を当然のこととする風潮にたいして警鐘を鳴らす意味があったのであろう。

道元はさらに続けて、末山尼了然《まつざんにりようねん》と妙信尼《みようしんに》という二人の比丘尼の例を挙げる。了然は高安大愚の神足《じんそく》で、臨済義玄（～八六六）の法嗣である灌渓志閑《かんけいしかん》（～八九五）をして「臨済を父、末山を母」と言わしめた人物である。妙信は仰山慧寂《きようざんえじやく》（八〇七～八八三）の弟子で、仰山が「妙信は女性だが大丈夫の志気がある」と廨院《かいいん》（禅林で収納・会計・渉外の部局）の院主に推したとき衆はみな応諾したという。蜀僧十七人が党を結んで尋師訪道し仰山を尋ねるべく廨院に宿したとき、妙信とのやりとりのなかで十七僧がみな省があり、翌日、仰山の指導を受けるまでもなくそのまま西蜀に帰ったという。道元はこの話を紹介したあと、「しかあれば、いまも住持および半座の職むなしからんときは、比丘尼の得法せらんを請ずべし。比丘の高年宿老なりとも、得法せざらん、なんの要かあらん。為衆の主人、かならず明眼によるべし」と、指導者の資格がなにかを言い、続けて、正法眼蔵を伝持せらん比丘尼は、四果支仏《しかしぶつ》および三賢十聖《さんけんじっしょう》もきたりて礼拝問法せんに、比丘尼この礼拝をうくべし。男児なにをもてか貴ならん。虚空は虚空なり、四大は四大なり、五蘊は五蘊なり。女流もまたかくのごとし。得道はいづれも得道す。たゞし、いづれも得法を敬重すべし、男女を論ずることなかれ。これ仏道極妙の法則なり。

と男女平等の原則が熱く語られるのである。

日本にひとつの笑いごとあり

ここまでは七十五巻本『正法眼蔵』の『礼拝得髄』であるが、永平寺に伝わる二十八巻本『秘密正法眼蔵』にだけ残った『礼拝得髄』がある。この奥書には「仁治元年庚子冬節前日書于興聖寺」とあり、前記の『礼拝得髄』と同年ではあるが、こちらの方は冬至の前日とあり後に書かれたもののようである。その経緯は不明であるが、内容が過激なので七十五本『正法眼蔵』編集のさいに削除されたものと考えられている。七十五巻本は道元親輯《しんしゅう》説・懐奘編集説・詮慧編集説などがあってまだ決着をみていないが、いずれにしても過激な表現ゆえの削除であろう。その過激な表現の一端を示すと、

又、いま至愚のはなはだしき人おもふことは、女流は貪婬《とんいん》所対の境界にてありとおもふこゝろをあらためずしてこれをみる。仏子是の如くあるべからず。婬所対の境となりぬべしとていむことあらば、一切男子《なんし》も又いむべきやか。染汚《ぜんわ》の因縁となることは、男も境となる、女も境縁となる。

と、性欲の対象になるのは男も女も同じことで、問題は性欲そのものであって女とか男という境縁なのではないとする。そして日本の大寺院における女人禁制を痛烈に批判して、

日本国にひとつのわらいごとあり。いはゆる或は結界の地と称じ、あるいは大乗の道場と称じて、比丘尼・女人等を来入せしめず。邪風ひさしくつたはれて、人わきまふることなし。稽古の人あらためず、博達の士もかんがふることなし。或は権者《ごんざ》の所為と称じ、あるいは古先の遺風と号して、更に論ずることなき、笑はば人の腸も断じぬべし。

と語る。比叡山や高野山をはじめとする大乗仏教の道場では女人結界・女人禁制と称して女性を排除してきたことを、おかしくてはらわたがちぎれるほどだと批判も痛烈である。道元は具体名を出しているわけではないが、深草の地で大乗の道場といったらまず比叡山を考えるであろう。道元の周辺にも叡山関係者は多かったはずである。そうした人たちを意識したものか、さらに発言が続き、

かの結界と称ずる処にすめるやから、十悪ををそるることなし、十重つぶさにをかす。ただ造悪界として、不増悪人をきらふか。況や造悪をおもきこととす。結界の地にすめるもの、造悪もつくりぬべし。かくのごとくの魔界は、まさにやぶるべし。

とまで記す。結界と称する所とは先の大乗の道場すなはち比叡山や高野山などを意味しているのであろうが、そこに住する連中は殺生・偸盗《ちゆうとう》・邪淫などの十悪をつくるのを恐れることなく、十重禁戒を平気で犯す。この結界はさながら不造罪人を嫌い造悪する場になっている。これは魔界以外の何物でもなかろう。こんな魔界は滅ぼすべきである、とまで述べるのである。

またつぎの文なども道元の仏法至上主義を語って余りあるものがある。

仏弟子の位は、菩薩にもあれ、たとひ声聞《しやうもん》にもあれ、第一比丘、第二比丘尼、第三優婆塞《うばそく》、第四優婆夷《うばい》、かくのごとし。この位、天上人間ともにしれり。ひさしくきこえたり。しかあるを、仏弟子第二の位は、転輪聖王《てんりんじやうわう》よりもすぐれ、釈提桓因《しやくだいくわんいん》よりもすぐるべし、いたらざる処あるべからず、いはんや小国辺土の国王・大臣の位にならぶべきにあらず。

仏弟子第二の位すなわち比丘尼の存在は、仏教の理想的国王で世界を治める転輪聖王や帝釈天よりも勝れている、ましてや日本の国王・大臣などはその足下にもおよばないという。道元の理想論・建前論からいえば、こうなるのである。やはりこれも削除された。この仏法至上主義と先の結界の問題に関連して、道元の結界論が削除された『礼拝得髄』にみられるので、つぎにそのことを検討してみたい。そもそも結界には、排除の論理がはたらく結界と浄化の論理がはたらく結界のふたつがある。先の女人禁制などは当然排除の論理の方であるが、道元の結界論はどうか。

いはゆるこの諸仏所結の大界にいるものは、諸仏も衆生も、大地も虚空《こくう》も、繋縛《けばく》を解脱し、諸仏の妙法に帰源するなり。しかあれば即ち、この界をひとたびふむ衆生、しかしながら仏功徳をかうぶるなり。不違越《ふゐをつ》の功徳あり、得清浄の功徳あり。一方を結するとき、すなはち法界みな結せられ、一重を結するとき、法界みな結せらるゝなり。

諸仏所結の大界とは全宇宙を意味するので、結界のもつ排除とか浄化とかというような段階を超えてしまっているように思えるが、そうではない。というのは、大界に「いる」（入る）であって「ゐる」（居る）となっていないので、結界の内と外の区別は厳然としてある。ただ単純な空間論で語れないところに、この諸仏所結の大界という結界のむずかしさがある。この結界に入ったものはすべてが繋縛から解脱できるという。この結界内に一歩踏み込めば、仏の功徳をかうむる、まさに浄化としての結界論であろう。ただ「一方を結」し「一重を結する」とき、法界がみな結せられるというところがむずかしい。これは道元の結界論が小界論ではなく大界論であることを意味する。あるいは小界が即時的に大界に連続していく世界といったらよいのであろうか。上記の引用文のあとに、

この旨趣、いまひごろ結界と称ずる古先老人知れりやいなや。おもふに、なんだち、結のなかに遍法界の結せらるゝこと、しるべからざるなり。しりぬ、なんぢ声聞のさけにゑうて、小界を大界とおもふなり。願くはひごろの迷酔すみやかにさめて、諸仏の大界の遍界に違越すべからざる、済度

摂受に一切衆生みな結せらる、なり。かうぶらん、功徳を礼拝恭敬すべし。たれかこれを得道髄といはざらん。

とある。この旨趣とは「茲界遍法界《しかいへんほふかい》、無為結清浄《むゐけちしやうじやう》」（この結界が法界であり、無為にして清浄界を結している）という頌《じゆ》のことである。この頌の世界は、日頃、結界と称している「古先老人」にはわからないだろう。この結界が実は遍法界を結していることなど思いもよらぬことだろう、と道元はいう。あなた方（古先老人）は声聞の酒に酔って小界を大事にしている。はやく迷酔から覚めて、諸仏の大界が遍界（法界）であること、そしてそれが一切衆生を救い取ることを知り、その功徳にたいして礼拝恭敬すべきである。これこそが仏法の真髄を得たということなのである、と道元はいうのである。

ふたつ目の僧堂

延応元年（一二三九）四月には『眼蔵・重雲堂式』が示された（以下、二度目からは眼蔵・略）。『重雲堂式』はふたつ目の僧堂を建てたときの二十一ヶ条からなる堂内の規約であり、この時期、道元僧団がかなり充実しつつあることが知られる。道元僧団における僧堂内の様子をうかがう意味から、規約の一端を示そう。

まず「道心ありて名利をなけすてんひといるへし」と道心をもつことの大切さが示され、「堂中の衆は、乳水のことく和合して、たかひに道業を一興すへし」と衆の和合が説かれ、外出は「切要には一月に一度をゆるす」こと、堂内では「たとひ禅冊なりとも文字をみるへからす」「行道すへからす」「数珠もつへからす」「念誦看経すへからす」とある。このうち行道は、誦経しながら堂内をめぐることであろう。「ひとの非をならふへからす、わか徳を修すへし」「大小の事、かならす堂主にふれて、をこなふへし」「僧俗を堂内にまねきて、衆を起動すへからす」「坐禅は僧堂のことくにすへし、朝《ちょう》参暮《さんぼ》請《しょう》いささかも、をこたることなかれ」「おほよそ仏祖の制誡をは、あなかちにまほるへし、叢林の清規は、ほねにも銘すへし、心にも銘すへし」というような条文が続く。

護国正法義の奏聞

ところでこの『重雲堂式』の奥書に、「暦仁二年己亥四月二十五日、観音導利興聖護国寺、開闢沙門道元示」とある。道元が「護国寺」と称するのはここだけである。これはかなり意味のあることだと思う。というのは、この時期に道元が『護国正法義』を奏聞に及んだといわれているからである。

『護国正法義』は現存していないので、もちろん詳細はわからない。しかし十四世紀前期に天台宗再興の意図のもとに記されたという光宗の『渓嵐拾葉集』第九に、

後嵯峨法皇《ノ》御時。極楽寺《ノ》仏法坊立二宗門一毀二教家一。覚住坊《トモ》読二止観一音《ママ》有レ之。造二護国正法義一。宗門及二奏聞一時。故《ママ》法印御房ニ可レ判二是非一由被二仰下一ケリ。護国正法義《ノ》心《ハ》二乗中《ノ》縁覚《ノ》所解也《ト》下レ之。不レ依二仏教一自開解《スル》分尤相似《タリ》。然ニモノモノシク不レ可レ及二沙汰一云テ被《ママ》レ却二彼《ノ》極楽寺一。仏法房《ヲ》追却《シ》畢。今《モ》可レ有二其義一。其上以二仏法心地修行一可レ有二是非一所云。一一不レ及二其沙汰一条不レ可レ然事也。

とある。文中ママとした箇所は、高橋秀栄氏が史料編纂所架蔵の大正十一年（一九二二）転写本で確認された（音→者、故→佐、被→破）によっている（高橋 一九八三）。この記事に最初に着目されたのは圭室諦成氏らしいが（永久 一九四四）、以来、多くの研究者がこの記事に言及してきた。それらはおおむね次の三点に要約できる。

(1)極楽寺の仏法房（道元）がかねてから教家を批判していた。
(2)さらに道元は『護国正法義』を奏聞した。
(3)そのため朝廷では佐法印にその是非の判定をゆだねた結果、縁覚の所解ということで、極楽寺の破却、道元の追放がなされた。

『渓嵐拾葉集』は一世紀近くも後のものでもあり、また論述の意図からいってもすべてを認めることはできないかも知れない。ただ(1)については、帰国後の道元が叡山の末寺建仁寺のあり方に批判的であったことや、既成仏教にたいして辛辣な批判を投げかけていることが『弁道話』や『随聞記』さらには「礼拝得髄」などによって裏づけられる。(3)についても、破却追放とまではいかないまでもそれに近いトラブルはあったようである。というのは、『訂補建撕記』の補注で面山が、

この寺、もと極楽寺と唱へしを、興聖寺とかへて唱ることは、天福元年癸巳より寛元元年癸卯までわづかに十一年ほどの間なり。癸卯七月に越に移られしに、補処の二代と称する人なし。跡には真言律の僧、居せるにや。憶ふに懐奘徹通みな真言家より改宗の人なれば、その法類など住せしなら

ん。延慶年中（一三〇八〜一三一一）に、深艸極楽寺の司職良桂律師と、日蓮の弟子の日像と法論にて良桂負て改宗せられしことあり。

と考証を加えており、興聖寺と称したのが入越までの十一年間だとすれば、そこに何らかの断絶を想定せざるをえない。また佐法印について、高橋秀栄氏は、叡山僧で後嵯峨の信任厚い法印で宮中法会に出仕し奏聞を判定できる人物で天台教学のみならず禅宗にも関心のある人物として恵心流行泉流祖の静明に比定する（高橋 一九八三）。

ところで問題は⑵である。『護国正法義』を奏聞したのは道元かということ。というのは、高橋秀栄氏が「摩訶止観の学習に親しんだ覚住坊と護国正法義の関係はどうなるのか」（高橋 一九八三）と疑問を出されているように、覚住坊なる人物の据わりが悪いのである。前掲永久論文（永久 一九四四）でも、『渓嵐拾葉集』の当該箇所の提示のさいに覚住坊の所が略されている。筆者なども覚住坊は叡山の僧で、佐法印と関係する人物でここに挿入されたものかなどと考えたりしていた。これについて菅原昭英氏は「道元の配下でも、覚住房が『護国正法義』を著して『宗門及奏聞時』（『渓嵐拾葉集』の記事をこのように解釈する）があった」と『護国正法義』を著したのが道元の弟子の覚住坊であったとした（菅原 一九八七・一九八八）。

たしかに『渓嵐拾葉集』の文章では文章の流れからいえば、覚住房という止観を読む者がおり、彼が護国正法義を書き奏聞に及んだ、と読める。そうなれば、覚住房は道元の弟子ということになりそうである。しかし従来、道元の弟子に覚住ないし覚住坊なる人物は確認されていなかった。護国正法義を奏聞するくらいだから、弟子のなかでも主立った人物であるはずなのにである。その点でつぎの守屋茂氏の指摘は重要である。守屋氏は、叡山東塔南谷浄教坊の真如蔵本『渓嵐拾葉集』では覚住坊ではなく覚仏坊となっており、その覚仏坊は永平寺文書の「仏前斎粥供養侍僧事」（大久保『道元禅師全集』六九三頁）で「第一比丘懐弉、第二比丘覚仏」とある人物にほかならないとする（守屋 一九八七）。つまりは『護国正法義』の撰者は道元ではなく、道元の弟子の覚仏であることになる。

と、ここまで検討してきてもまだ、はたして道元の弟子覚仏が師の道元を差し置いて『護国正法義』を朝廷に奏聞したであろうかという疑念が残る。正伝の仏法・正法意識の強い道元であればこそ、『護国正法義』の奏聞の可能性が十分あると思えるからである。栄西のばあいは「禅」を興して国を護る『興禅護国論』、こちらの方は「正法」によって国を護る『護国正法義』、タイトルだけの比較であるが、『護国正法義』の方は日蓮の『立正安国論』にも通じる正法意識、排他性がうかがえるのである。道元の日頃の言動からして、叡山あたりから眼をつけられていたことは十分推察できる。陰に陽に叡山からの圧迫は加えられたと思われる。それがいつごろからはじまったかは断言できないが、「重雲堂式」の奥書に「興聖護国寺」と記した暦仁二年（一二三九）ごろか、『護国正法義』が奏聞されたといわれるころからか、叡山からの圧迫は強くなっていったと思われる。そのことが後に道元をして越前下向を決意させた最大の理由であろうが、『渓嵐拾葉集』の記事のような極楽寺（興聖寺）破却・道元の追放というような事態までには到らなかったはずである。というのも、越前下向の寛元元年（一二四三）を含む前後の二、三年が『正法眼蔵』の説示のもっとも多い時期だからである。

熱を帯びる説示

『礼拝得髄』を執筆した二ヶ月後に『眼蔵・即心是仏』が示衆されている。まず心常相滅説の立場にたつ印度の先尼外道を批判し、中国南方で行われていた心常相滅説を批判した南陽慧忠《なんようえちゅう》（大証国師、～七七五）を「大証国師者曹谿古仏（六祖慧能）の上足なり、天上人間の大善知識なり……世人あやまりておもはく、臨済・徳山も国師にひとしかるべしと。かくのごとくのやからのみおほし。あはれむべし、明眼の師なきことを」と評価し、

即心是仏とは、発心・修行・菩提・涅槃の諸仏なり。いまだ発心・修行・菩提・涅槃せざるは、即心是仏にあらず。たとひ一刹那に発心修証するも即心是仏なり、たとひ一極微中に発心修証するも即心是仏なり、たとひ無量劫に発心修証するも即心是仏なり、たとひ一念中に発心修証するも即心是仏なり、たとひ半拳裏に発心修証するも即心是仏なり。

と、一刹那一刹那に発心・修行・菩提・涅槃する修証一等論を語る。

そして十月には『眼蔵・洗浄』『眼蔵・洗面』が示衆された。『洗浄』では、『大比丘三千威儀経』の「浄身とは、大小便を洗ひ、十指の爪を剪るなり」を引き、浄身の法はただ単に身心を清めるだけではなく、国土樹下をも清めるものだといい、大宋国にも参学眼の具わらない連中に長爪長髪のものがいるがこれは非法で、先師如浄も厳しく誡めていたことを語り、東司《とうす》（便所）での作法が細々と記

されている。一見些末なことのようだが、道元にとってこのような作法が重要なことは、「作法これ宗旨なり、得道これ作法なり」の言で明らかである。

『洗面』ではまず、『法華経』安楽行品・第十四の「油を以て身に塗り、塵穢《じんえ》を澡浴《あら》い、新浄の衣を著て、内外倶に浄くし」を引き、この法は如来が法華会上で四安楽行《しあんらくぎょう》の行人のために説いたもので、余会の説と異なり余経とも違うものだとし、「しかあれば、身心を澡浴して香油をぬり、塵穢をのぞくは第一の仏法なり。新浄の衣を著する、ひとつの浄法なり」と述べる。そして三沐三薫《さんもくさんくん》の作法、洗面の時期、手巾《しゅきん》の使い方、楊枝《ようじ》の使い方など細々と記され、現在、大宋国では楊枝の法が絶えていて、道元が入宋したとき、宋僧に楊枝のことを問うと「失色して度を失う」始末、だから「天下の出家在家、ともにその口気はなはだくさし。二三尺をへだてゝものいふとき、口臭きたる。かぐものたへがたし」、その点、「日本一国朝野の道俗、ともに楊枝を見聞す、仏光明を見聞するならん」と、何事も大宋国を優位に置く道元としてはめずらしく日本を「上人の法をしれり」とする。それでも楊枝の使い方は如法ではなく、刮舌《かつぜつ》の法も伝わらなかったがそれを伝えたのは僧正栄西であったとする。

翌仁治元年（一二四〇）になると、四月に『眼蔵・渓声山色《けいせいさんしき》』が示衆された。まず東坡《とうば》居士蘇軾《そしょく》が廬山《ろざん》に行ったとき、渓水の夜流する声を聞き悟道、「渓声便ち是れ広長舌、山色清浄身に非ざること無し。夜来八万四千偈、他日如何が人に挙似せん」という偈を照覚常総に呈し認められた話が語られる。つぎに香厳《きょうげん》智閑《しかん》が大潙《だいい》大円《だいえん》のもとで修行していたとき、大潙から「君は聡明で博識だが、古人の言葉によらずに自分の言葉で一句を言いなさい」と迫られ、答えられなかった。長年集めてきた書を焼き捨て、「画にかけるもちひは、うゑをふさぐにたらず。われちかふ、此生に仏法を会せんことをのぞまじ、たゞ行粥飯僧《ぎようしゆくはんそう》とならん」と行粥飯僧（配膳係）として年月を送る。しかしそれにも耐えられず「駄目な私のために説いて」との香厳の懇願に、「説くのは容易いが、あとで君に恨まれる」との大潙の一言。のち大証国師（南陽慧忠）の跡を訪ね武当山に庵を結び、竹を植えそれを友とする生活を送る。道路を清掃していたとき、掃いた瓦が竹に当たったのを聞き大悟、その足で大潙のもとへ、昔の指導に感謝し偈を呈し「徹せり」と認められた。

その香厳の法嗣霊雲志勤《れいうんしごん》が山麓から桜花の盛んなのを見下ろし大悟した話、ある僧の「いかにして山河大地を転じて自己に帰せしめん」の問に「いかにして自己を転じて山河大地に帰せしめん」と答えた長沙景岑《ちようしやけいしん》の話などを紹介したあと、「しるべし、山色渓声にあらざれば拈花も開演せず、得髄も依位せざるべし。渓声山色の功徳によりて、大地有情同時成道し、見明星悟道する諸仏あるなり」と、渓声山色の功徳によって釈迦から迦葉へ、達磨から慧可への嗣法が実現し、また釈迦の成道も実現したとし、最後に「正修行のとき、渓声渓色、山色山声、ともに八万四千偈をしまざるなり」と結ぶ。

八月には『眼蔵・諸悪莫作《しよあくまくさ》』を示衆、七仏通戒偈《しちぶつつうかいげ》（諸悪莫作　衆善奉行《しゆぜんぶぎよう》　自浄其意《じじようごい》　是諸仏教《ぜしよぶつきよう》）を説明し、白居易の「如何ならんか是れ仏法の大意」の問に、「諸悪莫作、衆善奉行」と答えた鳥窠《ちようか》道林に、白居易が「そんなことは三歳の子供でも言える」と言ったところ、道林に「三歳の子供が言えても八十の老人でも行うことは難しい」と一喝された著名な話が続く。

そして十月には、『眼蔵・伝衣《でんえ》』『眼蔵・有時《うじ》』『眼蔵・山水経《さんすいきよう》』が示衆されている。『伝衣』では、

「しづかに観察しつべし、わがくに、仏衣とゞまりて現在せり。衣仏国土なるべきかとも思惟すべき也。舎利等よりもすぐれたるべし」と、道元が仏衣を正伝した日本はさながら仏国土であると述べ、「いまの愚人、を《(お)》ほく舎利はを《(お)》もくすといえ《(へ)》ども袈裟をしらず、護持すべきとしれるもまれなり。これ即《すなはち》先来より袈裟のをもきことをきけるものまれ也、仏法正伝いまだきかざるゆえ《(ゑ)》にしかある也」と、正伝の袈裟を護持することの重要性が語られる。そのさい舎利信仰が引き合いに出されているが、大日房能忍の拙庵徳光からの嗣法の象徴が「臨済家嗣書、祖師相伝血脈《けちみゃく》、六祖普賢舎利等」（「瑩山紹瑾嗣書之助証」）であり、達磨宗では伝統的に舎利信仰がさかんであったことを考慮すれば（高橋 一九八四）、道元のこのときの発言は意味深長である。そしてこの正伝の「仏衣の功徳、その伝法正伝の祖師にあらざる余人は、ゆめにもいまだしらざる也」という。この「伝法正伝の祖師」が道元に他ならないわけで、かなり高踏的な物言いといえるかもしれない。そして九条衣《くじょうえ》・搭袈裟法《たっけさほう》・十種糞《ふん》掃衣《ぞうえ》などを説明し、最後に「仏子とならんは、天上人間、国王百官をとはず、在家出家、奴婢畜生を論ぜず、仏戒を受得し、袈裟を正伝すべし。まさに仏位に正入する直道也」と仏子の仏戒受持・袈裟正伝の必要性を説く。

存在と時間

『眼蔵・有時』の巻は、「いはゆる有時は、時すでにこれ有なり、有はみな時なり」ではじまる道元の時間論・存在論が説かれていることで著名な巻である。存在は時間であるというハイデッカーの『存在と時間』を想わせる刺激的な巻である。

われを排列しおきて尽界とせり、この尽界の頭々物々《てうてうぶつぶつ》を、時々なりと覰見《しょけん》すべし。物々の相礙《そうげ》せざるは、時々の相礙せざるがごとし。このゆへに同時発心あり、同心発時なり。および修行成道もかくのごとし。われを排列してわれこれをみるなり。自己の時なる道理、それかくのごとし。

自己を拡大しダイナミックに世界（全体）に連続していく、きわめて主体的・動態的な存在論であり、その主体的・動態的な存在そのものが時間なのである。「物々の相礙せざる」世界とは、華厳の事事無礙の世界である。道元はさらに「時は飛去《ひこ》するとのみ解会すべからず、飛去は時の能とのみは学すべからず」という。なぜならば「時もし飛去に一任せば、間隙《けんぎゃく》ありぬべし」だからである。存在は事事無礙で少しの間隙もないわけだから、時間が存在だとすれば間隙（飛去）のないことになる。すなわち「尽界にあらゆる尽有は、つらなりながら時時なり。有時なるによりて吾有時なり」なのである。そこで、

有時に経歴《きょうりゃく》の功徳あり、いはゆる今日より明日へ経歴す、今日より昨日に経歴す、昨日より今日へ経歴す。今日より今日に経歴す。明日より明日に経歴す。経歴はそれ時の功徳なるがゆゑに。

というような、時間の経歴にもすこしの間隙がないことになる。したがって、「今日より昨日に経歴す」ということも可能なのだ。

存在は時間だということは、存在は無常ということでもある。「而今の山水は、古仏の道現成なり。ともに法位に住して、究尽の功徳を成ぜり」ではじまる『山水経』は、同じ十月に説かれた『渓声山色』に通じるもので、山水の無常が説かれる。芙蓉道楷《ふようどうかい》（一〇四三〜一一一八）の「青山常運歩」にちなみ「山の運歩は人の運歩のごとくなるべきがゆへに、人間の行歩におなじくみえざればとて、山の運歩をうたがふことなかれ」と山の動態＝無常性を説く。

年が改まって仁治三年（一二四二）正月三日、『眼蔵・仏祖』が示衆され、「西天二十八祖・東地廿三代」の仏祖を列挙し「道元大宋国宝慶元年乙酉夏安居時、先師天童古仏大和尚に参待して、この仏祖を礼拝頂戴することを究尽せり。唯仏与仏なり」と、道元がそれらの仏祖に連なることをあらためて示された。その証として三月に、

仏仏かならず仏仏に嗣法し、祖祖かならず祖祖に嗣法する、これ証契《しょうかい》なり、これ単伝なり。このゆゑに、無上菩提なり。仏にあらざれば仏を印証するにあたはず。仏の印証をえざれば、仏となることなし。

ではじまる『眼蔵・嗣書』の巻が「入宋伝法沙門道元」の名で記された。唯仏与仏の世界が語られ、「この仏道、かならず嗣法するとき、さだめて嗣書あり。もし嗣法なきは天然外道なり」と嗣書の重要性が説かれ、自らの在宋中の嗣書参究の体験を感慨ふかく記したのである。ただ末尾に「寛元癸卯

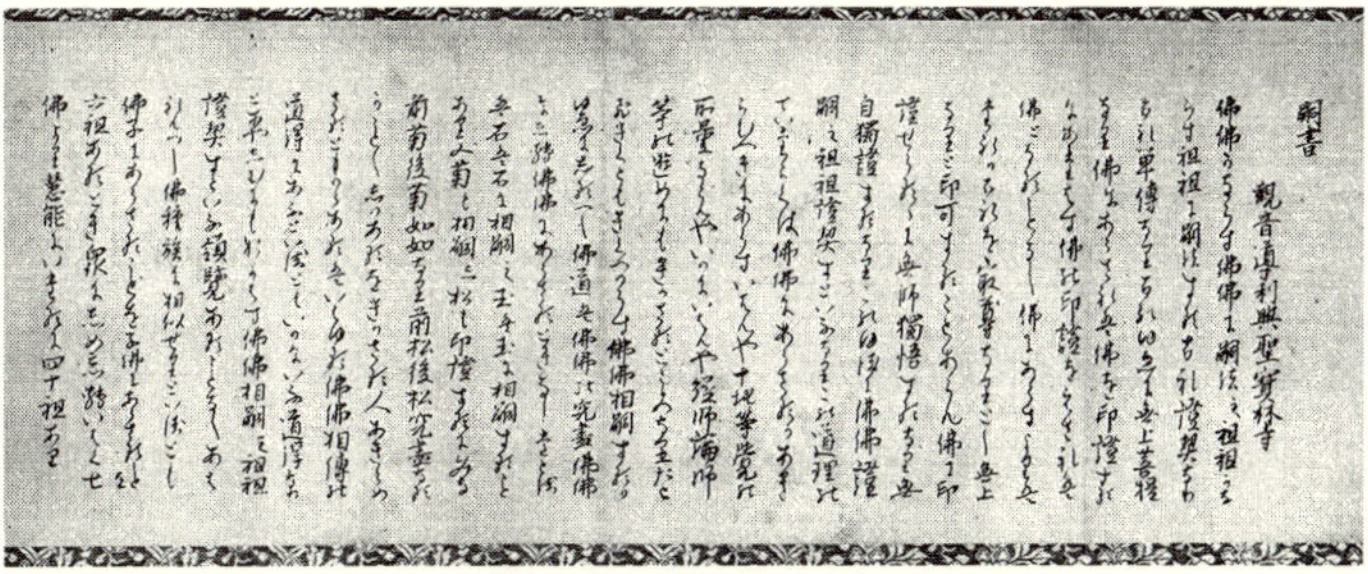

正法眼蔵嗣書　断簡

九月二十四日掛錫於越州吉田県吉峰古寺草庵（花押）」とあり、このときは示衆せずに入越直後にあらためて示衆したのであろうか。

達磨宗からの集団入門

なおこの年の春に、越前波着寺《はじゃくじ》の懐鑑《えかん》が門弟の義介・義演・義準らをひきいて興聖寺僧団に加わった（『行業記』義介伝、『日本洞上聯燈録《とうじょうれんとうろく》』巻二）。これはすでに道元門下に入っていた同じ達磨宗出身の懐奘の推輓《すいばん》斡旋の結果と思われる。この達磨宗からの集団入門によって興聖寺僧団はますますその充実度を加えていった。

夏安居の初日結夏の四月十五日の日付をもつものに『眼蔵・法華転法華』と『眼蔵・心不可得』がある。『法華転法華』の方は、慧達禅人の出家を喜んで道元が書き与えたもので、「法華のわれらを転するちから究尽するときに、かへりてみつからを転する如是力を現成するなり、この現成は転法華なり」と法華経のすばらしさが説かれる。

『心不可得』の方はこの日示衆された。『金剛般若経』の一節「過去心不可得、現在心不可得、未来心不可得」にちなむもので、金剛般若経を究め周金剛と自称していた徳山宣鑑《とくさんせんかん》（七八二～八六五）が、餅売りの婆子《ばす》から「われかつて金剛経をきくにいはく、過去心不可得、現在心不可得、未来心不可得。いまいづれの心をか、もちゐをしていかに点ぜんとかする」と問われ絶句し餅を売ってもらえなかった話を紹介し、現在大宋国では徳山の絶句を笑い婆子の怜悧を称賛するが、道元はそのことを批判し、徳山は老婆に問い老婆は徳山に説くべきであったとし、「いたづらなる自称の終始、その益なき、徳山のむかしにてみるべし。いまだ道処なきものをゆるすべからざること、婆子にてしるべし」とする。

重陽《ちょうよう》の節句九月九日には『眼蔵・古鏡』が示衆された。「諸仏諸祖の受持し単伝するは古鏡なり」ではじまる『古鏡』の巻は、古鏡が本来の自己を意味し、古鏡の琢磨すなわち仏道修行の重要性を説く。とくに雪峰義存《せっぽうぎぞん》（八二二〜九〇八）の言葉「世界闊《ひろ》きこと一丈なれば、古鏡闊きこと一丈なり。世界闊きこと一尺なれば、古鏡闊きこと一尺なり」を解説して、「『一丈』、これを世界といふ、世界はこれ一丈なり。『一尺』、これを世界とす、世界これ一尺なり。而今《しきん》の一丈をいふ、而今の一尺をいふ、さらにことなる尺丈にはあらざるなり。この因縁を参学するに、『世界のひろさ』は、よのつねにおもはくは、無量無辺の三千大千世界および無尽法界といふも、たゞ少量の自己にして、しばらく隣里の彼方をさすがごとし。この世界を拈じて、一丈とするなり」と、世界を自己と直結する場として主体的に捉える道元の世界観に注目しておきたい。

仏性論　『古鏡』の説示から六日後には『眼蔵・看経《かんきん》』の巻が示衆された。看経とは経典を黙読することであるが、ここでは「仏祖の修証」としての看経で、諸法の実相であることに参入する意味であることを、祖師たちの話をまじえて語り、看経の仕方を述べる。十月には大部の『眼蔵・仏性《ぶっしょう》』の巻が示衆され、『眼蔵・行仏威儀』の巻が記された。
『仏性』の巻は、『大般涅槃経』二十七の一節「一切衆生、悉有仏性、如来常住、無有変易」にちなみ道元の仏性論が余すところなく提示された重要な巻である。「一切衆生、悉有仏性」はふつう「一切衆生、悉く仏性有り」と読まれるが、「悉有《しつう》は仏性なり。悉有の一悉を衆生といふ」と道元は解釈する。仏性が先尼外道の我や草木の種子のように考えることを批判して、「仏性かならず悉有なり、悉有は仏性なるがゆえに」「種子および果実、ともに条々の赤心なりと参究すべし」という。そして「欲知仏性義、当観時節因縁、時節若至、仏性現前」を解説して、「時節の因縁を観ずるには、時節の因縁をもて観ずるなり」とし、「時節若至《じせつにやくし》」を「仏性の現前する時節の向後にあらんずるをまつとおもへ」るのは「天然外道《てんねんげどう》の流類《るるい》」で、「欲知仏性義」は「当知仏性義」、「時節若至」は「すでに時節いたれり」とみるべきで、「『若至』は、既至といはんがごとし。時節若至すれば、仏性不至なり」と、仮定的発想の立場（仏性を可能性の問題として捉える）を否定し仏性を現前するものと捉える。

震旦《しんだん》第六祖《だいろくそ》曹渓山《そうけいざん》大鑑禅師《だいかんぜんじ》そのかみ黄梅山に参ぜしはじめ、五祖とふ、なんぢいづれのところよりきたれる。六祖いはく、嶺南人《れいなんじん》なり。五祖いはく、きたりてなにごとをかもとむる。六祖いはく、作仏をもとむ。五祖いはく、嶺南人無仏性、いかにしてか作仏せん。この嶺南人無仏性といふ、嶺南人は仏性なしといふにあらず、嶺南人は仏性ありといふにあらず、嶺南人無仏性なり。いかにして作仏せんといふは、いかなる作仏をか期《ご》するといふなり。……仏性の道理は、仏性は成仏よりさきに具足せるにあらず、成仏よりのちに具足するなり。仏性かならず成仏と同参するなり。

「無仏性」を「仏性なし」とするのではなく、あくまで「無仏性」と理解すべきであるとする。「有仏性」も「無仏性」もそのときのその人の自身の「修」に関わるわけで、それを抜きにして有無を論じても無意味なわけである。六祖（慧能）の「作仏をもとむ」立場には、六祖自身と切り離され対象化された「作仏」が前提とされている。この点を五祖（弘忍）が「嶺南（南中国）人無仏性、いかにしてか作仏せん」と指摘したのである。かくして、その瞬時における「修」を前提にするかぎり、「時節若至」＝「時節既至」が可能となり、仏性が「成仏と同参」することになる。これは道元の修証一等論からすれば当然の論理的帰結なのである。

『行仏威儀』では、諸仏は行仏として威儀を具足しているものであって、教家で説く報身《ほうじん》仏・応身《おうじん》仏・法身《ほっしん》仏などでは決してないことを述べ、その行仏の威儀は人天の眼・情量でうかがうことが出来ないとする。そして翌十一月に示衆された『眼蔵・神通《じんづう》』では、ふつう神通力を人間の能力を超えた不可思議な働きとみるが、それは小神通であって、真の神通とは日常生活がそのまま仏道修行になっていることだと語る。

年が改まり仁治三年（一二四二）になっても、道元の『正法眼蔵』の説示はますます旺盛な展開をみせる。一月には『眼蔵・大悟《だいご》』が示衆された。米胡《めいう》が弟子を介して仰山《きょうざん》に問うた「今時人、還仮レ悟否（今時の人、また悟を仮るや否や）」にちなみ、いまの「還仮悟否」の道取は、さとりなしといはず、ありといはず、きたるといはず、「かるやいなや」といふ。「今時人のさとりはいかにしてさとれるぞ」と道取せんがごとし。たとへば、「さとりをう」といはゞ、ひごろはなかりつるかとおぼゆ。「さとりきたれり」といはゞ、ひごろはそのさとり、いづれのところにありけるぞとおぼゆ。「さとりになれり」といはゞ、さとり、はじめありとおぼゆ。かくのごとくいはず、かくのごとくならずといへども、さとりのありやうをいふときに、「さとりをかるや」とはいふなり。

と述べる。大悟とは得悟（悟を得）ではなく仮悟（悟を仮る）であると、行仏に通じる大悟観を披瀝した。

三月には『眼蔵・坐禅箴《ざぜんしん》』『眼蔵・恁麼《いんも》』『眼蔵・仏向上』が説示された。

『坐禅箴』では、「坐禅は、胸襟無事なることを得了れば、便ち是れ平穏地なり」とする見解の者が現在の大宋国には多いが、小乗・人天乗よりも劣るもので、祖道が荒れ果ててしまったと嘆く。また「坐禅弁道はこれ初心晩学の要機なり、かならずしも仏祖の行履にあらず。行亦禅、坐亦禅、語黙動静体安然なり。たゞいまの功夫のみにかゝはることなかれ」という見解の者が臨済の余流には多いが、仏法の正命が正しく伝えられなかったと批判する。そして「しるべし、学道のさだまれる参究には、坐禅弁道するなり。その榜様の宗旨は、作仏をもとめざる行仏あり。行仏さらに作仏にあらざるがゆゑに公按見成なり」と、学道の肝心が坐禅弁道にあり、作仏ではなくあくまで行仏であることを強調し、「初心の坐禅は最初の坐禅なり、最初の坐禅は最初の坐仏なり」と修証一等の立場を確認する。

『恁麼』の巻は、雲居道膺《うんごどうよう》(～九〇二)の言葉「恁麼事を得んと欲はば、須く是れ恁麼人なるべし。既に是れ恁麼人なり、何ぞ恁麼事を愁へん」にちなみ、この現実が真理そのもの(恁麼)であることを説く。ただ雲居を「洞山宗の嫡祖《ちゃくそ》」というのは、正伝の仏法、仏法の総府の立場から禅宗の呼称すら排したはずの道元としては、いささか勇み足か。このころ臨済批判を強めていたことによるのであろうか。

『仏向上』の巻では、洞山良价の「仏向上を体得す」「仏向上人は非仏」の言葉にちなみ、「ほとけより以前なるゆへに非仏といはず、仏よりのちなるゆへに非仏といはず、仏をこゆるゆへに非仏なるにあらず。たゞひとへに仏向上なるゆへに非仏なり」と、仏がほんらい自己否定し向上し続ける存在で、その意味では非仏であり続けるものだという。

行持道環

翌四月には、大部の『眼蔵・行持《ぎょうじ》』の巻にはじまり、『眼蔵・海印三昧』『眼蔵・授記』『眼蔵・観音』の説示がなされた。『行持』の巻は上下に分かれ、上の巻頭で、

仏祖の大道、かならず無上の行持あり。道環して断絶せず、発心・修行・菩提・涅槃、しばらくの間隙あらず、行持道環なり。このゆゑに、みづからの強為《ごうい》にあらず、他の強為にあらず、不曽染汚《ふぞうぜんな》の行持なり。

と述べる。この行持はほかの語に置き換えにくい。というのは、この行持には、修行を護持するという意味とともに仏行の意味もあり、修行者と仏とに共通する事柄のためである。この行持が輪のように連続して、発心・修行・菩提・涅槃がそのなかに込められる。そのため発心が初めで涅槃が終わりということにはならない。発心なら発心のなかに輪の全体が実現されていることになる。それゆえ自他のはからいを絶した不染汚《ふぜんな》の行持となる。不染汚とは無為を意味しはからいを絶したことをいう。

道元はさらに続けて、

諸仏諸祖の行持によりてわれらが行持見成し、われらが大道通達するなり。われらが行持によりて、諸仏の行持見成《げんじやう》し、諸仏の大道通達するなり。われらが行持によりて、この道環の功徳あり。

と語り、諸仏祖の行持によって現在のわれわれの行持が実現されている。しかし視点を変えれば、われわれの行持により諸仏祖の行持が実現されているともいえる。古人の行持の道環すなわち発心・修行・菩提・涅槃と道環することは、単に個人のレベルの問題にとどまることなく、それ自体、諸仏祖の行持の道環のなかで実現されている。そのために、諸仏祖の行持がわれわれの行持に実現されることになる。だからこそ、「証上の修」とか「本証妙修」の坐禅といえるのであり、只管打坐が可能となる。

『行持』下では、伽藍を充実させることより仏法の行持が堅固になされていることが重要で、行持堅固の場は結界となり、「まさに一人の行持あれば、諸仏の道場につたはるなり。末世の愚人、いたづらに堂閣の結構につかるゝことなかれ、仏祖いまだ堂閣をねがはず」と述べる。そして道元の師如浄が「十九歳にして教学をすてて参学するに、七旬におよむでもなお不退なり」と行持堅固の人であったことが語られ、如浄の径山《きんざん》掛錫《かしやく》時に住持拙庵徳光が「仏法禅道かならずしも他人の言句をもとむべからず、たゞ各自理会」と修行僧の指導をそっちのけにして役人の接待にうつつをぬかしていたことを、如浄が「仏照（拙庵）ことに仏法の機関をしらず、ひとへに貪名愛利のみなり」と批判したが、「仏照の児孫おほくきくものあれど、うらみず」と道元は述べている。道元門下にも懐奘をはじめとする達磨宗出身者がかなりいた。達磨宗の大日房能忍が弟子練中・勝弁を介して間接嗣法したのがこの拙庵徳光であったから、先の「恁麼」での臨済批判とともに、この拙庵批判は道元僧団のひきしめという意味があったかもしれない。

『眼蔵・海印三昧』は、仏の禅定の世界を、あらゆる現象をその静かな海面に映し、すべての河川が流入する大海に喩えたもので、海印三昧の語は種々の経典に出るポピュラーなものである。大きな池を諸仏菩薩の根本三昧、小さな池を自己の禅定に見立てた明恵などにも通じる発想であろう（明恵『夢記』）。

『海印三昧』が記された五日後に記されたのが『眼蔵・授記』である。大部な『行持』の巻が四月五日の執筆であることを考えると、驚異的な執筆活動である。『授記』では、よのつねにおもふには、修行功満じて作仏決定する時授記すべしと学しきたるといへども、仏道はしかにはあらず。或従知識して一句をきゝ、或従経巻して一句をきくことあるは、すなはち得授記なり。……弥勒の得受記、すでに決定せり。かるがゆへに、一切衆生の得受記、おなじく決定すべし。

と、授記が、修行の功満ちて将来の成仏が約束されたことを意味するのではなく、一切衆生に成仏が約束されているのだと述べる。

『授記』の翌日に『眼蔵・観音』が示された。『観音』は、雲岩曇晟《うんがんどんじょう》（七八二～八四一）と道吾円智《どうごえんち》（七六九～八三五）の大悲菩薩（慈悲面からの観音の異名）をめぐる問答にちなみ、観音即如来であり、観音の「許多（たくさんの）手眼」を学ぶべきことが述べられた。

五月には『眼蔵・阿羅漢』『眼蔵・柏樹子』が示衆された。『阿羅漢』では、声聞としての阿羅漢ではなく、「阿羅漢を称じて仏地とする道理をも参学すべし」と述べる。『柏樹子』では、趙州従諗《じょうしゅうじゅうしん》（七七八～八九七）が六十一歳で発心し南泉普願《なんせんふがん》のもとで三十年修行、趙州観音院住持としての三十年の教化活動が紹介され、著名な庭前柏樹子《ていぜんのはくじゅし》の公案や柏樹有仏性の公案にも言及し、「たれか道取する、仏性かならず成仏すべしと。仏性は成仏以後の荘厳なり。さらに成仏と同生同参する仏性もあるべし」と仏性が成仏と同参する仏性論でまとめる。

六月二日梅雨の長雨の夜三更四点（〇時三十分ごろ）興聖寺で示衆されたのが『眼蔵・光明』である。

ふつう光明は仏菩薩が発する光とみるが、道元は仏祖の光明は尽十方世界そのものであり、その光明のなかで修証・作仏・坐仏・証仏せよという。

九月には『眼蔵・身心学道』と『眼蔵・夢中説夢』が示衆された。重陽日の示衆『身心学道』では、身心学道をまず心学道と身学道に分けるが、もともと心と身は一如であり、身心の統一体としての自己もじつは尽十方世界そのものにほかならないのであり、身心学道とはその尽十方世界是箇真実人体の世界を学ぶことだという。『夢中説夢』では夢中説夢を実体のない夢幻とみるのではなく、「諸仏の妙法は、たゞ唯仏与仏なるがゆゑに、夢・覚の諸法、ともに実相なり。覚中の発心・修行・菩提・涅槃あり。夢裏の発心・修行・菩提・涅槃あり。夢・覚おのおの実相なり。大小せず、勝劣せず」と実相とみる。

十月に記された『眼蔵・道得《どうて》』では、道得を過不足なき表現とみるのではなく、「諸仏諸祖は道得なり」と仏祖のはたらきそのものを意味し、それゆえ「一生不離叢林は、一生不離道得なり」と不離叢林の大切さを語る。

十一月には『眼蔵・画餅《がびょう》』『眼蔵・仏教』の二巻が示衆された。『画餅』では、画餅は飢えを充たさないが、「もし画は実にあらずといはゞ、万法みな実にあらず。万法みな実にあらずは、仏法も実にあらず。仏法もし実なるには、画餅すなはち実なるべし」と、画餅のほかに仏祖はないとする。『仏教』では、釈迦が一代の教説のほかに上乗一心の法を迦葉に伝えたとする教外別伝を批判し、「諸仏の道現成、これ仏教也」と仏と教の一体を説く。

十二月十七日には六波羅蜜寺の側の波多野義重邸で『眼蔵・全機』が示衆された。圜悟克勤《えんごこくごん》（一〇六三〜一一三五）の「生也全機現、死也全機現」にちなみ、生死はともに仏の現成であることを説く。

なお『永平広録』巻一（興聖寺語録）によれば、仁治三年（一二四二）八月に『如浄禅師語録』が中国から道元のもとに届いた。道元は『語録』を捧げて香を薫じ、古仏如浄が東海の日本まで来てくれたようなもので如浄無きあとの夜を照らすであろうと述べた。そして坐を下りた道元は弟子たちと一緒に三拝した。またこの年、慧顗《えぎ》上座・僧海首座が亡くなり、それぞれ上堂が行われた。とくに僧海は、『行業記』によれば、懐奘・詮慧《せんね》とともに道元の法嗣とされた人物で、道元もこの人の死を惜しんで二度までも上堂している。

また『建撕記』によれば、この年の四月に近衛殿（家実か）と法談したという。家実の母は村上源氏の顕信の娘顕子、顕信の叔母に松殿基房の母俊子がいる。家実は摂政・関白・太政大臣を歴任、前年風病にかかり出家、この年の十二月に六十四歳で没している。五月には義尹《ぎいん》に大事を授けたという。義尹は後鳥羽天皇の皇子で、のちに法皇長老と呼ばれる人物である。大事は血脈・嗣書とともに室《しつ》中三物《ちゅうさんもつ》として重視される宗意の秘奥を図示したものである。またこの年には、覚心（法燈《ほっとう》国師無本覚心）に菩薩戒を授けたと『建撕記』は記す。このことは『元亨釈書』や『法燈円明国師行実年譜』でも裏づけられる。

翌仁治四年（一二四三）は二月に寛元と改元された。この年、一月には『眼蔵・都機』が興聖寺で記されている。『都機』は「つき」と読ませ、半月ほど前に波多野邸で示衆された『全機』の趣旨を承け、「月の一歩は如来の円覚なり、如来の円覚は月の運爲なり」と月の存在が仏の現成であると説く。

三月には『眼蔵・空華《くうげ》』が興聖寺で示衆された。『空華』は、空華を実在しないものとみるのではなく、「梅柳の花は梅柳にさき、桃李の花は桃李にさくなり。空花の空にさくも、また〱かくのごとし」と真実在のものと説く。

四月には六波羅蜜寺で『眼蔵・古仏心』が示衆された。『全機』の示衆が波多野邸でなされたとした。原文では「六波羅蜜寺側前雲州刺史幕下」となっており、幕下を文字通り陣中とみないで邸としたのであるが、今回は同じ波多野邸なのか六波羅蜜寺そのものなのかは断言できないが、いずれにしても越前下向の準備がはじまっていたのであろう。『古仏心』では、「いはゆる古仏は、新古の古に一斉なりといへども、さらに古今を超出せり、古今に正直なり」と、古今を貫く古仏の道への参学は「いはゆる世界は、十方みな仏世界」なのだから、「この尽十方世界に参学すべ」きであると説く。

仁治癸卯（寛元元年〔一二四三〕）端午の日に「入宋伝法沙門道元」の名で記されたのが『眼蔵・菩《ぼ》提薩埵四摂法《だいさったししょうほう》』である。この『菩提薩埵四摂法』は義雲の編纂になる六十巻本『正法眼蔵』に採られた巻で、布施・愛語・利行・同事という四つの菩薩行の大切さを説く。布施では「この布施の因縁力、とほく天上人間までも通し、証果の賢聖までも通するなり」とし、「治生産業、もとより布施にあらさることとなし」とする。愛語について「愛語といふは、衆生をみるにまつ慈愛の心をおこし、顧愛の言語をほとこすなり」という。また利行では、「愚人おもはくは、利佗《りた》をさきとせは、みつからか利はふかれぬへしと、しかにはあらさるなり、利行は一法なり、あまねく自佗を利するなり」という。そして同事では、「同事をしるとき、自佗一如なり」とする。

七夕の日にはおそらく興聖寺での示衆としては最後になる『眼蔵・葛藤』が説かれた。『葛藤』では、葛藤を対立を絶した師資一如の意に解し、達磨の門人道副・尼惣持・道育・恵可がそれぞれ達磨の皮・肉・骨・髄を得た故事にちなみ、「しるべし、祖道の皮肉骨髄は、浅深にあらざるなり。たとひ見解に殊劣ありとも、祖道は得吾なるのみなり」「祖道は一等なりといへども、四解かならずしも一等なるべきにあらず。四解たとひ片々なりとも、祖道はたゞ祖道なり」と述べた。道元はこの『葛藤』において、越前下向にさいしての弟子たちの心構えを説いたのかもしれない。

第七章　一箇半箇の接得

1　永平寺建立

越前下向

　道元は興聖寺での布教活動を精算し越前（福井県）へ集団移住した。唐突といえばあまりにも唐突である。そのために昔からその理由がいろいろ考えられてきた。『行業記』では、波多野義重の強い希望があったからとしている。しかしこれだけでは集団移住の理由としてはいかにも弱い。『建撕記』ではもう少し道元の意思を考慮に入れた説明がなされている。皇城に近い深草では人びとの往来も絶えず貴族との交流も避けられなかったので、坐禅道場にふさわしい静寂な場所を求めていた道元が波多野義重の申し出た越前吉田郡の地へ移る決心をしたというのである。この地が先師如浄の出身地越州にも通じるからとも『建撕記』は伝えている。宗門における伝統的な解釈は大体この線にそったものであった。

波多野義重公像

ところが大久保道舟氏は「北越入山の外延的諸条件の一つに比叡山僧の圧迫のあったこと」を主張された（大久保 一九六六）。その根拠となる史料は既述の『渓嵐拾葉集』の記事である。これにたいし佐橋法龍氏は、「後嵯峨天皇」が「後嵯峨法皇」に、「興聖寺」が「極楽寺」に誤記されているとし（佐橋 一九七〇）、高崎直道氏は、暴力的圧迫の影がまったくみられないとし（高崎 一九六九）、それぞれ疑問を投げかけられた。たしかに『正法眼蔵』の説示がこの時期とくに多いのであるから破却追放は不自然である。また入越後の興聖寺の管理は弟子の義準に委ねられたというから（『日本洞上聯燈録』巻二）、破却追放まではなかったと思われる。だがそうした批判・疑問を考慮に入れたとしても、この大久保説は入越の動機を考えるうえで無視しえない重みをもつ。

また古田紹欽氏も、東福寺創建ならびに円爾《えんに》の入寺と北越入山とを結びつけて論じられた（古田 一九六四）。氏は「東福寺は藤原道家が造営した大伽藍であり、道家およびその子の良実の円爾に対しての帰依は厚く……道元が興聖寺から越前に下向するにいたったのは、あるいは円爾の勢力と対抗することの不利であることを見て取ってのことであるかも知れない」とし、また寛元元年（一二四三）を境として臨済批判を展開するのも右の事情と関係があるのではないかとされた。ただ臨済をめぐる評価の点に関しては、道元の人物評価の基準を考慮に入れると必ずしもそうとはいえないとする伊藤秀憲氏の反論（伊藤　一九七八）もあるが、道元にとってはやはり円爾の東福寺勢力は無視しえない存在であり、入越を決断する契機のひとつにはなったであろう。

ともあれ、大久保氏の叡山圧迫説、古田氏の円爾東福寺入寺説は入越の外的要因としては無視しえないものがある。その点でいえば、『建撕記』の解釈を踏襲して、名利俗塵を嫌ったとしもっぱら内的要因のみを強調している藤本隣道氏の見解（藤本　一九三七）は一面的であろう。またこの系列に属する家永三郎氏の見解（家永　一九四七）、すなわち叡山圧迫も「本来理想とする方向に邁進せしめる機縁」に過ぎなかったとする見解も結果論的ではないか。「本来理想とする方向」という認識では、入越以前の道元の流動性（可能性）を摘み取ることになる。その流動性は、「弘法救生」の意欲と「一箇半箇の接得」の立場のあいだにみられる道元の心の揺れである。その点でいえば私見は、入越の動機を道元の理想主義への挫折にみた佐橋法龍氏の見解（佐橋　一九七〇）に一脈通じるものがあるが、佐橋氏のように「在家成仏」的主張を単に理想主義とはみないところが異なる。また今枝愛真氏は、道元があえて越前の地を選んだ理由に、白山天台への布教という積極的な意気ごみがあったとされ（今枝　一九七六）、道元の主体的側面に焦点をあてている。

以上、入越の動機をめぐる研究史の整理を試みたが、これを単純化していえば、外的理由を重視するか内的理由を重視するかにかかっているようだ。だがいずれにしても、一方のみを強調するならば入越の真の事情を明らかにしたことにはならない。

表3　入越後の示衆・著述一覧

年次	西暦	示衆および著述
寛元元年	一二四三	三界唯心　仏道　密語　諸法実相　仏経　無情説法　面授　法性　梅花　十方　坐禅儀　見仏　遍参　眼睛　家常　竜吟　説心説性　陀羅尼
二年	一二四四	春秋　祖師西来意　優曇華　発菩提心（発無上心）　如来全身　三昧王三昧　三十七品菩提分法　転法輪　自証三昧　大修行　対大己五夏闍梨法
三年	一二四五	虚空　鉢盂　安居　他心通　王索仙陀婆
四年	一二四六	出家　示庫院文　知事清規
宝治二年	一二四八	庫院制規
建長元年	一二四九	衆寮箴規
（年次不明）		出家功徳　受戒　発菩提心　供養諸仏　帰依仏法僧宝　深信因果　三時業　四馬　四禅比丘　一百八法明門　八大人覚（以上、十二巻本）唯仏与仏　生死　道心

その真の入越の動機とは、叡山からの圧力とか東福寺の脅威を肌で感じた道元が、少なくとも興聖寺に禅の修行道場としての不都合性を感じはじめたためであった。入越する寛元元年の前後一、二年に『正法眼蔵』の説示が著しく多くなる事実も、道元の入越が単に他律的な理由だけではなく、自発的に選択決行されたことの証左であろう。道元のこの内面的充実（現象的には『正法眼蔵』の説示の多さ）は他との緊張関係のなかで触発され、後継者育成への使命という形で表出してきたものと思われる。

『建撕記』によれば、道元らは

寛元元年（一二四三）七月十六日に深草を出発した。おそらく月末には越前に到着したようだ。興聖寺での最後の示衆が七月七日、越前での最初の示衆が閏七月一日であるからほぼ右の推定でよかろう。閏七月一日、白山平泉寺の麓で吉峰寺の東南十五キロにある禅師峰《やましぶ》頭において道元は越前での第一声を発した。『眼蔵・三界唯心《さんがいゆいしん》』の巻の示衆である。教学的には三界は欲界・色界《しきかい》・無色界のことで出離すべきものとされるが、道元は「三界唯心は、全如来の全現成なり」と、三界がそのまま真実の世界であるとする。そして『法華経』譬喩品《ひゆほん》の著名な「今此三界、皆是我有、其中衆生、悉是吾子」を引き、「十方尽界にあらゆる過現当来の衆生は、十方世界の過現当の如来なり。諸仏の吾子は衆生なり、衆生の慈父は諸仏なり」と諸仏と衆生との一体性を語り、さらに、

安処は林野なり、林野は已離なり。しかもかくのごとくなりといふとも、如来道の宗旨は吾子の道のみなり、その父の道いまだあらざるなり、参究すべし。

とのべる。われわれは幸いに修行の場にふさわしい深山に落ち着くことができた。ここはすべての世俗を断ち切った場である。しかし肝心なことはここで仏道が行じられることであり、それはひとえに君たちの行動にかかっている、つねに反省を怠ることなく修行に励まねばならない、と激励した。

旺盛なる説示活動

入越後の第一声『三界唯心』を皮切りに、この年、なんと十九巻の『正法眼蔵』の説示がなされた。入越以前のものをあわせると、寛元元年の一年間で二

十四巻もの説示がなされたことになる。九月には『眼蔵・仏道』『眼蔵・密語』『眼蔵・諸法実相』『眼蔵・仏経』が吉峰寺で示衆された。この吉峰寺が『建撕記』の伝える波多野義重推奨の「安閑の古寺」である。

『仏道』では、禅宗・達磨宗・仏心宗という呼称、あるいは五宗を称するものは仏道の真実を知らないものであるとし、それへの批判につとめていた如浄の偉大さを示した。入越直後のこの道元の発言でわれわれは、栄西が『興禅護国論』で禅宗の呼称を用い、大日房能忍が達磨宗を自称していたらしいし（『興禅護国論』）、円爾も仏心宗を自称していること（『十宗要道記』）を想起すべきである。

『密語』では、「世尊に密語有り、迦葉覆蔵せず」という公案にちなみ「人にあふ時節、まさに密語をきゝ、密語をとく。おのれをしるとき、密行をしるなり。いはんや仏祖よく上来の密意・密語を究《きゅう》辨《はん》す。しるべし、仏祖なる時節、まさに密語密行きほひ現成するなり」と、仏道が現成するときは、釈迦と迦葉の拈華微笑《ねんげみしょう》のように、師資が一体となるのだという。

『諸法実相』では、「近来大宋国杜撰《とせん》のともがら、落処をしらず、宝所をみず、実相の言を虚説のごとくし、さらに老子荘子の言句を学す。これをもて、仏祖の大道に一斉なりといふ。また三教は一致なるべしといふ。また三教は鼎の三脚のごとし、ひとつもなければくつがへるべしといふ。愚痴のはなはだしき、たとひをとるに物あらず」と三教一致論を痛烈に批判し、三教一致論者が人天の導師・帝王の師匠になっている現在の中国の現状を「大宋仏法衰薄の時節なり。先師古仏、ふかくこのことをいましめき」と如浄の嘆きを付け加える。

また『仏経』でも、三教一致論批判は繰り返され、さらに「あるいは為人の手をさづけんとするには、臨済の四料簡四照用、雲門の三句、洞山の三路五位等を挙して、学道の標準とせり。先師天童和尚、よのつねにこれをわらふていはく、『学仏あにかくのごとくならんや。仏祖正伝する大道、おほく心にかうぶらしめ、身にかうぶらしむ。これを参学するに、参究せんと擬するにいとまあらず。なんの閑暇ありてか晩進の言句をいれん。まことにしるべし、諸法長老無道心にして、仏法の身心を参学せざることあきらけし』」と、禅宗における指導方法である臨済の四料簡《しりょうけん》・四照用、雲門の三句、洞山の三路・五位などが批判の対象になっている。また如浄の言葉「我が箇裏、焼香・礼拝・念仏・修懺・看経を用ゐず、祇管に打坐し、弁道工夫して身心脱落なり」を引き、只管打坐が強調されている。

十月になると『眼蔵・無情説法』『眼蔵・面授』『眼蔵・法性《ほっしょう》』の三巻が説示された。『無情説法』では、「愚人おもはくは、樹林の鳴条する、葉花の開落するを無情説法と認ずるは、学仏法の漢にあらず」と、無情説法というと樹林の鳴条や葉花の開落のことと理解することを誡め、「無情説法を聴取せん衆会、たとひ有情無情なりとも、たとひ凡夫賢聖なりとも、これ無情なるべし」と、尽十方世界のすべての存在が仏として説法していると解すべきだとする。

『面授』では、過去七仏から迦葉へ、二十八伝して達磨へ、さらに十七伝して如浄へと伝えられた正法を道元が正伝したことが語られ、それゆえ「いはゆるわがくには他国よりもすぐれ、わが道はひとり無上なり。他方にはわれらがごとくならざるともがらおほかり。わがくに、わが道の無上独尊なるといふは、霊山の衆会、あまねく十方に化導すといへども、少林の正嫡まさしく震旦の教主なり。曹谿《そうけい》の児孫、いまに面授せり。このとき、これ仏法あらたに入泥入水の好時節なり。このとき証果せずは、いずれのときか証果せん。このとき断惑せずは、いずれのときか断惑せん。このとき作仏ならざらんは、いずれのときか作仏ならん。このとき坐仏ならざらんは、いずれのときか行仏ならん。深際の功夫なるべし」と、今こそ作仏・坐仏・行仏の時節だと弟子達の奮起を促したのである。

『法性』では、「あるいは経巻にしたがひ、あるいは知識にしたがうて参学するに、無師独悟するなり。無師独悟は、法性の施易なり」と、悟は基本的には無師独悟であり、それは法性のはたらきに他ならないとする。それだけではなく、「無量劫の日月は、法性の経歴なり。現在・未来もまたかくのごとし」と、日月の運行も法性のはたらきだという。

十一月には『眼蔵・梅花《ばいか》』『眼蔵・十方《じっぽう》』『眼蔵・坐禅儀』『眼蔵・見仏』『眼蔵・遍参《へんざん》』の五巻が説示された。

『梅花』では、如浄の梅花にちなむ上堂語を引きながら、如浄がいかに卓越した古仏であったかを記し、「深雪三尺大地漫漫」と書きつけている。京都育ちの道元にとって、この北越の冬の厳しい自然にあらためて身の引き締まる思いがしたことであろう。それとともに、深山幽谷に居し一箇半箇を接得せよ、を口癖にしていた師如浄の面影が鮮やかに道元の脳裏によみがえったと思われる。

『十方』では、「仏土を拈来《ねんらい》せざれば十方いまだあらざるなり」とこの十方世界が仏土そのものであるとし、しかしながら「この娑婆世界を挙拈《こねん》して、八両半斤をあきらかに記して、十方仏土の七尺八尺なることを参学すべし」と、この娑婆世界の身近な現実こそが十方仏土の現実であると参究すべきことが語られた。『坐禅儀』の示衆は十一月に吉峰寺でなされている。「坐禅は静処《じょうしょ》よろし。坐蓐《ざにく》あつくしくべし。風烟《ふうえん》をいらしむる事なかれ、雨露をもらしむることなかれ」と坐禅に相応しい場について語り、坐禅の心構えを「諸縁を放捨し、万事を休息すべし。善也不思量なり、悪也不思量なり。心意識にあらず、念観想にあらず。作仏を図する事なかれ、坐臥を脱落すべし」とただただ坐れとし、結跏趺坐《けっかふざ》・半跏趺坐《はんかふざ》の仕方など細々と述べ、最後に「坐禅は習禅にはあらず、大安楽の法門なり。不染汚《ふぜんな》の修証なり」であることの確認を促した。

臨済批判

十一月の半ばに吉峰寺を離れ禅師峰《やましぶ》に移ったらしい。十一月十九日の『見仏』いらい十二月二十五日の『竜吟《りゅうぎん》』の示衆が禅師峰でなされているからである。そこで寛元元年の吉峰寺での示衆である『眼蔵・説心説性』『眼蔵・陀羅尼』の二巻をここで検討しておこう。

『説心説性』では、「いまのともがら、説心説性をこのみ、談玄談妙をこのむによりて、得道おそし。但まさに心性ふたつながらなげすてきたり、玄妙ともに忘じきたりて、二相不生のとき、証契するなり」と説心説性という分別心を離れよという大恵宗杲《だいえそうこう》を批判して、「心はひとへに慮知念覚なりとしりて、慮知念覚も心なることを学せざるによりて、かくのごとくいふ」と切り捨て、「仏祖の真実に仏祖なるは、はじめよりこの心性を聴取し、説取し、行取し、証取するなり。この玄妙を保任取し、参学取するなり」と心性への参究を説き、さらに「臨済の道取する尽力はわづかに無位真人なりといへども、有位真人をいまだ道取せず」と、臨済批判を展開している。

入越早々のこの臨済・大恵への批判はかなり意識的であろう。臨済宗の宗祖およびその一派大恵派の派祖への批判である。ことに大恵派の宗風は、道元自身在宋中に無際了派・浙翁如琰《せつおうにょえん》さらには盤山思卓らを通じて学んだところのものである。しかも今や道元僧団の中核になりつつある大日房能忍系の人たちはこの大恵派に連なる。道元僧団の再出発にさいして臨済系の宗風をあらためて払拭する必要があったのであろう。

陀羅尼はふつう、すべてのことを心に記憶し忘れない力である総持を意味したり、また密教では長文の呪文のことをいうが、『陀羅尼』では、「釈迦牟尼仏を礼拝したてまつり、供養したてまつるといふは、あるいは伝法の本師を礼拝し供養し、剃髪の本師を礼拝し供養するなり。これすなはち見釈迦牟尼仏なり。以法供養釈迦牟尼仏なり、陀羅尼をもて釈迦牟尼仏を供養したてまつるなり」と礼拝陀羅尼のことを指し、師への礼拝の大切さを説いた。

禅師峰での示衆である『見仏』では、諸法が実相であることを感得するのが見仏で、ここではすでに見る自己と見られる仏という相対を絶した境涯であることが語られる。そして、

近来大宋国に禅師と称ずるともがらおほし。仏法の縦横をしらず、見聞いとすくなし。わずかに臨済・雲門の両三語を暗誦して、仏法の全道とおもへり。仏法もし臨済・雲門の両三語に道尽せられば、仏法今日にいたるべからず。臨済・雲門を仏法の為尊と称じがたし。いかにいはんやいまのともがら、臨済・雲門におよばず、不足言のやからなり。かれら、おのれが愚鈍にして仏経のこころ

あきらめがたきをもて、みだりに仏経を謗ず、さしおきて修習せず、外道の流類といひぬべし。仏祖の児孫にあらず、いはんや見仏の境界におよばんや。

と、現今の中国の禅師の仏経軽視を批判する。それは教家が禅宗を批判するときの暗証の禅師への批判にも似たかなり手厳しいものがある。

『遍参』では、各地をめぐり諸師に参学することを意味する遍参も、道元にあっては「全眼睛の参見を遍参とす、打得徹を遍参とす。面皮厚多少を見徹する、すなはち遍参なり」と量ではなく質の問題となり、結局「遍参はたゞ祇管打坐、身心脱落なり」というのである。そしてつづく『眼睛《がんぜい》』では、如浄の上堂語「秋風清く、秋月明らかなり。大地山河露眼睛なり」を引き、「『清』『明』は眼睛なる山河大地なり」「眼睛なるは仏祖なり」と、十方世界が仏祖の眼睛であり仏祖そのものであるとする。また『眼睛』と同日に示衆された『家常』では、「仏祖の家常は喫茶喫飯なり」というように、日常の喫茶喫飯が仏祖の家常（日常）であることを、芙蓉道楷・石頭希遷・天童如浄・趙州従諗などの語を引きながら語った。

また『竜吟』では、「枯木裏還《また》竜吟有りや無や」の問に、「我が道は、髑髏《どくろ》裏に師子吼有り」と答えた投子大同《とうすだいどう》の話を引き、「枯木死灰の談は、もとより外道の所教なり。しかあれども、外道のいふところの枯木と、仏祖のいふところの枯木と、はるかにことなるべし。外道は枯木を談ずといへども枯木をしらず、いはんや竜吟をきかんや。外道は枯木は朽木ならんとおもへり、不可逢春《ふこふしゆん》と学せり」

とし、仏祖の枯木は大悟徹底の参学であり逢春であると、枯木のように無心になってはじめて竜吟のような活動が展開されると説く。

年が改まって寛元二年（一二四四）、越宇山奥・越宇深山裏で『眼蔵・春秋』『眼蔵・祖師西来意』が示衆された。いずれも禅師峰での示衆であろう。『春秋』は月日を記さず「再示衆」とあるが、『祖師西来意』が二月四日の示衆で、二月十二日示衆の『眼蔵・優曇華《うどんげ》』から吉峰寺に移っているので、ここで検討しておこう。

『春秋』ではまず洞山良价と僧との話からはじまる。僧「寒暑到来、如何が廻避せん」、洞山「何ぞ無寒暑の処に向かつて去らざる」、僧「如何ならんか是れ無寒暑処」、洞山「寒時には闍梨を寒殺し、熱時には闍梨を熱殺す」。この話を引き、道元は「この因縁、かつておほく商量しきたれり、而今おほく功夫すべし。仏祖かならず参来せり、参来せるは仏祖なり。西天東地古今の仏祖、おほくこの因縁を現成の面目とせり」と述べ、この話に関する浄因法成《じょういんほうじょう》の「この僧の問、既に偏に落つ、洞山の答は正位に帰す……斯くの如くの商量するは、ただ先聖を謗瀆《ほうとく》するのみにあらず、また乃ち自己を屈沈す」の評を、「あやまりて、偏正の窟宅にして高祖洞山大師を礼拝せんこと」を戒め「仏法もし偏正の商量より相伝せば、いかでか今日にいたらん」と、偏正五位説的理解を斥けている。

『祖師西来意』では、香厳智閑《きょうげんしかん》の上堂語「人の先尺の懸崖《けんがい》にして樹に上るが如き、口に樹枝を啣《ふく》み脚は樹を蹈《ふ》まず、手は枝を攀《よ》ぢず、樹下にして忽ち人有つて問はむ、『如何ならんか是れ祖師西来意』と。当恁麼の時、若し口を開いて他に答へば、即ち喪身失命せん、若し他に答へずは、又他の所問に違す。当恁麼の時、且《しばら》く道《い》ふべし、作麼生《そもさん》か即ち得ん」にたいし、照上座が「上樹の時は即ち問はず、未上樹の時、請《しん》すらくは和尚道ふべし、如何」と答えると、香厳が呵々大笑したという話を引き、「而今《しきん》の因縁、おほく商量拈古《ねんこ》あれど、道得箇《どうてこ》まれなり。おそらくはすべて茫然なるがごとし」と述べ、綿密な評釈を加えている。

大仏寺建立

禅師峰での二月四日の『祖師西来意』の示衆を最後に、道元らはふたたび吉峰寺にもどった。ここでは二月十二日の『眼蔵・優曇華』にはじまり三月九日の『眼蔵・大修行』までの八巻が示された。二ヶ月にも満たないわずかの間に『正法眼蔵』八巻が示衆されたのである。新寺建立をひかえての道元の意欲に充ちた姿が『正法眼蔵』の行間から伝わってくる。『建撕記』によれば、寛元二年二月二十九日に大仏寺法堂の整地、四月二十一日に立柱・上棟、そして七月十八日に開堂説法がなされた。

そうした大仏寺建立に着手するさなかの二月十二日の示衆『優曇華』では、拈華微笑の話の華は三千年に一度開花するという優曇華であるが、「拈花の正当恁麼時は、一切の瞿曇《くどん》、一切の迦葉、一切のわれら、ともに一隻の手をのべて、おなじく拈華すること、而今までもいまだやまざるなり」と、真に仏道を求めるときはあらゆるものが優曇華として開花することが説かれた。

その翌々日の示衆『眼蔵・発菩提心（発無上心）』では、「而今の造塔造仏等は、まさしくこれ発菩提心なり。直至成仏の発心なり、さらに中間《ちゆうげん》に破癈《はは い》すべからず。これを無為の功徳とす、これを無作の功徳とす」と造塔造仏の功徳を語り、さらに「飲食衣服、臥具医薬、僧房田林等を三宝に供養するは、自身および妻子等の身皮肉骨髄を供養したてまつるなり」と三宝への供養の功徳が語られた。おそらくこの説法の場には、波多野氏をはじめ越前の外護者が居合わせたものと思われる。新寺建立が着々と進みつつあるなかでの発言として注意しておきたい。ただ発菩提心に関して「発心は一発にしてさらに発心せず、修行は無量なり、証果は一証なりとのみきくは、仏法をきくにあらず、仏法をしれるにあらず、仏法にあふにあらず」と一般の修証観を否定し、「一発菩提心を百千万発するなり、修証もまたかくのごとし」と修証一等論を確認させた。なおこの第六十三巻は巻名および本文中の「発菩提心」が底本の「洞雲寺本」では「発無上心」である。

その翌日の示衆である『眼蔵・如来全身』では、『法華経』法師品の「若しは経巻所住の処には、皆応に七宝の塔を起《た》て、極めて高広厳飾《かうくわうごんしき》ならしむべし。須らく復《また》舎利を安《お》くべからず、所以は如何。此の中に已に如来の全身有り」を引き、「而今の諸法実相は経巻なり、人間天上、海中虚空、此土他界、みなこれ実相なり、経巻なり、舎利なり」と十方世界が経巻であり舎利であるとし、「この三千大千世界は、赤心一片なり、虚空一隻なり、如来全身なり」と十方世界が如来全身であると説く。

在家成仏否定

また同日に示衆された『眼蔵・三昧王三昧』では、三昧中の王である三昧が結跏趺坐であることを述べ、如浄の言葉「参禅は身心脱落なり、祇管に打坐して始得ならん。焼香・礼拝・念仏・修懺・看経を要せず」を引き、「打坐の仏法なること、仏法は打坐なることをあきらめたる」は如浄ひとりであることを語った。

二月二十四日の示衆『眼蔵・三十七品菩提分法』では、涅槃の理想境に達するために修すべき三十七の道行、すなわち四念住・四正断・四神足・五根・五力・七等覚支・八正道支を説明し、「いまだ出家せざるものの、仏法の正業を嗣続せることあらず、仏法の大道を正伝せることあらず。在家わづかに近事男女の学道といへども、達道の先蹤なし。達道のとき、かならず出家するなり。出家に不堪ならんともがら、いかでか仏位を嗣続せん」と在家成仏を否定する。かつて『弁道話』で「坐禅弁道して仏祖の大道に証入す。ただこれこゝろざしのありなしによるべし、身の在家出家にはかゝはらじ」と在家成仏論とみまがう議論を展開していたが、道元の真意は「達道のとき、かならず出家するなり」とか「身心もし仏法あるときは、在家にとゞまることあたはず」の方にあったのである。

二月二十七日の示衆『眼蔵・転法輪』でも、ふつう転法輪とは仏の説法のことをいうが、道元は「転法輪といふは、功夫参学して一生不離叢林なり、長連床上に請益《しんえき》弁道するをいふ」と不離叢林の坐禅功夫を指す。なお道元はこの巻で自分のことを「大仏」と称しているのが注目される。

その翌々日の示衆『眼蔵・自証三昧』では、「仏々祖々の正伝するところ、すなはち修証三昧なり。いはゆる或従知識、或従経巻なり」とするが、「たとひ知識にもしたがひ、たとひ経巻にもしたがふ、みなこれ自己にしたがふなり」と修証三昧が自証三昧であると述べ、後半で大恵宗杲《だいえそうこう》の批判を展開する。大恵の師である圜悟克勤《えんごこくごん》については「圜悟禅師は古仏なり。十方中の至尊なり。黄檗よりのちは、圜悟のごとくなる尊宿いまだあらざるなり」とするが、大恵に関しては「宗杲禅師は、減師半徳の才におよばざるなり。たゞわづかに華厳楞厳《けごんりょうごん》等の文句を暗証して伝説するのみなり、いまだ仏祖の骨髄あらず」と手厳しい。

そして三月九日の示衆『眼蔵・大修行』では、「不落因果」(因果に落ちず)と答えて野孤身になった者が百丈の「不昧因果」(因果に昧《くら》からず)で野孤身を脱したという百丈野孤の話の公案を掲げ、仏法の現成としての修行である大修行の立場からいえば、大修行とは大因果であり、「この因果、かならず円因満果なるゆへに、いまだかつて落不落の論あらず、昧不昧の道あらず」とする。

三月二十一日の吉峰寺での示衆『対大己五夏闍梨法《たいたいこごげじゃりほう》』は、五夏以上の阿闍梨である大己にたいする礼法を、南山道宣の『教誡律儀』を参考にして六十二ヶ条に仕立てたものである。末尾に「右、大己五夏十夏に対する法、是れ即ち諸仏諸祖の身心なり、学ばざるべからず。若し学ばざれば、祖師道廃れ、甘露法滅なり」と記す。大仏寺の建立が着々と進むなか、道元は弟子たちに新しい叢林での修道作法の確認を迫ったものであろう。

寛元二年三月の吉峰寺での示衆を最後に、翌三年(一二四五)三月までの一年間、『正法眼蔵』の示衆がない。新寺建立のために全精力を注いでいたためであろう。『建撕記』によれば、新寺大仏寺はまず法堂の造営からはじめられ、一応の完成をみたのが寛元二年七月十八日。この日に開堂説法がなされ、吉祥山大仏寺と命名された。『永平広録』巻二でも、この日に「当山に徙《うつ》る」とあり、七月十八日は法堂の一応の完成で道元らが吉峰寺から大仏寺に移った記念すべき日であった。この日、雲州大守波多野義重・前大和守清原真人・源蔵人・野尻入道実阿・左近将監なども参列している。そして法堂の正式な開堂法会は九月一日に行われ、それに参集した人は一千余を数えたという。また九月七日には興聖寺の義準上座から木犀樹が送られてきた。また十一月三日小雨の降るなか僧堂の上棟式には、左近吾禅門覚念・覚念の子息左《さ》兵衛尉《ひょうえのじょう》藤原時澄《ふじわらのときずみ》らも参列している。この僧堂の完成がいつかはわからないが、『建撕記』では「一年の内、法堂僧堂共に其の功成るなり」とあり、寛元三年二月ごろまでには完成していたのであろう。

寛元三年三月には、『眼蔵・虚空《こくう》』『眼蔵・鉢盂《ほう》』の示衆がなされた。『正法眼蔵』示衆の再開である。『虚空』では、虚空の真義を石鞏慧蔵《しゃくきょうえぞう》・天童如浄・西山亮等の話を引きながら語り「かくのごとくの虚空、しばらくこれを正法眼蔵涅槃妙心《しょうぼうげんぞうねはんみょうしん》と参究するのみなり」と結んでいる。『鉢盂』では、袈裟と鉢盂は仏門ではもっとも尊重され仏祖正伝されてきたもので、「仏袈裟は仏袈裟なり、絹・布の見あるべからず。絹布等の見は旧見なり。仏鉢盂は仏鉢盂なり、さらに石瓦といふべからず、鉄木といふべからず」とする。

四月十五日、これは夏安居のはじまる日であるが、この日から道元の語録である『永平広録』が懐奘によってふたたび記録されはじめた。それによると、夏安居中のある日の上堂で、道元は大叢林・小叢林の論は僧侶の多少ではなく真の修行僧（抱道の人）の存否によって決まると述べた。かつて興聖寺において同趣旨の発言がなされたことが思い起こされる。また道元は、「朝家に賢の乏しき時、才を山谷に索《もと》む……山谷曾て才子賢人豊かなり。然らば則ち汝ら雲水、身を山谷に寄せ、身心を仏道に安んず。俗人に劣るべからず、朝臣に劣るべからず……汝ら須らく知るべし、光陰箭《や》の如し、人命駐《ちゅう》し難し。頭燃を救いて学道せよ。乃ち先仏の面目、曩祖《のうそ》の骨髄なり」と上堂でのべた。越前の山谷に引きこもってしまった道元僧団、それゆえに道元はこの種の話をし弟子たちを叱咤激励しなければならなかった。

安居《あんご》のさなかの六月に『眼蔵・安居』が示衆された。「夏安居にあふは諸仏祖にあふなり、夏安居にあふは見仏見祖なり。夏安居ひさしく作仏祖せるなり」と、安居が「修証の無上道」であることが語られ、『禅苑清規』により安居の作法についての説明がなされた。

また七月の示衆『眼蔵・他心通《たじんづう》』は、他人の心を知る神通力である他心通に関する説示である。南《なん》陽慧忠《ようえちゅう》と他心通を得たという大耳三蔵との問答をめぐる、趙州・玄沙・仰山・海会・雪竇《せっちょう》の下語《あぎょ》を論破し、真の他心通は身心自他の別を超えた絶対の境地に至ることであるとする。

そして十一月に示衆された『眼蔵・王索仙陀婆《おうさくせんだば》』では、ある王が塩・器・水・馬を意味する仙陀婆を求めたとき智臣が誤りなく対応したという『大般涅槃経《だいはつねはんぎょう》』の王臣一体の故事から、師資一体の必要性が説かれた。ただ上堂語でこの王索仙陀婆の話に言及した宏智《わんし》をめぐって、「宏智古仏を古仏と相見せる、ひとり先師古仏のみなり」と如浄の識見を高く評価し、大恵宗杲を宏智と同格ないしはそれ以上とみる「大宋国内の道俗」の誤りを指弾していることは注目できる。宏智は曹洞宗に属し、天童中興の祖とされ、坐禅・黙照の禅風を挙揚した人物である。いっぽう大恵は臨済宗楊岐派に属し、黙照禅を批判し、公案禅を挙揚していた。当時、この二人のことを「天下の二甘露門」と評していたのである。

『永平広録』によれば、この時期、監寺や典座を激励するための上堂がなされている。たとえば十二月の上堂で、「我が日本の寺院、典座の法、大仏所伝なり。前来未だ曾て有らず」と述べている。

永平寺と改称

　また翌寛元四年（一二四六）六月十五日に大仏寺を永平寺に改称した。その日の上堂で道元は、「天に道有り以て高晴、地に道有り以て厚寧、人に道有り以て安穏なり。所以は世尊降生し、一手は天を指し、一手は地を指し、周行七歩にして曰く、天上天下、唯我独尊と。世尊に道有り。是れ恁麼なりと雖も、永平に道有り。大家証明す。良久して云く、天上天下、当処永平」と述べた。道元の並々ならぬ自信と決意のほどが知られる。またこの日、監寺《かんす》・維那《いの》・典《てん》座《ぞ》・直歳《しっすい》の四知事の職掌と心構えを示した『知事清規』が撰述されている。

永平寺遠景

　八月の示衆『眼蔵・示庫院文《じくいんもん》』では、庫院（台所）での作法が示された。九月の示衆『眼蔵・出家』では、『禅苑清規』の「三世諸仏、皆出家成道と曰ふ……」を引き、「あきらかにしるべし、諸仏諸祖の成道、たゞこれ出家受戒のみなり。諸仏諸祖の命脈たゞこれ出家受戒のみなり。いまだかつて出家せざるものは、ならびに仏祖にあらざるなり。仏をみ、祖をみるとは、出家受戒するなり」と出家成道とその前提としての出家受戒が語られ、さらに両者の関係が「おほよそ無上菩提は、出家受戒のとき満足するなり。出家の日にあらざれば成満せず。しかあればすなはち、出家之日を拈来して、成無上菩提の日を現成せり。成無上菩提の日を拈出する、出家の日なり」というように、道元の修証論をふまえた言説となっている。

『建撕記』によれば、宝治元年（一二四七）正月十五日、道元が布薩説戒したさい、五色の彩雲が方丈の正面の障子に現れたという。このことは豊橋市全久院所蔵の「布薩説戒祥雲記」「志比庄《しひのしょう》方丈不思議日記事」（『道元禅師真蹟関係資料集』）で裏づけられ、この霊瑞《れいずい》に接し感激した聴聞衆の署名まである。全久院は永正十一年（一五一四）の創建であるが、当寺が道元筆の『山水経』『羅漢供養文草稿』や懐奘筆写の『十方』『宝慶記』を伝えていることから、両者の当寺伝存を疑問視する必要はないと思われる。またこの霊瑞が事実であると信じられていたことは、永平寺に所蔵される懐奘の「布薩瑞雲記」（『道元禅師真蹟関係資料集』）でも明らかである。

この宝治元年、道元は永平寺僧団の充実に腐心していたのであろう。『正法眼蔵』などの説示もなく、通常の上堂法語が記録されているだけである。日付のわかる上堂のみを記すと、歳朝（元旦）上堂では、「大吉の歳朝、坐禅を喜《この》む。衲僧が弁道、平如然たり」と語る。正月十五日上堂、涅槃会（二月十五日）上堂、浴仏（四月八日）上堂、端午（五月五日）上堂。聖節（後深草天皇誕生日・六月十日）上堂では「宝治の天子、天申の節。弥《いよいよ》隆んなり億万年。這箇《しやこ》はこれ天下祝聖《しゅくしん》の句。永平臣僧、また作麼生《そもさん》か道《い》わん。四海、浪平らかにして龍の睡り穏やかなり。九天、雲浄うして鶴の飛ぶこと高し」と言祝ぐ。解夏（七月十五日）上堂では、「四月十五日に拳を握り、七月十五日に拳を開く。中間の一句子、両頭の辺を超越す。作麼生かこれ、両辺を超越する底の一句子。眼皮綻《ほころ》び、鼻孔穿つ」と語る。八月一日上堂を最後に、翌宝治二年（一二四八）三月十四日上堂まで上堂法語は記されていない。

2　鎌倉行化

鎌倉行化の悲劇

宝治二年（一二四八）三月十四日の上堂で、道元は「山僧、八月初三日、山を出で相州鎌倉郡に赴き、檀那俗弟子のために説法す。今年今月昨日寺に帰り、今朝陞座《しんぞ》す」と語った。じつは昨年八月三日から昨日まで、道元は永平寺を離れ鎌倉に行っていたのである。永平寺僧団もようやく軌道にのりつつある重要な時期に、なぜという疑問がおこる。伝記では、北条時頼の強い招きに応じたもので、時頼をはじめ道俗男女への授戒のためであったとする。時頼から新寺（建長寺）の開山に請ぜられたが、道元はそれを辞退したとも伝える（『建撕記』『行業記』）。ただこの鎌倉行化の理由について、道元は「檀那俗弟子のために説法」というだけで寡黙である。しかも弟子のなかには道元の鎌倉行化を疑問視するむきもあったらしい。

道元は十四日の上堂で、鎌倉行きを「或いは人有り疑著す、幾許《いくばく》かの山川を渉り俗弟子のために説法す、俗を重んじ僧を軽んずるに似たりと。また疑す、未だ曾て説かざる底の法、未だ曾て聞かざる底の法有りや」と疑う弟子の存在を、道元は想定していた。これは鎌倉行化が、道元の日頃の「不離叢林」の主張と矛盾することは百も承知だったし、なによりも昔、道元は人の鎌倉行化の勧めをかなり強い口調で斥けていたからでもある。かつて興聖寺時代、「仏法興隆の為、関東に下向すべし」との人の勧めにたいし、「然らず。若し仏法に志あらば、山川江海を渡ても来て学すべし。其志なからん人に、往向てすゝむとも、聞入んこと不定也」と述べていたからである。

ではなぜ、このような日頃の言動と矛盾する行動をしたのか。大久保道舟氏は、波多野義重や記主禅師良忠らの鎌倉招請運動に道元の心が動かされたとする。氏は「檀那俗弟子のために説法」の「檀那」は波多野義重を意味し、『吾妻鏡』によって波多野氏の在鎌倉を確認した。また『光明寺開山御伝』に良忠の道元への参禅記事があり、良忠も招請運動に手をかしていたとした（大久保 一九六六）。しかし納冨常天氏は、この時期の良忠は石州・芸州の化導を終えて上洛し京都を中心に活躍していたから道元の鎌倉行化とは無関係とされ、時頼の求道心が義重を通じての招請となったとし、さらに道元の俗系と関東との関係（北条義時女が道元兄定通・従兄弟通時と結婚、鶴岡八幡宮別当定親・三浦泰村室は通親の子、義時妹は藤原師家妾、松殿法印良基は師家弟忠房の子で道元とは従兄弟、阿婆縛抄《あさばしょう》の著者承澄《じょうちょう》は従兄弟、尊澄は道元の叔父で二人は鎌倉で著作活動）を指摘された（納冨 一九七三）。また今枝愛真氏は、寿福寺住持の大歇了心《だいかつりょうしん》が時頼に道元を薦めた可能性を指摘されている（今枝 一九七五）。

ところで北条時頼との関係でいえば、一世紀ほどあとになると、この鎌倉行化のさい道元が時頼に政権への執着を離れるよう説いたという伝説があったらしい。義堂周信がその日記『空華日用工夫《くうげにちようくふう》略集《りゃくしゅう》』永徳二年（一三八二）九月二十五日条に、足利義満の「万一変有らば、天下を棄てんと欲す。

当に永平長老の平氏に勧めしが如くすべし」との語を書き留めている。おそらくこういうこともあったかと思う。というのも、このときの時頼はわずか二十一歳、しかもこの前年、北条一門で重きをなした名越朝時《なごえともとき》の失脚と前将軍九条頼経の京都送還を敢行（宮騒動）、この年（宝治元年）、幕府の実力者であった三浦泰村を攻撃（宝治合戦）、さらに千葉秀胤をも滅ぼしほぼ権力を掌握した直後であった（山折 一九七八）。いまだ血の臭いが消えやらぬ時頼周辺であってみれば、波多野義重が道元の招聘を時頼に進言することは十分考えられることである。中世古祥道氏は、御家人が帰依僧を招請し将軍・執権に対面させる例として、佐々木盛綱（越後護念上人）・雅経朝臣（鴨社氏人菊大夫長明入道）・平家連（俊芿）・民部大夫入道行然（聖覚僧都）を挙げている（中世古 一九七九）。

だがしかし、波多野氏や時頼の道元招聘の目的がいかなるところにあろうとも、道元の鎌倉行化の〝目的〟とは必ずしも一致しない。むしろ一致しなかったからこそそこに〝悲劇〟があったといえる。道元はかつて『弁道話』において、帰朝直後の心境を「弘法救生をおもひとせり。なほ重担をかたにおけるがごとし」であったと述べた。また「仏法を国中に弘通すること、王勅をまつべしといへども、ふたゝび、霊山《りょうぜん》の遺嘱をおもへば、いま百万億刹に現出せる王公相将、みなともにかたじけなく、仏勅をうけて、夙生《しゅくしょう》に仏法を護持する素懐をわすれず、生来せるものなり」とも記してもいる。仏法弘通のためには王勅が必要であること、しかし霊山での釈迦の委嘱を憶えば、王公相将の仏法護持は当然のことなのである。しかも道元にとっての仏法とは、「正伝の仏法」「正法」＝道元禅にほかならないわけである。道元の鎌倉行化の〝目的〟とは、正法（道元禅）の国家護持へのはたらきかけであった。

かつて興聖寺時代に『護国正法義』の奏聞がなされた。その筆者が道元であるか覚仏であるかはしばらくおくとしても、その奏聞は道元僧団としてなされたはずである。少なくともそうみなされたのである。そして『護国正法義』の奏聞の基調には、正法＝道元禅による護国の主張があったと思われる。このときは文字通り〝王勅〟を得ようとする行動であった。今回の鎌倉行化の目的は、王勅ならぬ幕府へのはたらきかけであった。正法＝道元禅による護国、その主張が抽象レベルにとどまるものならば問題はない。しかしひとたび具体性を帯びてくると、王法側（幕府）の許容できるものではなくなる。時頼個人の信仰レベルの問題をはるかに超えてしまうからである。

道元の鎌倉行化の〝目的〟からすれば、鎌倉での道元の宗教活動は不本意であったはずである。時頼をはじめとする僧俗にたいする説法、授戒の活動だけだったからである。道元も鎌倉での宗教活動をそのくらいに考えていたならば、おそらく鎌倉行化にまつわる暗いイメージ（悲劇性）は生まれなかったものと思う。かつての『護国正法義』の奏聞で懲りていたはずの道元が、今また、正法による護国、正法の国家護持への期待をもち失敗したのである。これは道元禅のもつ「弘法救生」と「一箇半箇の接得」の二面性、その二面性の乖離にともなう焦燥感から出た行動としか思えない。だから道元は鎌倉行化の真の〝目的〟を弟子たちに語れなかったのである。弟子たちも、日頃の言動に矛盾する道元の行動を疑いの眼でみざるをえなかった。とくに俗を重んじ僧を軽んじたのではないかとの批判を道元が予想していることは重要で、これは道元禅のもつ「弘法救生」と「一箇半箇の接得」の両面性のむずかしさからくるものといえよう。

不離叢林

これほどまでの犠牲をはらった鎌倉行化は、結局、道元の不離叢林（一箇半箇の接得の立場）をよりいっそう強める結果に終わったようである。また、鎌倉行化以前にも『正法眼蔵』の説示は少なくなっていたが、ここにいたって従来の『正法眼蔵』の作成の姿勢を改めたらしい。これは「一箇半箇の接得」への没入を意味し、道元禅の継承の問題が最大課題となったためである。これについては後述したい。

それまでの道元には、「弘法救生」の気持ちがその時々の濃淡の差はあれつねにみえたのであるが、鎌倉より帰山したあとはそれが吹っ切れたようだ。道元はしばしば上堂し、「不離叢林」の立場を強調している。たとえば帰山の翌年、建長元年（一二四九）正月の上堂では、学道の容易ならざること、古聖先徳でも善知識に参じて二、三十年を経てはじめて究弁しているとし、さらにつぎのようにのべる。

然あれば則ち当山の兄弟《ひんでい》、須く光陰を惜しみて坐禅弁道すべきなり。諸縁に牽《ひ》かるること莫れ。諸縁に若し牽かるれば、塵中の俗家に在りて空しく寸分の時光を過ごすものなり。挙頭弾指、歎息して、須く寸陰分陰の空過を惜しむべきなり。是れ則ち法身を惜しまんが為なり、坐禅を惜しまんが為なり（『永平広録』巻四）。

とくに「塵中の俗家に在りて空しく寸分の時光を過ごす」あたりの発言は、道元自身、身につまされたのであろう。期待・失望という鎌倉行化の体験をふまえたがゆえの言葉であろう。その結果、徹底した不離叢林の立場を鮮明にしていく。

ちなみにこの年の「正月日」に『衆寮箴規《しゅりょうしんぎ》』が記されている。衆寮での作法を二十七ヶ条にわたって記したものである。試みにいくつか略示すると、

第一条「寮中の儀、当に仏祖の戒律に敬遵し、兼ねて大小乗の威儀に依随し、百丈清規に一如すべし」。

第二条「闔寮《かつりょう》の清衆、おのおの父母・兄弟《ひんでい》・骨肉・師僧・善知識の念に住し、相互に慈愛し、自《じ》佗《た》顧憐して、潜に難値難遇の想いあらば、必ず和合和睦の顔《かんばせ》を見ん」。

第六条「寮中、佗人《たにん》の案頭に到りて、佗人の看読を顧視し、乃ち自佗の道業を妨ぐべからず」。

第八条「寮中、世間の事・名利の事・国土の治乱・供衆の麤細《そさい》を談話すべからず」。

第十一条「寮中、おのおのの案頭、若し仏菩薩を安んぜは、是れ無礼なり。又画図等を懸くべからず」。

第十六条「寮中の清衆、金銀銭帛等の不浄財を蓄うべからず。是れ古仏の遺誡なり」。

第二十一条「寮中、俗典及び天文地理の書、凡そ外道の経論、詩賦和歌等の軸を置くべからず」。

第二十二条「寮中、弓箭兵仗、刀剣甲冑等の類を置くべからず。凡百の武具、置くべからず」。

第二十三条「寮中、管絃の具、舞楽の器を置くべからず」。
第二十四条「寮中、酒肉五辛を入るべからず。凡そ葷茹《くんじょ》の類、寮辺に将来すべからず」。
第二十七条「本寮は公界《くがい》の道場なり。縦い鬚髪《しゅはつ》を剃ると雖も不儀僧の輩、寮内を経廻出入せしむべからず……寮中、度世の業を経営すべからず」。

と、およそこのようなものであった。

こうした不離叢林の立場を、都から遠くはなれた越前の山奥で強調すればするほど、道元は自己の仏法の独自性・正統性を弟子たちに示して激励しなければならなかったのであろう。

＊当山始めて僧堂有り。是れ日本国始めて之を見る。始めて之に入る。始めて之に坐す。学仏道人の幸運なり（『永平広録』巻四）。
＊日本国人、上堂の名を聞くこと、最初永平の伝なり（同、巻五）。
＊日本国先代曾て仏生会・仏涅槃会を伝う。然して未だ曾て行仏成道会を伝えず。永平始めて伝え已に二十年（同上）。
＊夫れ小参は、仏仏祖祖の家訓なり。我が日本国、前代未だ嘗ってその名を聞かず、何ぞ況んや行ぜんや。永平始めて之を伝えて以来、已に二十年を経る（同、巻八）。

こうした発言を再三しなければならなかったところに道元の苦衷をみてしまうが、いずれにせよ、このときの道元には正法を実践する叢林の育成しか念頭になかったようである。

建長三年（一二五一）道元は上堂して、衆縁・衆力（叢林における連帯の力）の必要性を重ねて述べ、「学仏法の人」を「独居《どくご》の輩」と「共行《ぐぎょう》の人」とに分け、前者を退けている（『永平広録』巻六）。その翌年には、不離叢林の立場はさらに推し進められ、仏祖の行解はただ解くべきを解き、行ずるべきを行ずるのであるとし、恩愛を投げ捨て「聚楽を経歴せず、国王に親近せず、山に入り道を求む」べきであるとする。そして坐禅人はみな深山に住するものであり、慣閙《かいどう》（騒々しさ）を脱し寂静をうることとは深山に住すること以外には考えられず、たとえ賢者であったとしても聚楽に居せばその徳を損なうとまで言い切るのである（『永平広録』巻七）。

道元最後の説法

鎌倉より帰山したあと、道元は正法を実践する叢林の育成に腐心するのであるが、その一方で、それまでに書いた『正法眼蔵』の各巻を書き改め、さらに付け加えて、全部で百巻にするつもりであったらしい。十一巻まで進んだところで病床に臥し、その計画を断念して、釈尊最後の説法にちなみ『眼蔵・八大人覚』を記したという。

懐奘はそのあたりの事情を『八大人覚』の識語で、

本云建長五年正月六日書于永平寺

如今建長七年乙卯解制の前日、義演書記をして書写せしめ畢んぬ。同じく之を一校せり。右の本は、先師最後の御病中の御草なり。仰ぎ以みるに、前に撰する所の仮名正法眼蔵等、皆書き改め、并びに新草具に都盧《とろ》壱佰巻、之を撰ずべしと云々。既に始草の御此の巻、第十二に当れり。此の後、御病漸々に重増したまふ。仍つて御草案等の事も即ち止みぬ。所以に此の御草等は、先師最後の教勅なり。我等不幸にして一百巻の御草を拝見せず、尤も恨む所なり。若し先師を恋慕し奉らん人は、必ず此の十二巻を書して之を護持すべし。此れ釈尊最後の教勅にして、且つ先師最後の遺教なり。

と記す。

永久岳水氏はこの識語から、㈠八大人覚が建長四年（一二五二）暮から建長五年（一二五三）正月六日に永平寺で撰述されたこと（建長四年暮は『建撕記』にある）、㈡建長七年（一二五五）七月十四日、義演書記に八大人覚を謄写させ、自ら校正したこと、㈢八大人覚は、道元病中の最後の撰述であること、㈣正法眼蔵百巻の撰述が、道元の意思であったこと、㈤正法眼蔵に旧草と新草とあること、㈥新草は八大人覚を合せて十二巻になること、などの六点を確認し、旧草が七十五巻本を意味し、新草の十二巻本とともに道元の親輯であることを明らかにした（永久 一九三一）。永久氏にとって『正法眼蔵』百巻は七十五巻本プラス二十五巻であって、その二十五巻が十二巻で終わってしまったことになる。

ところがその後、杉尾玄有（守）氏は、識語の「前に撰する所の仮名正法眼蔵等、皆書き改め」に注目し、「旧草七十五巻結集は単に暫定的・便宜的でしかなく、おそらく、あらためて新草十二巻の延長線上に旧草七十五巻本が吸収せられ結集しなおされて、全百巻は成るはずだった」とし、そのばあい「旧草中には何度か再治を加えられた巻があり、それらはほとんど手入れを要せずして、そのまま新草中に編みこまれるはずだったのではないか」とされた。そして氏は、七十五巻本と十二巻本との間に同趣旨の巻が数巻みられることに着目し、七十五巻本の『出家』が十二巻本の『出家受戒』『受戒』に、『伝衣』が『袈裟功徳』に、『発無上心』『如来全身』が『発菩提心』『供養諸仏』にそれぞれ止揚されるべきはずのものとされたのである（杉尾 一九七〇）。

法性甚深の理と作法威儀

さらに杉尾氏は「道元禅師の自己透脱の御生涯と『正法眼蔵』の進化 —— 十二巻本によって「一百巻」を思う」という論文（杉尾 一九八五）で、『御遺言記録』（『永平室中聞書』）の記事によって自説を補強された。その記事とは、

先師の会において聞きしところの法は、この一両年これを稽古するに、みなこれ先師より聞きしところといえども、当初《はじめ》と而今《いま》とは異なれり。いわゆる異なれるとは、先師の弘通せし仏法は、今の叢林の作法進退にして、正にこれ仏儀仏法なりと聞くといえども、内心に私《ひそ》かに存《おも》えり、この外に真実の仏法定《かなら》ずこれあるべしと。然るに近比この見を改めたり。今の叢林の作法威儀等は、これ則ち真実の仏法なりと知るなり。たといこの外に仏祖の仏法無量なりと云うとも、これ等はみな、

一色《いっしき》の仏法なり。今日の仏威儀は、挙手動足の外に、別に法性甚深の理あるべからざること、この旨、真実に信を取りぬ。

というものである。これは建長七年（一二五五）二月二日に懐奘との雑談のさいの義介の発言なのであるが、杉尾氏はこれを原文ではなく文意を補った現代語で紹介し、七十五巻本では「法性甚深の理」が説かれ、十二巻本では「今の叢林の作法進退」こそが仏法であることが説かれたとし、七十五巻本から十二巻本への転換の中間で、道元は「法性甚深の理」を「表《おもて》」に出して説くことが老婆心に欠けるとの深刻な自己批判をへて、十二巻本が新たな百巻の発端となり七十五巻本が逆接していく構想をたてていたのではないかと推定した。そしてこの構想の背後には、道元の二元的思想傾向（本覚思想的傾向）の克服にむけての不断の精進があったとされた。

この杉尾説を承けて問題をより徹底したのが袴谷憲昭氏である。袴谷氏は「道元理解の決定的視点」（袴谷 一九八六）で道元の生涯を貫いた独自の思想的立場は本覚思想批判にあるとし、つづく「『弁道話』の読み方」（袴谷 一九八七）で、「初期の若き道元が『弁道話』にて心常相滅説批判のもとに本覚思想批判を烈しく打出しながら、それを明確に執拗に追求せず、最も本覚思想と見紛われやすい考え方の一つを代表する『山河大地』について、『即心是仏』の巻以来、ああでもないこうでもないと換骨奪胎的な論評を加えつつ考え通してきたことが終には行詰まって、最終的には『四禅比丘』の巻のような表現をとらざるをえなくなった」とし、さらに「十二巻本『正法眼蔵』撰述説再考」

（袴谷 一九八八）で「十二巻本『正法眼蔵』は、従来指摘されているように、ただ単に道元の親撰として各巻の連絡が緊密に取れている一著述であると見るだけではなく、明確に本覚思想批判を打ち出すべく新たに書き下した道元最晩年の決定的著述であると見做さねばなるまい」としたのである。この見解に従えば、七十五巻本は「皆書き改め」られるべきもので、道元の思想を考えるときは十二巻本に依拠すべきだという主張になる。

また七十五巻本と十二巻本の比較を通して、そこに道元の思想変化をみる立場もある。たとえば清水英夫氏の「嘗て道元は大宋国随一の高僧として長沙を称讃した（「正法眼蔵諸法実相」参照）が、それからさ程の年月を隔てないのにここで三時業の所見に関して彼の浅見を痛罵し、修行をやり直すための行脚に出るべきであると揶揄する。三時業の論究を切っ掛けとして長沙に対する称讃から誹謗へのかかる変化を惹起した原因は、当面する『十二巻本正法眼蔵』親輯を目指す道元の構想の中にあったはずである」とする見解（清水 一九九二）も、十二巻本に道元最晩年の説示の構想をみようとしたものである。

また杉尾玄有氏は、『大修行』と『深信因果』にみられる因果観を比較検討し、「《大修行》の巻の論調からすれば、高次元の仏法は不落因果・不昧因果を超えた大因果そのものであり、道元は『円因満果』とも言いあらわす。大因果にあっては、因は因として、果は果としてそれぞれに円満（完全）無欠であって、因は果をまつことを要しないし、果は因によることを要しないというのである。しかし、《深信因果》からすれば、これこそまさに撥無因果の最極端であって、とうてい許されない……

道元は、七十五巻本における《大修行》の因果観をそのままにしておくことはできなかったであろう。それを訂正して、十二巻本における《深信因果》のそれは出てきているといわねばならない」（杉尾一九九二）と述べる。

この『大修行』から『深信因果』への展開を、「訂正」とみるか説相の違いとみるかで、七十五巻本と十二巻本の位置づけが大いに異なることになる。そもそも七十五巻本と十二巻本の関係をどうみるか。七十五巻本は『八大人覚』の識語にある「皆書き改め」られるものなのであろうか。この点に関し池田魯参氏は、『正法眼蔵』が下書きの「草案」→推敲を加えた「中書」→完成した「清書」→書写という手順で成立しており、十二巻本のうち「書き改め」られた『正法眼蔵』は『三時業』にのみいえることで、十二巻本が七十五巻本の最終巻の主題を承け「出家の功徳」から始めるのは、十二巻本が七十五巻本を前提にしているからであるとした（池田 一九九一）。

また古田紹欽氏は、七十五巻本は建長二年（一二五〇）の示衆『洗面』をもって最終年次とし、建長壬子（四年［一二五二］）に「拾勒」された『現成公案』を巻頭に据え、「懐奘が意図した巻の編成は道元の了解の下に、その年次に見るが如きにおいて、ほぼなっていたと考える」（傍点船岡）（古田 一九九二）とした。

さらに鏡島元隆氏は、七十五巻本が道元存命中の建長四年に「拾勒」された『現成公案』を首巻とすることに注目し、七十五巻本が「道元の意思を十分に反映した正法眼蔵の体系」であり、「『現成公案』が七十五巻本『眼蔵』を方向づけるものであることを示すものであって、七十五巻本『眼蔵』とは、仏（悟り）の眼からみられた諸法のありようをしめしたものと性格づけられ」るとした。また七十五巻本最後の『出家』と十二巻本最初の『出家功徳』の関係について、「『出家功徳』巻は、これから出家すべき衆生を対象とした説示であることにおいて、すでに出家せる門下を対象にした説示である『出家』巻とは、撰述の趣旨を異にしている」とし、七十五巻本＝「仏の眼」＝眼蔵の弘法篇＝法華経の本門、十二巻本＝「衆生の眼」＝眼蔵の方便篇＝法華経の迹門と両本の性格を位置づけた。また『八大人覚』の識語の「釈尊最後の教勅」「先師最後の遺教」が『八大人覚』のみを指しているとしたのである（鏡島 一九九一）。

以上、十二巻本『正法眼蔵』をめぐる研究史を一瞥したのであるが、『八大人覚』の識語の「前に撰する所の仮名正法眼蔵等、皆書き改め、幷びに新草具に都盧《と ろ》壱佰《いっぴゃく》巻《かん》、之を撰ずべし」に端を発し、七十五巻本が「書き改め」られるものなのか否かの一点にかかっている。そしてそのことが問題になるのには、かつて入越の寛元元年（一二四三）を境にしてその前後で道元に思想の変化があったのではないかとする議論がなされたが、そのこととも関係するのではないかと思われる。事実、その思想変化はともかくとしても、道元の説き方に変化があったらしいことは、すでにふれた『御遺言記録』（『永平室中聞書』）にみえる義介の受け止め方に明らかである。すなわち道元は「当初《はじめ》」「法性甚深の理」を説いていたが、「而今《いま》」は「叢林の作法威儀等」を説くばかりだと、義介は受け止めたのである。この説き方の変化を思想の変化とみるか、説相の違いとみるかで、道元禅そのものの評価が分かれてしまう。筆者は義介が「当初《はじめ》」と「而今《いま》」が「一色《いっしき》の仏法」であり「真実の仏法なり」と思い直したことを重視したい。すなわち思想の変化ではなく、説相の違いなのである。ではそのことを念頭に置きながら、十二巻本『正法眼蔵』について概観してみよう。

十二巻本『正法眼蔵』

七十五巻本『正法眼蔵』の最後の巻が『出家』であったが、それを承けるかのように十二巻本『正法眼蔵』の始めの巻は、出家受戒の功徳を広く経論・祖師の言葉を引きながら説いた『出家功徳』である。「無上菩提のために菩提心をおこし出家受戒せん、その功徳無量なるべし」と出家受戒の功徳が語られ、それゆえ「出家して禁戒を破すといへども、在家にて戒をやぶらざるごとくならず、ゆゑに出家すべ」きであり、「三世十方諸仏、みな一仏としても、在家成仏の諸仏ましまさず」とする。そして「聖教のなかに在家成仏の説あれど正伝にあらず、女身成仏の説あれどまたこれ正伝にあらず、仏祖正伝するは、出家成仏なり」とまで語る。

かつて道元は『弁道話』で仏道修行の証は「たゞこれこゝろざしのありなしによるべし、身の在家出家にはかゝはらじ」とのべ、『渓声山色』で「聞法をねがひ出離をもとむること、かならず男子女人によらず」と語っていたのが嘘のようである。道元の思想変化が論議されたゆえんでもあるが、これについては拙著『道元と正法眼蔵随聞記』で明らかにしたように、道元のもつ「弘法救生」の立場と「一箇半箇の接得」の立場からくるその時・処・位の変化による説き方の違いと関係することであり、また『弁道話』のところで説明したように、道元の本質論と現実論という二分法的な問題の立て方とも関係し、単純に思想変化といえないのである。

また『出家功徳』では「今生の人身は、四大五蘊、因縁和合してかりになせり、八苦つねにあり。

いはむや刹那々々に生滅してさらにとゞまらず、いはんや一弾指のあひだに六十五の刹那生滅すといへども、みづからくらきによりて、いまだしらざるなり。すべて一日夜があひだに、六十四億九万九千九百八十の刹那ありて五蘊生滅すといへども、しらざるなり」と刹那消滅のことが語られており、これは而今の立場、修証一等という道元の基本的立場に通じるものである。

十二巻本『正法眼蔵』の第二は『受戒』である。『禅苑清規』の「参禅問道は戒律為先なり。既に過を離れ非を防ぐに非ずは、何を以てか成仏作祖せん」を引き、「戒をうけざればいまだ諸仏の弟子にあらず、祖師の児孫にあらざるなり」と語り、三帰・三聚清浄戒・十重禁戒を説明して、丹霞天《たんかてん》然《ねん》・薬山高沙弥《やくざんこうしやみ》などの比丘戒を受けていない祖師でもこの仏祖正伝菩薩戒は必ず受持したものであるとする。

次の第三『袈裟功徳』はすでに仁治元年（一二四〇）に興聖寺で示衆されていたもので、七十五巻本の第三十二に『伝衣』の巻名で採られている。両者はほぼ同内容である。跋文によれば、仁治元年開冬日（十月一日）興聖寺で示衆され、建長七年（一二五五）夏安居日に懐奘が義演書記に書写させ、同年七月五日に「御草案」をもって一校したとある。

第四『発菩提心』は七十五巻本と同じ巻名（ないし『発無上心』）であるが、こちらの方は文章がかなり異なる。まず巻頭で、心に質多心《しつたしん》（慮知心《ろちしん》）・汗栗多心《かりたしん》（草木心）・矣栗多心《いりたしん》（績聚精要心《しやくじふしやうえうしん》）の三種があり、「このなかに、菩提心をおこすこと、かならず慮知心をもちゐる」とし、「菩提心をおこすといふは、おのれいまだわたらざるさきに、一切衆生をわたさんと発願しいとなむなり。そのかたちいやしといふとも、この心をおこせば、すでに、一切衆生の導師なり」と高らかに宣言する。そしてこの発菩提心は感応道交のなかで実現するので、「諸仏菩薩の所授にあらず、みづからが所能にあらず、感応道交するに発心するゆへ《（ゑ）》に、自然にあらず」とし、この「発（菩提）心」は「自未得度《じみとくど》先度《せんど》他《た》の心をおこす」ことに他ならないとする。

刹那消滅

またここでも刹那消滅について、「おほよそ発心・得道、みな刹那消滅するによるものなり。もし刹那消滅せずは、前刹那の悪さるべからず。前刹那の悪いまださらざれば、後刹那の善いま現生すべからず」と語り、発心・得道も刹那消滅のなかで可能となるという。さらに「おほよそ本有より中有にいたり、中有より当本有にいたる、みな一刹那一刹那にうつりゆくなり。かくのごとくして、わがこゝろにあらず、業にひかれて流転生死すること、一刹那もとゞまらざるなり」と、刹那消滅のなかで業に引かれ流転生死するのだと語る。一見すると「刹那消滅」と「業にひかれて流転生死すること」とは相容れないように思われるが、とにかく道元はこのようにいう。この点に関して『三時業』で検討してみたい。そして「西天廿八祖、唐土六祖等、および諸大祖師は、これ菩薩なり、ほとけにあらず、声聞辟支仏《しょうもんびゃくしぶつ》にあらず」と、祖師が「自未得度先度他」の菩薩であることを確認する。

次の第五『供養諸仏』では、三世の諸仏に供養する功徳を多くの経・律・論を引きながら説いている。まず巻頭で『大毘婆娑論』巻七十六の「若し過去世無くんば、応に過去仏無かるべし。若し過去仏無くんば、出家受具無けん」を引き、「あきらかにしるべし、三世にかならず諸仏ましますなり。

……過去の諸仏を供養したてまつり、出家し、随順したてまつるがごとき、かならず諸仏となるなり。供仏の功徳によりて作仏するなり」と供養諸仏の功徳を説く。そして「われらいま仏道の宝山にのぼり、仏道の宝海にいりて、さいはい《（ひ）》にたからをとれる、もともよろこぶべし。曠劫《くわうごふ》の供仏《くぶつ》のちからなるべし。『必得作仏』うたがふべからず、決定《くゑちぢやう》せるものなり」と、曠劫《こうごう》（長いあいだ）の供仏の力によって、われわれは仏道の宝山・宝海で供仏＝作仏という宝を手に入れたのだと語る。

第六『帰依仏法僧宝《きえぶつぽうそうぼう》』では、「この帰依仏法僧の功徳、かならず感応道交するとき成就するなり」と、帰依三宝の功徳は、衆生の感と仏菩薩の応が共鳴する感応道交のなかで実現するという。そして「身心いまも刹那々々に生滅すといへども、法身かならず長養して、菩提を成就するなり」と、身心は刹那消滅するが、法身は長養して菩提成就するという注目すべき指摘をする。これは刹那消滅と業の問題にも関連することである。また『法華経』を高く評価して、「法華経は、諸仏如来一大事の因縁なり。大師釈尊所説の諸経のなかには、法華経これ大王なり、大師なり。余経・余法は、皆是法華経の臣民なり、眷属《けんぞく》なり。法華経中の所説これまことなり、余経中の所説みな方便を帯せり、ほとけの本意にあらず」と語る。

第七『深信因果《じんしんいんが》』では、寛元二年（一二四四）の示衆『大修行』と同じ百丈野狐《ひやくじようやこ》の話の公案を引きながら、「不落因果はまさしくこれ撥無因果《はつむいんが》なり、これによりて悪趣に堕す。不昧因果はあきらかにこれ深信因果也、これによりて聞もの悪趣を脱す」とのべる。撥無因果とは因果を無視すること。そして「近代宋朝の参禅のともがら、もつともくらき処、たゞ不落因果を邪見の説と知らざるにあり。

……参学の輩ら、まさにいそぎて因果の道理を明むべし」と、因果の道理を明らめ深く因果を信ぜよという。そして「因果を撥無するより、今世後世なしとは誤る也」と述べ、次の『三時業《さんじごう》』へと続く。

業《ごう》の問題

第八『三時業』ではまず、『景徳伝燈録』から第十九祖の鳩摩羅多尊者《くもらたそんじゃ》の「善悪の報に三時有り」を引き、「いまのよに因果をしらず、業報をわきまへざる邪見のともがらに群すべからず」と因果業報の理の大切さを述べ、「仏祖の道を修習するには、その最初より、この三時の業報の理をならひあきらむるなり」と語る。そして三時業を説明して、第一の「順現法受業」とは「人ありて、あるひ《い》は善にもあれ、あるひ《い》は悪にもあれ、この生につくりて、すなはちこの生にその報をうくる」こと、第二の「順次生受業」とは「人ありて、この生に五無間業をつくれる、かならず順次生に地獄におつる」こと、第三の「順後次受業」とは「人ありて、この生にあるひ《い》は善にもあれ、あるひ《い》は悪にもあれ、造作しをはれりといへども、あるひ《い》は第三生、あるひ《い》は第四生、乃至百千世のあひだにも、善悪の業を感ずる」こととし、そのほか果を受ける時期が定まらない「不定業」もあるという。

ここで語られた「業」の問題と『出家功徳』『発菩提心』『帰依仏法僧宝』などで展開している「刹那消滅」の問題について考えてみよう。一見すると「刹那消滅」と「業にひかれて流転生死すること」とは相容れないように思われると『発菩提心』のところで述べたが、どうであろうか。これについては『帰依仏法僧宝』の巻で紹介した、「身心いまも刹那々々に生滅すといへども、法身かならず長養して、菩提を成就するなり」と述べていることが参考になる。身心は刹那消滅するが法身は長養して菩提成就する。刹那は時間の最短の単位、この刹那のあいだに消滅する、刹那のあいだに因果が実現する。前の刹那、この刹那、次の刹那というぐあいに刹那は前後際断されている。ところが法身は長養して菩提成就に到るという。長養は養い育てることだから、法身は断絶しないようでもある。しかし連続しているかといえばそれも違う。

法身は仏性と言い換えてもよい。仏性といえば道元は『仏性』で、「仏性の道理は、仏性は成仏よりさきに具足せるにあらず、成仏よりのちに具足するなり。仏性かならず成仏と同参するなり」とのべていた。「仏性の言《ごん》をきゝて、学者おほく先尼外道の我のごとく邪計《じやけ》せり」とも忠告していた。つまりこういうことである。刹那のなかで因縁生起し果として完結する。次の刹那の因には前の刹那の果が反映していて、また因縁生起し果に結実する。さらに次の刹那には……というぐあいになる。刹那における営為が業となり、「業にひかれて流転生死すること」になる。

さて第九『四馬《しめ》』では、『雑阿含経《ぞうあごんぎよう》』にみえる鞭影《べんえい》・触毛《そくもう》・触肉《そくにく》・徹骨《てつこつ》の四馬の調馬法、『大般涅槃経』にみえる触毛・触皮・触肉・触骨の四馬の調馬法のたとえを引きながら、如来の調御に四種の法があり、それは生・老・病・死の爲説であって、「この生老病死を爲説するによりて、一切衆生をして阿耨多羅三藐三菩提《あのくたらさんみやくさんぼだい》の法をゑ《(え)》しめむがためなり」とする。

三教一致論批判

次の第十『四禅比丘』では、四禅を得たときに四果を得たと思う増上慢の比丘（四禅比丘）の不聞の誤りを指摘し、それは「仏法と老子孔子の法と、一致にして異轍《いてつ》あらず」とする「大宋国」に多い「寡聞愚鈍の輩」と同じだと、三教一致説を批判する。そして雷菴正受《らいあんしょうじゅ》の『嘉泰普灯録《かたいふとうろく》』三十巻所収の孤山智円伝から孤山の発言「吾が道は鼎の如し、三教は足の如し。足一も虧《か》くれば鼎覆《くつが》へると。臣嘗《かつ》て其の人を慕ひ其の説を稽《かんが》ふ。乃ち知りぬ、儒の教たらく、其の要は誠意に在り。道の教たること、其の要は虚心に在り。釈の教たること、其の要は見性に在ることを。誠意と虚心と見性と、名を異にして躰同じ」を引き、このような誤った考えの連中は孤山・雷菴に限らず多く、その誤りは四禅比丘の誤りより深いものだという。

そして舌鋒鋭く、「仏法いまだその要見性にあらず、西天東地二十八祖、七仏いづれの処にか仏法のたゞ見性のみなりとある。六祖壇経に見性の言あり、かの書これ偽書なり、附法蔵の書にあらず、曹渓の言句にあらず、仏祖の児孫またく依用せざる書なり」と見性禅の批判と『六祖檀経』偽書説を展開し、「近日宋朝の僧徒、ひとりとしても、孔老は仏法に及ずとしれる輩なし。……ひとり先師天童古仏のみ、仏法と孔老とひとつにあらずと暁了せり」と、三教一致説批判とその立場に立つ先師如浄を顕彰する。如浄の顕彰は、とりもなおさず道元が仏法を正伝した正師であることを確認させることになる。そして「孔老は三世の法をしらず、因果の道理をしらず」「孔老は三世をしらず、多劫をしらざるのみにあらず、一念しるべからず、一心しるべからず。なほ日月天に比すべからず、四大王・衆天に及ぶべからざるなり。世尊に比するは、世間出世間に迷惑せるなり」と、三世の法、因果の道理を知るのは仏法のみで、その点で三教一致論は人びとを惑わすものだと手厳しい。

第十一『一百八法明門《いっぴゃくはちほうみょうもん》』では、『仏本行集経』巻六の釈迦の前生譚で、兜率天《とそつてん》時代の護明菩薩が、正信から不退転地までの百八の仏道に入る行法をのべたもので、「いま初心晩学の輩のためにこれを撰す。師子の座にのぼり、人天の師となれらむ輩、審細参学すべし」と結んでいる。

そして十二巻本の最後が『八大人覚《はちだいにんかく》』である。八大人覚とは大人すなわち仏の八つの覚という意味。はじめに「諸仏は大人なり、大人の覚知する所なり、所以《ゆゑ》に八大人覚と称ず。此の法を覚知するを、涅槃の因と為《す》。我が　本師釈迦牟尼仏、入般涅槃したまひし夜の、最後の所説なり」と、八大人覚が涅槃に入る直前の釈迦の最後の遺誡であるとし、『仏垂般涅槃略説教誡経《ぶつしはつねはんりやくせつきようかいきよう》』（別名『仏遺教経《ぶつゆいぎようきよう》』）を引き、涅槃に入るための八つの徳目について述べる。

八つの徳目とは以下のごとくである。まず「小欲」では「多欲の人は、多く名利を求むるが故に苦悩も亦多し」、「知足」では「若《も》し諸《もろもろ》の苦悩を脱《のが》れんと欲《おも》はば、当《まさ》に知足を観ずべし」、「楽寂静《げうじやくじやう》」では「寂静無為の安楽を求めんと欲はば、当に憒閙《くわいねう》を離れて独り閑居《けんご》に処すべし」、「懃精進《ごんしやうじん》」では「若し懃精進《ごんしやうじん》すれば、則ち事として難き者無し」、「不忘念《ふまうねん》（守正念）」では「善知識を求め、善護助を求むるは、不忘念に如《し》くは無し。若し不忘念有る者は、諸の煩悩の賊則ち入ること能はず」、「修禅定《しゆぜんぢやう》」では「若し心を摂《おさ》むれば、心則ち定《ぢやう》に在り。心定に在るが故に、能く世間消滅の法相を知る。……若し定を得ば、心則ち散ぜず」、「修智恵」では「若し智恵有れば則ち貪著《とんぢやく》無し」、「不戯論《ふけろん》」では「当に急ぎて乱心と戯論とを捨離すべし」と述べる八つである。そして続けて、「この故に、如来の弟子は、かならずこれを習学したてまつる。これを修習せず、しらざらんは仏弟子にあらず。これ如来の正法眼蔵涅槃妙心なり」と述べ、道元のこの語りが「衆生のためにこれをとかんこと、釈迦牟尼仏にひとしくしてことなることなからん」ためであると結ぶ。

以上、十二巻本『正法眼蔵』の内容を検討してきたが、ここでそれを整理してみると、出家受戒の功徳を説く『出家功徳』、受戒の意義を説く『受戒』、袈裟の功徳を説く『袈裟功徳』、発心の意義を説く『発菩提心』、諸仏供養の功徳を説く『供養諸仏』、帰依三宝の功徳を説く『帰依仏法僧宝』、因果論の重要性を説く『深信因果』、三時の業報の理を説く『三時業』、仏の衆生接化の方便を説く『四馬』、三教一致説・見性禅批判の『四禅比丘』、仏道に入る百八の門を説く『一百八法明門』、釈迦の遺誡である『八大人覚』の十二巻ということになる。

道元入滅碑（西洞院高辻西入ル）

いずれも仏教の基本であり、「叢林の作法威儀等」についての言説であった。「法性甚深の理」に苦しんできた者には、どこか物足りなさを感じるのではないか。しかしこれは義介が感じた、「当初《はじめ》」の「法性甚深の理」から「而今《いま》」の「叢林の作法威儀等」への道元の説き方の変化と関係するのである。入越後とりわけ鎌倉行化後の道元は、不離叢林・一箇半箇の接得の立場を鮮明にしていった。道元僧団の維持、仏法の継承に意を尽くさねばならなかったのである。

道元示寂

『建撕記』によれば、道元は建長四年（一二五二）夏のころより微疾を発し、最後の教誡としてこの『八大人覚』を書いた。そしてこのあとも道元の病状は思わしくなかったようで、翌年の七月十四日に懐奘を永平寺住持に就任させたのである。それからは、夜間の小参や早朝の上堂にさいしても、道元は病をおして輿にのり法堂まで来て、懐奘の説法を聞き、その正しさを証明したという。こうして永平寺の後継者を確定した道元は、みなの勧めにしたがい、八月五日に永平寺を離れ上洛、高辻西洞院の俗弟子覚念の家に落ち着いた。ここで静養を加えていたが、その甲斐もなく八月二十八日、「五十四年。照㆓第一天㆒。打箇㆓臉抻㆒。触㆓波大千㆒。咦。渾身無㆑処㆑覓。活陥㆓黄泉㆒」の偈を残して示寂した。『行業記』によれば、法嗣は三人、剃髪の弟子三百余人、菩薩戒を受けた者七百余人であった。法嗣三人とは、僧海・詮慧・懐奘である。僧海は道元の存生中に亡くなり、詮慧は京都永興寺に住したという。かくして道元亡きあとの永平寺僧団は、懐奘を指導者にして新しく歩むことになる。

参考文献

【道元関係史料（年次順）】

本山版縮刷『正法眼蔵　全』（鴻盟社、一九二六年）
和辻哲郎校訂『正法眼蔵随聞記』（岩波文庫、一九二九年）
大久保道舟『道元禅師全集』（春秋社、一九三〇年）
『曹洞宗全書　注解』一・二（曹洞宗全書刊行会、一九三〇年）
衛藤即応校訂『正法眼蔵』上・中・下（岩波文庫、一九三九年・一九四二年・一九四三年）
大久保道舟訳注『道元禅師語録』（岩波文庫、一九四〇年）
大久保道舟訳注『道元禅師清規』（岩波文庫、一九四一年）
横関了胤校訂『伝光録』（岩波文庫、一九四四年）
西有穆山『正法眼蔵啓迪』上中下（大法輪閣、一九六五年）
日本古典文学大系『正法眼蔵　正法眼蔵随聞記』（岩波書店、一九六五年）
日本思想大系『道元』上・下（岩波書店、一九七〇年・一九七二年）
河村孝道編『諸本対校永平開山道元禅師行状建撕記』（大修館書店、一九七五年）
永平正法眼蔵蒐書大成・別巻『道元禅師真蹟関係資料集』（大修館書店、一九八〇年）
酒井得元・鏡島元隆・桜井秀雄監修『道元禅師全集』全七巻（春秋社、一九八八〜一九九三年）

『祖山本永平広録校注集成』上・下（大本山永平寺、一九八九年）
水野弥穂子校注『正法眼蔵』全四巻（岩波文庫、一九九〇～一九九三年）
中村璋八・石川力山・中村信幸訳注『典座教訓・赴粥飯法』（講談社学術文庫、一九九一年）
東隆真『現代語訳　伝光録』（大蔵出版、一九九一年）
『永平寺史料全書』禅籍編一～四（大本山永平寺、二〇〇二～二〇〇七年）
『正法寺本正法眼蔵雑文』（春秋社、二〇一〇年）
吉田道興編著『道元禅師伝記史料集成』（あるむ、二〇一四年）

【引用史料（所出順）】

『平家物語』（日本古典全集刊行会、一九二六年）
『和名類聚鈔』（臨川書店、増訂版、一九六八年）
『日域洞上諸祖伝』（『大日本仏教全書』一一〇、有精堂書店、一九三一年）
『尊卑分脈』（国史大系、吉川弘文館、一九八七年）
『源平盛衰記』（有朋堂文庫、一九二九年）
『本朝通鑑』（国書刊行会、一九一八～一九二〇年）
『元亨釈書』（『大日本仏教全書』一〇一、潮書房、一九三一年）
『聖一国師年譜』（『大日本仏教全書』九五）
『五壇法記』（『大日本史料』建保五年十一月二十九日条）
『寺門伝記補録』十四（『大日本史料』建保五年十一月二十九日条）
『天台座主記』（渋谷慈鎧編『校訂増補天台座主記』第一書房、一九七三年）

『門下伝』（『華頂要略』一二一所収「天台座主記」二〇、『大日本史料』嘉禎元年九月二十日条）
『日本三代実録』（新訂増補国史大系、吉川弘文館、一九八一年）
『愚管抄』（日本古典文学大系、岩波書店、一九六七年）
『吾妻鏡』（新訂増補国史大系、吉川弘文館、一九六八年）
『百錬抄』（新訂増補国史大系、吉川弘文館、一九二九年）
『明月記』（国書刊行会、一九七〇年）
『華頂要略』一二一所収「天台座主記」二、（『大日本史料』元久二年十一月条）
『壬生文書』（「建久年中雑々文書」、『大日本史料』元久元年条）
『驢鞍橋』（鈴木鉄心編『鈴木正三道人全集』山喜房仏書林、一九六二年）
『沙石集』（日本古典文学大系、岩波書店、一九六六年）
『日本国千光法師祠堂記』（『続群書類従』第九輯、経済雑誌社、一九〇五年）
『本朝高僧伝』（国訳一切経・史伝部二一～二三、大東出版社、一九三〇～一九三二年）
『園城寺長吏次第』（『群書類従』第四輯・補任部）
『華頂要略』「諸門跡伝」（『大日本史料』建保四年閏六月二十六日条）
『東寺文書』「三井寺長吏次第」（『大日本史料』建永元年三月二十八日条）
『法然上人絵伝』（『四十八巻伝』、続日本の絵巻『法然上人絵伝』上中下、中央公論社）
『守護国家論』（日本思想大系『日蓮』、岩波書店、一九七〇年）
『浄土九品之事』（『昭和定本日蓮聖人遺文』三、久遠寺、一九五四年）
『源空上人私日記』（『浄土宗全書』一七、山喜房仏書林、一九七一年）
『古今著聞集』（新訂増補国史大系一九、吉川弘文館、一九六四年）

佐藤亮雄編『僧伝史料』一〜三（新典社、一九八九〜一九九〇年）
『僧官補任』（『大日本史料』建保四年閏六月二十日条）
『寺門伝記補録』（『大日本史料』建保四年閏六月二十日条）
『三井続灯記』（『大日本仏教全書』六七・史伝部六、鈴木学術財団、一九七二年）
『黒谷源空上人伝』（『群書類従』第九輯、経済雑誌社、一九〇五年）
『仏照禅師塔銘』（『群書類従』第九輯、経済雑誌社、一九〇五年）
『東福寺八世法照禅師十乗坊行状』（『続群書類従』第九輯、経済雑誌社、一九〇五年）
『天台法華宗年分学生式』（日本思想大系『最澄』岩波書店、一九七四年）
『慈覚大師伝』（『続群書類従』第八輯、経済雑誌社、一九〇四年）
『本朝法華験記』（日本思想大系『往生伝　法華験記』岩波書店、一九七四年）
『続本朝往生伝』（日本思想大系『往生伝　法華験記』岩波書店、一九七四年）
『本朝神仙伝』（日本思想大系『往生伝　法華験記』岩波書店、一九七四年）
『拾遺往生伝』（日本思想大系『往生伝　法華験記』岩波書店、一九七四年）
『後拾遺往生伝』（日本思想大系『往生伝　法華験記』岩波書店、一九七四年）
『三外往生伝』（日本思想大系『往生伝　法華験記』岩波書店、一九七四年）
『本朝新修往生伝』（日本思想大系『往生伝　法華験記』岩波書店、一九七四年）
『摩訶止観』上下（岩波文庫、一九六六年）
『安国論御勘由来』（岩波文庫『日蓮文集』岩波書店、一九六八年）
『却廃忘記』（日本思想大系『鎌倉旧仏教』岩波書店、一九七一年）
『夢記』（岩波文庫『明恵上人集』岩波書店、一九八一年）

『栂尾明恵上人伝記』（岩波文庫『明恵上人集』岩波書店、一九八一年）
『禅宗綱目』（日本思想大系『鎌倉旧仏教』岩波書店、一九七一年）
『夢感聖相記』（『大正新脩大蔵経』八三、『拾遺黒谷上人語灯録』上）
『選択本願念仏集』（日本思想大系『法然　一遍』岩波書店、一九七一年）
『康永四年山門申状』（辻善之助『日本仏教史』四、岩波書店、一九四九年）
『空華日用工夫略集』（蔭木英雄訓注、思文閣出版、一九八二年）
『建仁寺住持位次簿』（『大日本史料』仁治二年七月十五日条）
『金剛三昧院紀年誌』（『大日本史料』仁治二年七月十五日条）
『泉涌寺不可棄法師伝』（『群書類従』第九輯、経済雑誌社、一九〇五年）
『清衆規式』（『大日本史料』承久二年二月十日条）
『雍州府志』（『古事類苑』宗教部三、吉川弘文館、一九八二年）
『山城名勝志』（『古事類苑』宗教部三、吉川弘文館、一九八二年）
『枯崖漫録』（『国訳禅宗叢書』一の一）
『如浄禅師語録』（『大正新脩大蔵経』四八、大蔵出版、一九二八年）
『明庵禅師塔銘』（『群書類従』第九輯、経済雑誌社、一九〇五年）
『越前宝慶由緒記』（『曹洞宗古文書』下、曹洞宗古文書刊行会、一九六二年）
『公卿補任』（新訂増補国史体系、吉川弘文館、一九三八〜一九八九年）
『往生要集』（日本思想大系『源信』岩波書店、一九七〇年）
『牛頭法門要纂』（日本思想大系『天台本覚論』岩波書店、一九七三年）
『論語』（岩波文庫、一九三三年）

『雑談集』（三弥井書店、一九七三年）
『渓嵐拾葉集』（『大正新脩大蔵経』七六、大蔵出版）
『法燈円明国師行実年譜』（『群書類従』第九輯、経済雑誌社、一九〇五年）
『興禅護国論』（日本思想大系『中世禅家の思想』岩波書店、一九七二年）
『十宗要道記』（『禅宗』二一〇・付録、貝葉書院、一九一二年九月）
『光明寺開山御伝』（『群書類従』第九輯、経済雑誌社、一九〇五年）

【道元特集文献】

講座道元・全七巻『道元の生涯と思想』『道元禅の歴史』『道元の著作』『道元思想の特徴』『世界思想と道元』『仏教教学と道元』『現代思想と道元』（春秋社、一九七九〜一九八一年）
曹洞宗宗学研究所編『道元思想のあゆみ』一〜三（吉川弘文館、一九九三年）
『道元思想大系』全二二巻（同朋舎出版、一九九四〜一九九五年）
『文学』二九の六（特集：道元、一九六一年六月）
『現代思想』（特集：道元と禅の思想、青土社、一九七三年一一月）
『理想』五一三（特集：道元、理想社、一九七六年二月）
『実存主義』八二（特集：道元、実存主義協会、一九七七年一一月）

【論文・著書（五十音順）】

秋月龍珉『道元入門』（講談社現代新書、一九七〇年）
秋月龍珉『正法眼蔵を読む』（ＰＨＰ文庫、一九八五年）

秋山範二『道元の研究』（岩波書店、一九三五年）
秋山範二『道元禅師と行』（山喜房仏書林、一九四〇年）
東隆真「『行業記』と『行状記』―『行状記』の作者・成立年代の推定―」（『宗学研究』六　一九六四年四月）
東隆真『道元小事典』（春秋社、一九八二年）
家永三郎「道元の宗教の歴史的性格」（『中世仏教思想史研究』法蔵館、一九四七年）
池田魯参編『正法眼蔵随聞記の研究』（渓水社、一九八九年）
池田魯参「新草十二巻『正法眼蔵』の構想と課題」（鏡島元隆・鈴木格禅編『十二巻本『正法眼蔵』の諸問題』大蔵出版、一九九一年）
石井修道「道元禅師の大梅山の霊夢の意味するもの」（駒沢大学中国仏教史蹟参観団編『中国仏蹟見聞記』七、一九八六年。のち石井修道『道元禅の成立史的研究』〔大蔵出版、一九九一年〕）
石井修道『中国禅宗史話』（禅文化研究所、一九八八年）
石井修道『道元禅の成立史的研究』（大蔵出版、一九九一年）
石井修道『最近の道元禅師研究に想う』（第一六回中国曹洞宗青年会石見大会講義録、石見曹洞宗青年会、一九九四年）
石井清純「『正法眼蔵』と『永平広録』における公案解釈」（『駒澤大學佛教學部論集』一七、一九八六年一〇月）
石井清純「十二巻本『正法眼蔵』と『永平広録』―「百丈野狐」の話を中心として―」（『宗学研究』三〇、一九八八年三月）
石井清純「道元禅師の僧団に対する意識について―説示の背景として―」（『駒澤大學佛教學部論集』二〇、一九八九年一〇月）
石井清純「道元禅師の『弘法救生の心』について」（『宗学研究』三二、一九九〇年三月）

石井清純「道元撰新草十二巻本『正法眼蔵』の性格について―『永平広録』上堂を手掛かりとして―」(『松ヶ岡文庫研究年報』五、一九九一年三月a)
石井清純「道元禅師の在家者に対する説示について」(『宗学研究』三三、一九九一年三月b)
石川力山「『宝慶由緒記』の史料的価値」(『印度学仏教学研究』二五の一、一九七六年一二月)
石川力山「祖山本『如浄録』について」(『傘松』四〇六、一九七七年七月)
石川力山「道元の《女人不成仏論》について―十二巻本『正法眼蔵』の性格をめぐる覚書―」(『駒澤大學禪研究所年報』一、一九九〇年三月)
石川力山「道元学の今」(『師家養成所講義録』曹洞宗宗務庁、一九九一年)
石川力山「日本禅宗の成立について」(日本の仏教1『アジアの中の日本仏教』法蔵館、一九九五年)
伊藤慶道『道元禅師研究』第一巻(大東出版社、一九三九年)
伊藤秀憲「『正法眼蔵』に見られる臨済批判」(『宗学研究』二〇、一九七八年三月)
伊藤秀憲「道元禅師の在宋中の動静」(『駒澤大学仏教学部研究紀要』四二、一九八四年三月)
伊藤秀憲「三大尊行状記の成立について」(『印度学仏教学研究』三四の一、一九八五年十二月)
伊藤秀憲「仏鑑禅師語録の上堂年時考―宝慶三年如浄示寂説を確かめる―」『中国仏蹟見聞記』七、一九八六年)
伊藤秀憲『道元禅研究』(大蔵出版、一九九八年)
伊東洋一「正法眼蔵の汎神論的性格と道徳」(『宗教研究』一四三、一九五五年三月)
今枝愛真「道元の越前入居の真相」(『日本歴史』二一八、一九六六年七月)
今枝愛真『禅宗の歴史』(至文堂、一九六六年)
今枝愛真『中世禅宗史の研究』(東京大学出版会、一九七〇年)
今枝愛真『道元―その行動と思想』(評論社、一九七五年)

今枝愛真『道元―坐禅ひとすじの沙門―』（日本放送出版協会、一九七六年）
梅原猛「道元の人生と思想」（高崎直道・梅原猛『〈仏教の思想11〉古仏のまねび〈道元〉』角川書店、一九六九年）
衛藤即応『宗祖としての道元禅師』（岩波書店、一九四三年）
衛藤即応『正法眼蔵序説』（岩波書店、一九五九年）
衛藤即応『道元禅と念仏』（渓声社、一九七六年）
大久保道舟『修訂増補道元禅師伝の研究』（筑摩書房、一九六六年）
小川霊道「古写本『建撕記』とその成立に就て」（『宗学研究』四、一九六二年三月）
何燕生『道元と中国禅思想』（法蔵館、二〇〇〇年）
鏡島元隆『道元禅師とその門流』（誠信書房、一九六一年）
鏡島元隆「栄西・道元相見問題について―古写本建撕記発見に因みて―」（『金沢文庫研究』九〇・九一、一九六三年）
鏡島元隆『道元禅師と引用経典・語録の研究』（木耳社、一九六五年）
鏡島元隆『天童如浄禅師の研究』（春秋社、一九八三年）
鏡島元隆『道元禅師とその周辺』（大東出版社、一九八五年）
鏡島元隆「十二巻本『正法眼蔵』の位置づけ」（鏡島元隆・鈴木格禅編『十二巻本『正法眼蔵』の諸問題』大蔵出版、一九九一年）
鏡島元隆監修・曹洞宗宗学研究所編『道元引用語録の研究』（春秋社、一九九五年）
鏡島元隆『道元禅師』（春秋社、一九九七年）
春日佑芳『道元の思想―『正法眼蔵』の論理構造―』（ぺりかん社、一九七六年）

加藤健一『道元―その思想と教育―』（吉川弘文館、一九八三年）
金子和弘「道元禅師の画像をめぐって」（『宗学研究』三〇、一九八八年三月）
菊村紀彦『道元―その生涯とこころ―』（現代教養文庫、一九七四年）
木下純一「正法寺本弁道話について」（『宗学研究』二二、一九八〇年三月）
倉澤幸久『道元思想の展開』（春秋社、二〇〇〇年）
栗山泰音「俗縁から観た正覚尼公と道元禅師」（『道元』五の六・七、一九三八年六月・七月）
榑林皓堂編『道元禅の思想史的研究』（春秋社、一九七三年）
孤峯智璨「栄西道元二師の歴史的関係」（『禅宗』一〇三、一九〇三年）
佐藤秀孝「如浄禅師再考」（『宗学研究』二七、一九八五年a）
佐藤秀孝「如浄禅師示寂の周辺」（『印度学仏教学研究』三四の一、一九八五年十二月b）
佐藤秀孝「道元禅師在宋中の軌跡」（『印度学仏教学研究』四〇の二、一九九二年）
佐藤秀孝「天童山の無際了派とその門流」（『駒澤大学佛教學部論集』三九、二〇〇八年十月）
佐橋法龍『日本曹洞宗史論考』（禅宗史学研究会、一九五二年）
佐橋法龍『人間道元』（春秋社、一九七〇年）
柴田道賢「道元禅師の在宋修学の行程」（『駒澤大学宗教学論集』五、一九七二年）
柴田道賢『禅師道元の思想―伝法沙門の自覚と発展―』（公論社、一九七五年）
柴田道賢『道元禅師の在家教化』（春秋社、一九七九年）
志部憲一「『面授』と『脱落』について」（『駒澤大学大学院仏教学研究会年報』一二、一九七八年十月）
清水英夫「『十二巻本『正法眼蔵』第八、三時業』について」（鏡島元隆・鈴木格禅編『十二巻本『正法眼蔵』の諸問題』大蔵出版、一九九一年）

菅原昭英「山中修行の伝統からみた道元の救済観について」（『日本宗教史研究』四、一九七四年）
菅原昭英「栄西の家風についての一視点―『正法眼蔵随聞記』の挿話を読んで弟子からの妨難におよぶ―」（『宗学研究』二〇、一九七八年三月）
菅原昭英「道元の勧進について」（今枝愛真編『禅宗の諸問題』雄山閣、一九七九年）
菅原昭英「道元僧団の社会的性格―永平寺住侶制規の史料的検討―」１・２（『宗学研究』二九・三〇、一九八七年三月、一九八八年三月）
菅原昭英「江南禅林の期待と道元の活路」（『宗学研究』三五、一九九三年ａ）
菅原昭英「鎌倉時代の遺偈について―円爾にいたる臨終作法の系譜―」（大隅和雄編『鎌倉時代文化伝播の研究』吉川弘文館、一九九三年ｂ）
菅原昭英「江南における四川僧と日本僧の出会い」（『宗学研究』四〇、一九九八年三月）
菅原昭英「江南における四川僧と日本僧の出会い（続）」（『宗学研究』四一、一九九九年三月）
菅原昭英「江南における四川僧と日本僧の出会い（結）」（『宗学研究』四二、二〇〇〇年三月）
菅原昭英「日本の禅宗にとっての中国四川省」（西山美香編『古代中世日本の内なる「禪」』勉誠出版、二〇一一年）
杉尾玄有「道元の哲学（上）」（『山口大学教育学部研究論叢』第一部第一九巻、一九七〇年）
杉尾玄有「源実朝の入宋企図と道元禅師」（『宗学研究』一八、一九七六年三月）
杉尾玄有「御教示仰ぎたき二問題」（『宗学研究』一九、一九七七年三月）
杉尾玄有「道元禅師の自己透脱の御生涯と『正法眼蔵』の進化―十二巻本によって「一百巻」を思う―」（『宗学研究』二七、一九八五年三月）
杉尾玄有「道元禅師の疑団と開眼と身心脱落―勝義の時点として書かれた《現成公案》―」（『宗学研究』二八、

一九八六年三月）
杉尾玄有「風と月と仏―十二巻本『正法眼蔵』はどこへ行くか―」（鏡島元隆・鈴木格禅編『十二巻本『正法眼蔵』の諸問題』大蔵出版、一九九一年）
鈴木格禅・鏡島元隆編『十二巻本『正法眼蔵』の諸問題』大蔵出版、一九九一年）
鈴木大拙『禪思想史研究　第一―盤珪禪―』（岩波書店、一九四三年。のち『鈴木大拙全集』第一巻所収、岩波書店、一九六八年）
青龍宗二「道元禅師と公胤僧正との相見について―特に疑団の問題に関連して―」『宗学研究』六　一九六四年三月）
多賀宗隼『栄西』（吉川弘文館、一九六五年）
高崎直道「無窮の仏行」（高崎直道・梅原猛『〈仏教の思想11〉古仏のまねび〈道元〉』角川書店　一九六九年）
高橋秀栄「後嵯峨天皇と道元禅師」（『宗学研究』二五、一九八三年三月）
高橋秀栄「三宝寺の達磨宗門徒と六祖普賢舎利」（『宗学研究』二六、一九八四年三月）
高橋秀栄「鎌倉時代の僧侶と『首楞厳経』」（『駒澤大學禪研究所年報』七、一九九六年三月）
高橋秀栄「大日房能忍と菩提達磨」（『中村璋八博士古稀記念東洋学論集』汲古書院、一九九六年）
高橋新吉『道元―その思想と行実』（宝文館出版、一九六九年。原題『道元禅師の生涯』宝文館、一九六三年）
田上太秀『禅の思想―インド源流から道元まで―』（東京書籍、一九八〇年）
竹内道雄『道元』（旧版）（吉川弘文館、一九六二年）
竹内道雄『道元』（新稿版）（吉川弘文館、一九九二年）
舘隆志「法然の伝記資料にみる三井寺公胤の考証」（『曹洞宗研究員研究紀要』三八、二〇〇八年三月）
田中一弘「如浄・道元禅師の相見―『御遺言記録』を中心にして―」（『中外日報』一九七三年三月二十八日～四

月一日）

田辺元『正法眼蔵の哲学私観』（岩波書店、一九三九年）
玉城康四郎『道元』上・下（春秋社、一九九六年）
圭室諦成『道元』（新人物往来社、一九七一年）
田村芳朗『鎌倉新仏教思想の研究』（平楽寺書店、一九六五年）
田村芳朗「本覚思想における基本原理」（中村元博士還暦記念論集『インド思想と仏教』春秋社、一九七三年）
田村芳朗「天台本覚思想概説」（日本思想大系九『天台本覚論』岩波書店、一九七三年）
田村芳朗「本覚思想と浄土念仏」（『印度学仏教学研究』二二の二、一九七四年三月）
田村芳朗「道元の本覚思想」（講座道元四『道元思想の特徴』春秋社、一九八〇年）
辻善之助『日本仏教史』一（岩波書店　一九四四年）
寺田透『道元の言語宇宙』（岩波書店、一九七四年）
中尾良信「中納言法印隆禅について」（『宗学研究』二九、一九八七年三月）
中尾良信編『孤高の禅師　道元』（日本の名僧9、吉川弘文館、二〇〇三年）
中尾良信『日本禅宗の伝説と歴史』（歴史文化ライブラリー・一八九、吉川弘文館、二〇〇五年）
中島尚志『道元』（三一新書、一九七三年）
中世古祥道『道元禅師伝研究』（国書刊行会、一九七九年）
永久岳水「道元禅師の正法眼蔵親輯論」（『想苑』三の五・六、一九三一年五〜六月）
永久岳水「護国正法義の撰述と正法眼蔵」（『道元』一〇の六〜八、一九四四年六〜八月）
永久岳水「『建撕記』の新発見と正法眼蔵」（『駒沢大学研究紀要』一三、一九五五年三月）
永村眞「東大寺大勧進職と『禅律僧』」（『南都仏教』四七、一九八一年。永村眞『中世東大寺の組織と経営』塙

書房、一九八九年）
西有穆山『正法眼蔵啓迪』上（大法輪閣、一九六五年）
西尾実『道元と世阿弥』（岩波書店、一九六五年）
納冨常天「道元の鎌倉行化について」（『駒沢大学仏教学部研究紀要』三一、一九七三年三月）
納冨常天「俊芿と道元」（『印度学仏教学研究』二三の一、一九七四年）
野崎守英「道元における自己の意味するもの―視法のユートピア―」（『日本学』五、一九八四年一〇月）
袴谷憲昭「道元理解の決定的視点」（『宗学研究』二八、一九八六年三月）
袴谷憲昭「『弁道話』の読み方」（『宗学研究』二九、一九八七年三月）
袴谷憲昭「十二巻本『正法眼蔵』撰述説再考」（『宗学研究』三〇、一九八八年三月）
袴谷憲昭『本覚思想批判』（大蔵出版、一九八九年）
袴谷憲昭「道元と本覚思想」（『師家養成所講義録』曹洞宗宗務庁、一九九一年）
袴谷憲昭『道元と仏教―十二巻本『正法眼蔵』の道元―』（大蔵出版、一九九二年）
橋田邦彦『正法眼蔵の側面観』（大法輪閣、一九七〇年）
原田弘道「道元禅師の疑団について」（『駒澤大学仏教学部研究紀要』二七、一九六九年三月）
原田弘道「道元禅師と金剛三昧院隆禅」（『印度學仏教学研究』二三の一、一九七四年十二月）
原田弘道「道元入宋の経済的背景」（『宗教学論集』一〇、一九七七年十二月）
原田弘道「『身心脱落』の威儀とその歴史的展開」（『駒澤大学仏教学部論集』二三、一九九二年十月）
藤本隣道「永平高祖の御入越について」（『道元』四の九、一九三七年九月）
船岡誠『道元と正法眼蔵随聞記』（評論社、一九八〇年）
船岡誠『日本禅宗の成立』（吉川弘文館、一九八七年）

船岡誠「道元の護国思想について」（下出積與博士還暦記念会編『日本における国家と宗教』大蔵出版、一九七八年。道元思想大系19『道元と国家・社会』再録）
船岡誠「禅僧の中国志向」（『北海学園大学人文論集』六、一九九六年三月）
船岡誠「道元の結界論」（『印度学仏教学』一二、一九九七年十月）
船岡誠「道元の入宋」（『国文学解釈と鑑賞』七〇の五、二〇〇五年五月）
船岡誠「道元禅における感応道交」（『印度学仏教学』二〇、二〇〇五年十月）
古田紹欽「寛元元年を境とする道元の思想について」（古田紹欽『日本仏教思想史の諸問題』春秋社、一九六四年a）
古田紹欽『日本仏教思想史の諸問題』（春秋社、一九六四年b）
古田紹欽『正法眼蔵の研究』（創文社、一九七二年）
古田紹欽「『正法眼蔵』の成立に見るその十二巻本とは何か」（鏡島元隆・鈴木格禅編『十二巻本『正法眼蔵』の諸問題』大蔵出版、一九九一年）
増谷文雄『親鸞・道元・日蓮』（至文堂、一九六六年）
増谷文雄『臨済と道元』（春秋社、一九七一年）
増永霊鳳『仏教における時間論』（山喜房仏書林、一九六六年）
松本章男『道元の和歌』（中公新書、二〇〇五年）
松本史朗『縁起と空―如来蔵思想批判―』（大蔵出版、一九八九年）
松本史朗『禅思想の批判的研究』（大蔵出版、一九九四年）
水野彌穂子『正法眼蔵随聞記』（筑摩書房、一九六三年）
水野彌穂子『正法眼蔵随聞記の世界』（大蔵出版、一九九二年）

水野彌穂子『十二巻『正法眼蔵』の世界』（大蔵出版、一九九四年）
峯玄光『道元禅師伝』（文明堂、一九〇四年）
村上専精『仏教統一論』（金港堂書籍、一九〇一年）
森本和夫『道元とサルトル』（講談社現代新書、一九七四年）
守屋茂「深草興聖寺の開基正覚禅尼について」（『史迹と美術』四九〇、一九七八年一二月）
守屋茂『道元禅師研究』（同朋舎出版、一九八四年）
守屋茂「道元禅師と横川の弁道」（『宗学研究』二八、一九八六年三月。守屋茂『京都周辺における道元禅師―前半生とその宗門―』同朋舎出版　一九九四年）
守屋茂「道元禅師の立宗と叡山の対応」（『叡山学院紀要』一〇、一九八七年十一月。守屋茂『京都周辺における道元禅師―前半生とその宗門―』同朋舎出版、一九九四年）
守屋茂「道元の親父・育父について―親父久我通親説は妥当―」（『中外日報』一九八九年四月五日、守屋茂『京都周辺における道元禅師―前半生とその宗門―』同朋舎出版、一九九四年）
山内舜雄『道元禅と天台本覚法門』（大蔵出版、一九八五年）
山内舜雄『道元禅の近代化過程』（山喜房仏書林、二〇〇二年）
山折哲雄『道元』（清水書院、一九七八年）
山端昭道「『伝光録』に示された高祖の慈父」（『傘松』一九七四年四月）
山本清幸『道元禅の省察』（平楽寺書店、一九七〇年）
吉田道興「高祖道元禅師考―新到列位の問題をめぐって―」（『宗学研究』二八、一九八六年三月）
頼住光子『道元―自己・時間・世界はどのように成立するのか―』（ＮＨＫ出版、二〇〇五年）
和辻哲郎「沙門道元」（『日本精神史研究』岩波書店、一九二六年）

あとがき

筆者にとって本書は道元に関する二冊目の本である。一冊目の『道元と正法眼蔵随聞記』の出版が一九八〇年だから今から三十四年も前のことになる。そしてその骨格になったのが修士論文「自利利他観からみた道元」で、さらに十年近く遡る。ずいぶん昔のことである。そのように振り返ると長く道元とつきあってきたものである。もちろん道元だけを研究してきたわけではないが、つねに筆者の身近なところに道元がいてくれたのではないかと思う。

宗門の研究者はだいたい道元のことを「道元禅師」と尊称する。それは宗門人としては当然のことであろう。筆者が呼び捨てにするのは、ここが学問・研究の〝場〟だからであって、決して道元のことを冷たく見ているわけではない。むしろ逆で、興聖寺時代の弟子について「道元という高峰を目の前にして立ちすくむ弟子もいたであろう。己の能力に自信が持てず、道元の説く正伝の仏法を前にして逡巡する弟子もいたに違いない」とのべたが、筆者もそれらの弟子よろしく、道元を目の前にして「立ちすくむ」「逡巡する」思いを何度したことか。そしてその思いは今でも払拭できていない。

道元に関する著書・論文は膨大な数にのぼる。そしてそのすべてに目を通すことはなかなかむずかしい。それを考えただけでも気が遠くなる。幸いに、かつて石井修道・石川力山のお二人を編集委員代表として『道元思想体系』全二二巻が編まれた。筆者もその第十九巻『道元と国家・社会』の編集委員を務めたのであるが、今回、本書執筆にさいしこの『道元思想体系』がたいへん参考になった。

本書執筆で特に心がけたことをふたつだけのべておきたい。ひとつは道元の「思想」を「歴史」という文脈のなかで考えようとしたことである。本シリーズは「評伝」であるから、こんなことは言わずもがなのことかもしれないが、あえてこうのべるのは、道元の研究では「思想」の一人歩きの傾向が顕著であったと思うからである。道元の発言（示衆・執筆）を「史料」として捉え、あくまで「歴史」という文脈のなかに位置づけようとした。換言すれば、道元の発言がどのような〝時・処・位〟（いつ・どこ・どんな状況）でなされたのかを意識しながら執筆したつもりである。

心がけたもうひとつのこと、これは前のこととも関連するが、道元の発言に可能な限り言及したことである。とくに『正法眼蔵』の各巻は、その示衆・執筆の時期にそって検討を加えている。各巻がその時期に説かれる必然性があったと思うからである。そのさい各巻の核心的と考えられる箇所については、できるだけ原文を提示し、その文体をも含め道元の息吹を感じ取っていただきたいと思った。その試みが成功したかどうか、読者諸賢のご判断を仰ぎたい。

二〇一四年五月

船岡　誠

道元略年譜

和暦	西暦	齢	関係事項	一般事項
正治 二	一二〇〇	1	京都に生まれる。	2月栄西、寿福寺開山となる。5月幕府、念仏宗を禁止。
建仁 一	一二〇一	2		2月慈円、天台座主となる。3月親鸞、法然門下となる。
二	一二〇二	3	10月源通親没。	7月頼家将軍となる。この年、栄西、建仁寺開山となる。
三	一二〇三	4	『李嶠百詠』を読む。	9月比企氏の乱、頼家伊豆修禅寺幽閉、実朝将軍に。
元久 一	一二〇四	5		頼家没。
二	一二〇五	6		北条義時、執権となる。
建永 一	一二〇六	7	『毛詩』『左伝』を読む。	6月重源没。9月栄西、東大寺大勧進に。明恵、高山寺創建。
承元 一	一二〇七	8	冬、母没。	2月幕府、専修念仏禁止、法然・親鸞ら流罪。4月九条兼実没。

二	一二〇八	9	『倶舎論』を読む。	4月京都大火。
三	一二〇九	10		9月公胤鎌倉下向。11月群盗蜂起の訴えあり。
四	一二一〇	11		
建暦 一	一二一一	12		4月俊芿、宋より帰国。6月幕府、海道に新駅設置。
二	一二一二	13	良顕の斡旋で叡山横川へ。	1月法然没。11月明恵、『摧邪輪』を著す。
建保 一	一二一三	14	4月天台座主公円につき剃髪、戒壇院で受戒。	1月公円天台座主。3月山僧蜂起。5月和田義盛挙兵し敗死。
二	一二一四	15		4月山僧、園城寺金堂以下を焼く。
三	一二一五	16		1月北条時政没。3月園城寺衆徒、延暦寺領東坂本を焼く。7月栄西没。
四		17		11月実朝、入宋を計画。
五	一二一六	18	秋、叡山を離れ、建仁寺明全に参ず。	4月実朝渡宋を断念。
六	一二一七	19		9月山僧、石清水八幡宮と争い強訴。
承久 一	一二一九	20		1月実朝公暁に殺さる。

二	一二二〇	21		『愚管抄』成る。
三	一二二一	22		5月承久の乱。6月六波羅探題設置。
貞応 一	一二二二	23		日蓮誕生。
二	一二二三	24	2月明全らと建仁寺を出て入宋の途につく。4月明州慶元府に到着。7月天童山に入る。	12月仏師運慶没。
元仁 一 嘉定一七	一二二四	25	冬、無際の死を契機に諸山歴訪。	6月義時没し泰時執権に。8月専修念仏禁止。この年、『教行信証』成る。
嘉禄 一 宝慶 一	一二二五	26	5月天童山に帰り、如浄に謁す。如浄下の修行はじまる。	7月北条政子没。9月慈円没。12月幕府、評定衆をおく。
二 宝慶 二	一二二六	27	如浄下の修行つづく。	1月藤原頼経将軍となる。
安貞 一 宝慶 三	一二二七	28	秋、如浄に別れを告げ帰国、建仁寺に戻る。この年、『普勧坐禅儀』を著す。	6月東山大谷の法然墓堂破却さる。冬、疱瘡流行し、死者多数。
二	一二二八	29		4月叡山・興福寺衆徒争う。11月六波羅、高野山衆徒の武装を禁止。
寛喜 一	一二二九	30		9月奈良僧徒の武装禁止。
二	一二三〇	31	建仁寺を出て深草に閑居。	この年、大飢饉。

	三	一二三一	32	8月『弁道話』を著す。	この年も大飢饉、餓死者多し。
貞永	一	一二三二	33		1月明恵没。8月泰時、関東御成敗式目制定。
天福	一	一二三三	34	深草に興聖寺建立。『眼蔵』二巻。	
文暦	一	一二三四	35	3月『学道用心集』を著す。冬、懐奘参随す。	6月専修念仏の禁止。
嘉禎	一	一二三五	36	この頃から『随聞記』の筆録。8月仏祖正伝菩薩戒を懐奘に授く。12月興聖寺僧堂建立の勧進を行う。	1月幕府、僧徒の武装禁止。12月興福寺衆徒蜂起。この年、円爾入宋。
	二	一二三六	37	10月興聖寺僧堂完成。12月懐奘首座となる。	9月叡尊、東大寺で自誓受戒。10月幕府、一時興福寺荘園を没収す。
	三	一二三七	38	『出家略作法』『典座教訓』を著す。	
暦仁	一	一二三八	39	『眼蔵』一巻。	浄光、鎌倉に大仏を建立。
延応	一	一二三九	40	『重雲堂式』をはじめ『眼蔵』四巻。この頃『護国正法義』奏聞。	2月後鳥羽院隠岐で没。8月東福寺大仏殿上棟。
仁治	一	一二四〇	41	『眼蔵』七巻。	5月山僧、専修念仏禁止を幕府に訴える。
	二	一二四一	42	春、達磨宗懐鑑らの大量入門。『眼蔵』一〇巻。	2月鎌倉大地震。7月円爾帰国し、筑前に崇福寺を開く。
	三	一二四二	43	8月『如浄禅師語録』到来。『眼蔵』一六巻。	6月北条泰時没し、経時執権と

寛元一	一二四三	44	興聖寺で『眼蔵』五巻、7月越前下向し、『眼蔵』一九巻。	なる。8月九条道家、東福寺を建立し円爾を住持とす。
二	一二四四	45	7月大仏寺開堂供養。9月法堂完成。11月僧堂上棟。『対己五夏闍梨法』のほか『眼蔵』一〇巻。	2月幕府、奴婢の養子・飢饉救助・人身売買・西国奉行職などの諸法を定む。
三	一二四五	46	『眼蔵』五巻。	この年、円爾、後嵯峨天皇に『宗鏡録』進講。7月京都大地震。
四	一二四六	47	6月大仏寺を永平寺と改称。『示庫院文』『知事清規』のほか『眼蔵』一巻。	3月北条時頼執権となる。7月前将軍頼経京都に送り返さる。この年、蘭渓道隆来日。
宝治一	一二四七	48	8月鎌倉下向。	6月時頼、三浦泰村らを滅ぼす（宝治の合戦）。
二	一二四八	49	3月鎌倉より帰る。12月『庫院制規』を定む。	
建長一	一二四九	50	1月『衆寮箴規』を定む。	12月幕府、引付衆をおく。この年、時頼、建長寺を開く。
二	一二五〇	51		3月幕府、山僧・大和の悪僧の乱暴を禁止。
三	一二五一	52		2月鎌倉大火。

四	一二五二	53	夏より微疾。	2月九条道家没。4月宗尊親王、皇族将軍となる。8月忍性関東下向。
五	一二五三	54	1月『眼蔵・八大人覚』を著す。7月懐奘を永平寺住持に。8月上京し静養。8・28没。	4月日蓮、法華宗開宗。11月建長寺完成、開山蘭渓道隆。

人名索引

あ行

か行

さ　行

た　行

な　行

は　行

ま　行

や　行

ら 行

わ 行

事項索引

た　行

な 行

は 行

ま 行

や 行

ら 行

わ 行

《著者紹介》

船岡　誠（ふなおか・まこと）

1946年　東京生まれ。

1969年　明治大学商学部卒業。

1977年　明治大学大学院文学研究科博士課程単位取得退学。

現　在　北海学園大学人文学部教授。

主　著　『道元と正法眼蔵随聞記』評論社，1980年。

『日本禅宗の成立』吉川弘文館，1987年。

『沢庵』中央公論社，1988年。

『道元と国家・社会』道元思想体系19巻，同朋舎出版，1995年（編著）。

ミネルヴァ日本評伝選

道《どう》　元《げん》

——道は無窮なり——

2014年６月10日　初版第１刷発行　〈検印省略〉

定価はカバーに
表示しています

著　者　船　岡　　誠

発行者　杉　田　啓　三

印刷者　江　戸　宏　介

発行所　株式会社　ミネルヴァ書房

607-8494 京都市山科区日ノ岡堤谷町１
電話代表（075）581-5191
振替口座 01020-0-8076

共同印刷工業・新生製本

ISBN978-4-623-07104-3

Printed in Japan

刊行のことば

歴史を動かすものは人間であり、興趣に富んだ人間の動きを通じて、世の移り変わりを考えるのは、歴史に接する醍醐味である。

しかし過去の歴史学を顧みるとき、人間不在という批判さえ見られたように、歴史における人間のすがたが、必ずしも十分に描かれてきたとはいえない。二十一世紀を迎えた今、歴史の中の人物像を蘇生させようとの要請はいよいよ強く、またそのための条件もしだいに熟してきている。

この「ミネルヴァ日本評伝選」は、正確な史実に基づいて書かれるのはいうまでもないが、単に経歴の羅列にとどまらず、歴史を動かしてきたすぐれた個性をいきいきとよみがえらせたいと考える。そのためには、対象とした人物とじっくりと対話し、ときにはきびしく対決していくことも必要になるだろう。

今日の歴史学が直面している困難の一つに、研究の過度の細分化、瑣末化が挙げられる。それは緻密さを求めるが故に陥った弊害といえるが、その結果として、歴史の大きな見通しが失われ、歴史学を通しての社会への働きかけの途が閉ざされ、人々の歴史への関心を弱める危険性がある。今こそ歴史が何のためにあるのかという、基本的な課題に応える必要があろう。評伝という興味ある方法を通じて、解決の手がかりを見出せないだろうかというのも、この企画の一つのねらいである。

狭義の歴史学の研究者だけでなく、多くの分野ですぐれた業績をあげている著者たちを迎えて、従来見られなかった規模の大きな人物史の叢書として、「ミネルヴァ日本評伝選」の刊行を開始したい。

平成十五年（二〇〇三）九月

ミネルヴァ書房

ミネルヴァ日本評伝選

企画推薦
梅原猛
ドナルド・キーン
佐伯彰一
角田文衞

監修委員
上横手雅敬
芳賀徹

編集委員
石川九楊
伊藤之雄
猪木武徳
今谷明
今橋映子
熊倉功夫
佐伯順子
坂本多加雄
武田佐知子
竹西寛子
西口順子
兵藤裕己
御厨貴

上代

*俾弥呼 古田武彦
日本武尊 西宮秀紀
仁徳天皇 若井敏明
雄略天皇 吉村武彦
*蘇我氏四代 遠山美都男
推古天皇 義江明子
聖徳太子 仁藤敦史
斉明天皇 武田佐知子
小野妹子・毛人 大橋信弥
*額田王 梶川信行
弘文天皇 遠山美都男
天武天皇 新川登亀男
持統天皇 丸山裕美子
阿倍比羅夫 熊田亮介
*藤原四子 木本好信
柿本人麻呂 古橋信孝
*元明天皇・元正天皇 渡部育子
聖武天皇 本郷真紹
光明皇后 寺崎保広
孝謙天皇 勝浦令子
藤原不比等 荒木敏夫
吉備真備 今津勝紀
*藤原仲麻呂 木本好信
道鏡 吉川真司
大伴家持 和田萃
*行基 吉田靖雄

平安

*桓武天皇 井上満郎
嵯峨天皇 西別府元日
宇多天皇 古藤真平
醍醐天皇 石上英一
村上天皇 京樂真帆子
花山天皇 上島享
*三条天皇 倉本一宏
藤原薬子 中野渡俊治
小野小町 錦仁
藤原良房・基経 瀧浪貞子
菅原道真 竹居明男
*紀貫之 神田龍身
源高明 所功
*安倍晴明 斎藤英喜
藤原実資 橋本義則
*藤原道長 朧谷寿
藤原伊周・隆家 倉本一宏
藤原定子 山本淳子
清少納言 後藤祥子
紫式部 竹西寛子
和泉式部 ツベタナ・クリステワ
大江匡房 小峯和明
*阿弖流為 樋口知志
坂上田村麻呂 熊谷公男
*源満仲・頼光 元木泰雄
平将門 西山良平
藤原純友 寺内浩
空海 頼富本宏
最澄 吉田一彦
*空也 石井義長
奝然 上川通夫
*源信 小原仁
後白河天皇 美川圭
式子内親王 奥野陽子
建礼門院 生形貴重
藤原秀衡 入間田宣夫
平時子・時忠 元木泰雄
平維盛 根井浄
守覚法親王 阿部泰郎
藤原隆信・信実 山本陽子

鎌倉

源頼朝 川合康
*源義経 近藤好和
源実朝 神田龍身
後鳥羽天皇 五味文彦
九条兼実 村井康彦
九条道家 上横手雅敬
北条時政 野口実
熊谷直実 佐伯真一
*北条政子 関幸彦
北条義時 岡田清一
曾我十郎・五郎 杉橋隆夫
北条時宗 近藤成一
安達泰盛 山陰加春夫
平頼綱 細川重男
竹崎季長 堀本一繁
西行 光田和伸
藤原定家 赤瀬信吾
*京極為兼 今谷明

*兼好 島内裕子
重源 横内裕人
*運慶 根立研介
快慶 井上一稔
法然 今堀太逸
慈円 大隅和雄
明恵 西山厚
親鸞 末木文美士
恵信尼・覚信尼 西口順子
覚如 今井雅晴
*道元 船岡誠
叡尊 細川涼一
*忍性 松尾剛次
*日蓮 佐藤弘夫
一遍 蒲池勢至
*宗峰妙超 竹貫元勝

南北朝・室町

後醍醐天皇 上横手雅敬
護良親王 新井孝重
*赤松氏五代 渡邊大門
*北畠親房 岡野友彦
楠正成 兵藤裕己
*新田義貞 山本隆志
*光厳天皇 深津睦夫
足利尊氏 市沢哲
佐々木道誉 下坂守
円観・文観 田中貴子
足利義詮 早島大祐
足利義満 川嶋将生
足利義持 吉田賢司
足利義教 横井清
大内義弘 平瀬直樹
伏見宮貞成親王 松薗斉
山名宗全 山本隆志
日野富子 脇田晴子
世阿弥 西野春雄
雪舟等楊 河合正朝
宗祇 鶴崎裕雄
*満済 森茂暁
一休宗純 原田正俊
蓮如 岡村喜史

戦国・織豊

北条早雲 家永遵嗣
毛利元就 岸田裕之
毛利輝元 光成準治
*今川義元 小和田哲男
*武田信玄 笹本正治
*武田勝頼 笹本正治
*真田氏三代 笹本正治
*三好長慶 天野忠幸
*宇喜多直家・秀家 渡邊大門
*上杉謙信 矢田俊文
島津義久・義弘 福島金治
長宗我部元親・盛親 平井上総
吉田兼倶 西山克
山科言継 松薗斉
*雪村周継 赤澤英二
織田信長 三鬼清一郎
豊臣秀吉 藤井讓治
*北政所おね 田端泰子
*淀殿 福田千鶴
前田利家 東四柳史明
*黒田如水 小和田哲男
*蒲生氏郷 藤田達生
*細川ガラシャ 田端泰子
伊達政宗 伊藤喜良
*支倉常長 田中英道
ルイス・フロイス エンゲルベルト・ヨリッセン
*長谷川等伯 宮島新一
顕如 神田千里

江戸

徳川家康 笠谷和比古
*徳川家光 野村玄
徳川吉宗 横田冬彦
*後水尾天皇 久保貴子
光格天皇 藤田覚
崇伝 杣田善雄
春日局 福田千鶴
*池田光政 倉地克直
シャクシャイン 岩崎奈緒子
*田沼意次 藤田覚
*二宮尊徳 小林惟司
末次平蔵 岡美穂子
*高田屋嘉兵衛 生田美智子
*林羅山 鈴木健一
吉野太夫 渡辺憲司
中江藤樹 辻本雅史
*山崎闇斎 澤井啓一
山鹿素行 前田勉
*北村季吟 島内景二
貝原益軒 辻本雅史
松尾芭蕉 楠元六男
*ケンペル B・M・ボダルト＝ベイリー
荻生徂徠 柴田純
*雨森芳洲 上田正昭
石田梅岩 高野秀晴
前野良沢 松田清
平賀源内 石上敏
本居宣長 田尻祐一郎
杉田玄白 吉田忠
上田秋成 佐藤深雪
木村蒹葭堂 有坂道子
*大田南畝 沓掛良彦
菅江真澄 赤坂憲雄
*鶴屋南北 諏訪春雄
良寛 阿部龍一
*山東京伝 佐藤至子
*滝沢馬琴 高田衛
平田篤胤 山下久夫
シーボルト 宮坂正英
本阿弥光悦 岡佳子
小堀遠州 中村利則
狩野探幽・山雪 山下善也
尾形光琳・乾山 河野元昭
*二代目市川團十郎 田口章子
与謝蕪村 佐々木丞平
伊藤若冲 狩野博幸
鈴木春信 小林忠
円山応挙 佐々木正子
*佐竹曙山 成瀬不二雄
葛飾北斎 岸文和
酒井抱一 玉蟲敏子

孝明天皇　青山忠正
＊和宮　辻ミチ子
徳川慶喜　大庭邦彦
島津斉彬　原口泉
＊古賀謹一郎　小野寺龍太
＊栗本鋤雲　小野寺龍太
西郷隆盛　家近良樹
＊塚本明毅　塚本学
＊月性　海原徹
＊吉田松陰　海原徹
＊高杉晋作　海原徹
ペリー　遠藤泰生
オールコック　佐野真由子
アーネスト・サトウ　奈良岡聰智
緒方洪庵　米田該典
冷泉為恭　中部義隆

近代

＊明治天皇　伊藤之雄
＊大正天皇　F・R・ディキンソン
＊昭憲皇太后・貞明皇后　小田部雄次
大久保利通　三谷太一郎
山県有朋　鳥海靖
木戸孝允　落合弘樹
井上馨　伊藤之雄
＊松方正義　室山義正
北垣国道　小林丈広
板垣退助　小川原正道
長与専斎　笠原英彦
大隈重信　五百旗頭薫
伊藤博文　坂本一登
井上毅　大石眞
＊井上勝　老川慶喜
＊桂太郎　小林道彦
渡辺洪基　瀧井一博
＊乃木希典　佐々木英昭
林董　君塚直隆
＊児玉源太郎　小林道彦
＊高宗・閔妃　木村幹
山本権兵衛　室山義正
＊金子堅太郎　松村正義
高橋是清　鈴木俊夫
小村寿太郎　簑原俊洋
＊犬養毅　小林惟司
＊加藤高明　櫻井良樹
加藤友三郎・寛治　麻田貞雄
牧野伸顕　小宮一夫
田中義一　黒沢文貴
内田康哉　高橋勝浩
石井菊次郎　廣部泉
平沼騏一郎　堀田慎一郎
宇垣一成　北岡伸一
＊宮崎滔天　榎本泰子
＊浜口雄幸　川田稔
幣原喜重郎　西田敏宏
関一　玉井金五
水野広徳　片山慶隆
広田弘毅　井上寿一
安重根　上垣外憲一
＊グルー　廣部泉
＊永田鉄山　森靖夫
東條英機　牛村圭
今村均　前田雅之
蔣介石　劉岸偉
石原莞爾　山室信一
木戸幸一　波多野澄雄
＊岩崎弥太郎　武田晴人
伊藤忠兵衛　末永國紀
五代友厚　田付茉莉子
大倉喜八郎　村上勝彦
＊安田善次郎　由井常彦
渋沢栄一　武田晴人
益田孝　鈴木邦夫
山辺丈夫　宮本又郎
武藤山治　阿部武司・桑原哲也
西原亀三　森川正則
小林一三　橋爪紳也
大倉恒吉　石川健次郎
大原孫三郎　猪木武徳
＊河竹黙阿弥　今尾哲也
イザベラ・バード　加納孝代
＊林忠正　木々康子
＊森鷗外　小堀桂一郎
＊二葉亭四迷　ヨコタ村上孝之
夏目漱石　佐々木英昭
巌谷小波　千葉信胤
樋口一葉　佐伯順子
＊島崎藤村　十川信介
泉鏡花　東郷克美
＊有島武郎　亀井俊介
永井荷風　川本三郎
北原白秋　平石典子
菊池寛　山本芳明
宮澤賢治　千葉一幹
正岡子規　夏石番矢
高浜虚子　坪内稔典
与謝野晶子　佐伯順子
＊種田山頭火　村上護
＊斎藤茂吉　品田悦一
＊高村光太郎　湯原かの子
萩原朔太郎　エリス俊子
＊原阿佐緒　秋山佐和子
＊狩野芳崖・高橋由一　古田亮
小堀鞆音　小堀桂一郎
竹内栖鳳　北澤憲昭
黒田清輝　高階秀爾
中村不折　石川九楊
横山大観　高階秀爾
＊橋本関雪　西原大輔
小出楢重　芳賀徹
土田麦僊　天野一夫
岸田劉生　北澤憲昭
松旭斎天勝　川添裕
中山みき　鎌田東二
佐田介石　谷川穣
＊ニコライ　中村健之介
出口なお・王仁三郎　川村邦光
島地黙雷　阪本是丸
＊新島襄　太田雄三
木下広次　冨岡勝
嘉納治五郎　クリストファー・スピルマン
柏木義円　片野真佐子
津田梅子　田中智子
＊澤柳政太郎　新田義之

河口慧海 高山龍三
山室軍平 室田保夫
大谷光瑞 白須淨眞
＊久米邦武 髙田誠二
フェノロサ 伊藤　豊
三宅雪嶺 長妻三佐雄
＊岡倉天心 木下長宏
志賀重昂 中野目徹
徳富蘇峰 杉原志啓
竹越與三郎 西田　毅
内藤湖南・桑原隲蔵 礪波　護
岩村　透 今橋映子
＊西田幾多郎 大橋良介
金沢庄三郎 石川遼子
上田　敏 及川　茂
柳田国男 鶴見太郎
厨川白村 張　競
天野貞祐 貝塚茂樹
大川周明 山内昌之
西田直二郎 林　淳
折口信夫 斎藤英喜
九鬼周造 粕谷一希
辰野　隆 金沢公子
シュタイン 瀧井一博
＊西　周 清水多吉
＊福澤諭吉 平山　洋
福地桜痴 山田俊治

田口卯吉 鈴木栄樹
＊陸　羯南 松田宏一郎
黒岩涙香 奥　武則
＊吉野作造 田澤晴子
野間清治 佐藤卓己
山川　均 米原　謙
＊岩波茂雄 十重田裕一
＊北　一輝 岡本幸治
＊穂積重遠 大村敦志
中野正剛 吉田則昭
満川亀太郎 福家崇洋
＊北里柴三郎 福田眞人
高峰譲吉 木村昌人
田辺朔郎 秋元せき
＊南方熊楠 飯倉照平
寺田寅彦 金森　修
石原　純 金子　務
辰野金吾 河上真理・清水重敦
＊七代目小川治兵衛 尼崎博正
ブルーノ・タウト 北村昌史

現代

昭和天皇 御厨　貴
高松宮宣仁親王 後藤致人

＊李方子 小田部雄次
吉田　茂 中西　寛
マッカーサー 柴山　太
石橋湛山 増田　弘
重光　葵 武田知己
市川房枝 村井良太
＊池田勇人 藤井信幸
高野　実 篠田　徹
和田博雄 庄司俊作
朴正熙 木村　幹
竹下　登 真渕　勝
＊松永安左エ門 橘川武郎
鮎川義介 井口治夫
＊出光佐三 橘川武郎
松下幸之助 米倉誠一郎
渋沢敬三 井上　潤
＊本田宗一郎 伊丹敬之
井深　大 武田　徹
＊佐治敬三 小玉　武
幸田家の人々 金井景子
＊正宗白鳥 大嶋　仁
大佛次郎 福島行一
＊川端康成 大久保喬樹
＊薩摩治郎八 小林　茂

松本清張 杉原志啓
安部公房 鳥羽耕史
＊三島由紀夫 島内景二
井上ひさし 成田龍一
R・H・ブライス 菅原克也
金素雲 林　容澤
柳　宗悦 熊倉功夫
バーナード・リーチ 鈴木禎宏
イサム・ノグチ 酒井忠康
川端龍子 岡部昌幸
藤田嗣治 林　洋子
＊井上有一 海上雅臣
＊手塚治虫 竹内オサム
山田耕筰 後藤暢子
古賀政男 藍川由美
＊吉田　正 金子　勇
武満　徹 船山　隆
＊八代目坂東三津五郎 田口章子
＊力道山 岡村正史
＊西田天香 宮田昌明
安倍能成 中根隆行
サンソム夫妻 平川祐弘・牧野陽子
和辻哲郎 小坂国継

矢代幸雄 稲賀繁美
石田幹之助 岡本さえ
＊平泉　澄 若井敏明
安岡正篤 片山杜秀
島田謹二 小林信行
前嶋信次 杉田英明
保田與重郎 谷崎昭男
＊福田恆存 川久保剛
井筒俊彦 安藤礼二
佐々木惣一 松尾尊兊
＊瀧川幸辰 伊藤孝夫
矢内原忠雄 等松春夫
福本和夫 伊藤　晃
＊フランク・ロイド・ライト 大久保美春
大宅壮一 有馬　学
今西錦司 山極寿一

＊は既刊
二〇一四年六月現在